FLUX
플럭스

롤런드와 페니에게
두 사람이 없었다면 이 책은 결코 쓰이지 않았을 것입니다.

끊임없이 변화하는 세계에서
나의 인도자이자 뮤즈이며 파트너인
제리에게도 이 책을 바칩니다.

FLUX

플럭스

끊임없는 변화를 헤쳐나가는 강력한 사고 전환

에이프럴 리니 지음
강주헌 옮김

🌱 나무생각

차례

정적이거나 고정된 것은 없다.
모든 것이 덧없고 영원하지 않다. 이것이 존재의 시작이다.

– 페마 쵸드론

　변화가 당신의 삶에 마지막으로 타격을 준 때가 언제인가? 무척 최근이었을 것이다. 오늘 아침이었을 가능성이 가장 크고, 아무리 늦게 잡아도 어제였을 것이다. 큰 변화일 수도 있고, 작은 변화일 수도 있다. 당신이 자초한 변화일 수도 있고, 의도적으로 선택한 변화일 수도 있다. 어쩌면 느닷없이 당신에게 닥친 변화일 수 있다. 일정의 변경, 이직, 가족의 건강 문제, 조직 구조의 변화, 환경 변화, 정치 상황의 변화, 기대감의 변화 등…. 이 모든 것이 남 일 같지가 않다.

　변화는 보편적이고 불가피하다. 연령과 직업, 문화와 믿음, 전통과 목표 등과 무관하게 닥친다. 변화는 인간보다 먼저 이 땅에 있었고, 인류의 역사를 만들어왔다. 실은 우리가 지금 살아 있는 주된 이유도 변화 덕분이다!

변화의 방향은 갈피를 잡기 힘들다. 변화의 요구에 우리는 디딤돌을 잃고 표류하는 듯한 기분에 빠지기 일쑤다. 또 변화는 오늘 우리가 능력을 완전히 발휘할 기회를 빼앗고, 미래를 인식하는 방향에도 영향을 미친다.

우리는 변화와 싸운다. 우리가 선택하지 않는 변화에는 강하게 저항한다. 또 변화를 두려워한다. 그럼에도 우리는 변화를 통제할 수 있다고 잘못 믿고 있다. 변화를 저지하려고 발버둥을 치면, 변화는 더 집요하게 찾아와 더 세게 문을 두드린다. 우리는 변화를 억제하려고 안간힘을 다하지만 그래도 변화는 계속 일어난다.

우리가 변화하고만 싸우는 것은 아니다. 오늘날 점점 빨라지는 변화의 속도와도 싸운다. 이 모든 것을 종합할 때 변화가 가혹하게 느껴지고, 때로는 너무 심하다는 생각까지 든다.

이제 더 이상은 변화가 없을 지경에 도달한 것 같지 않은가? 그런데 그렇지 않다. 오늘 오후, 다음 주나 다음 사사분기, 내년이나 다음 세기, 어느 때에나 더 많은 변화가 있게 마련이다. 미래가 더 안정적이고 더 확실한 세계는 아니다. 오히려 더 불확실하고 더 예측하기 힘든 세계, 또 미지의 것도 더 많은 세계다.

끊임없이 변하는 이 세계에서 '번창'하려면 건강하고 생산적인 관점을 견지하는 동시에 불확실성과의 관계를 근본적으로 재정립하며 상황을 전격적으로 뒤집어야 한다. 상황을 뒤집는다는 게 무슨 뜻일까? 그 뜻을 모른다고 걱정할 것은 없다. 이 책에서 차근차근 살펴볼 것이다. 《플럭스: 끊임없는 변화를 헤쳐나가는 강력한 사고 전환》은 어떻게 해야 불확실성과의 관계를 근본적으로 재정립하고 상황을 전격적으로 뒤집을 수 있는지 말해주는 책이다. 따라서 변화가 닥칠 때마다 다시 들추어보고, 주변 사람들과 공유하며 널리 알려야 한다. 이 책은 '변화 관리'를 다룬 책이 아니고, 특정한 유형 변화에 대한 책도 아니다. 정확히 말하면, 오늘과 내일만이 아니라 그 이후로도, 불확실하고 미지의 것에 대한 우리 마음가짐을 재정립하고, 모든 변화를 위협이 아니라 기회로 보는 방법을 알려주는 책이다. 지금 이 시대에만 유용한 책이 아니라 시대를 초월하는 책이다.

이 책은 변화의 안내서이고, 전략적인 로드맵이며, 새로운 깨달음을 위한 백지다. 여기에서 제시되는 오늘과 먼 미래를 위한 사고 전환 방식은 신선하고 색다르다. 우리가 어떤 변화를 모색하든 간에 이 책에 소개된 여덟 가지 사고방식 하나하나는 우리에게 세상을 다른 눈으로 보고, 진실에 기초하도록 도움을 주고, 성공을 향해 나아가도록 힘을 북돋워 줄 것이다.

조직이나 팀을 이끄는 사람, 경력을 쌓거나 재고하려는 사람, 새로운 인간관계를 구축하려는 사람, 평화를 추구하는 사람, 이다음에 무엇을 해야 하는지에 확신이 없는 사람 등 누구라도 '플럭스 사고방식'으로 무장하면, 더 나은 방향으로 생각하고 일하는 방법에 대한 통찰과 도구를 얻을 수 있다. 이 책에는 느릿하지만 책임감 있게 행동하고, 진정으로 중요한 것을 찾아내며, 현명한 결정을 내리고, 나머지 것은 과감하게 버리는 방법도 쓰여 있다. 또 편견과 선입견을 떨쳐내고 두려움보다 희망적으로 미래를 기대하며, 우리를 만드는 것에 명확하고 자신 있게 닻을 내리게 해주는 책이기도 하다.

자, 이제 변화의 바다로 뛰어들 준비가 됐는가?

프롤로그

누가
내
미래를
옮겼을까

변화는 필수이고, 성장은 선택이다.

– 존 C. 맥스웰 John C. Maxwell

FLUX

"에이프릴, 너 지금 앉아 있는 거야?"

1994년 6월 6일 이른 저녁, 나는 잉글랜드 옥스퍼드에 있는, 빅토리아 시대에 두서없이 지어진 집 현관에 서 있었다. 그 집은 세계 곳곳에서 건너온 유학생들의 보금자리였다. 나는 빨래를 하고 짐을 싸며 그날 오후를 보냈고, 학생 신분으로 마지막이 될지도 모를 여름 여행을 준비했다. 노을빛에 정원으로 향한 창문이 얼룩지게 보였다. 나는 대학 생활이 1년밖에 남지 않아, 이번 여행에 대한 기대감이 높았다.

전화기 너머의 목소리는 평소보다 더 단호했다.

"에이프릴, 일단 앉아."

언니가 지구 반대편에서 느닷없이 전화했다. 우리는 평소에 살갑게 지내는 편은 아니라서 갑자기 언니가 전화한 이유를 전혀 짐작할 수 없었다. 나는 대학을 떠나기 전에 하고 싶은 게 많았다. 언니는 그걸 몰랐던 걸까?

"에이프릴, 엄마와 아빠가 어제 자동차 사고로 돌아가셨어. 당장 집에 와야 해."

나는 털썩 주저앉았다. 눈앞이 뿌옇게 보였다. 땅바닥이 푹 꺼지는 것 같았다. 비명을 지르려 했지만, 아무런 소리도 나오지 않았다. 하지만 다시 소리를 지르려 했고, 이번에는 내 비명에 온 집이 뒤흔들렸다.

이런 이야기가 어디로 진행되는지 누구나 상상할 수 있을 것이다. 그랬다. 내 세계는 완전히 뒤집어졌다.(오늘 다시 말한다면, 플럭스에 내던져졌다.) 내 뿌리가 통째로 뽑혔고, 나를 인도하던 불빛이 꺼졌다.

그 순간, 시간이 멈춰버렸다. 미래는 내가 상상하던 모습, 아니 내 부모님이 상상하던 모습, 더 구체적으로 말하면 1년 전, 아니 한 시간 전에 기대하던 모습과 완전히 달라질 수밖에 없었다.

그 순간, 언니와 나는 미지의 세계, 이다음에 무엇을 해야 할지 짐작조차 할 수 없는 세계로 내팽개쳐졌다. 그와 같은 상황에 맞닥뜨릴 거라고 그 누가 상상이나 할 수 있을까?

새로운 지금이 있을 뿐
다음은 없다

　시계를 오늘로 빨리 돌려보자. 미국을 비롯해 온 세계에서 지금은 역사에 기록될 중요한 시기인 듯하다. 전 세계가 1918년 이후로 최악의 팬데믹에 시달리고, 1930년대 초 이후로 겪어보지 못한 경제적 난관에 봉착했다. 또 수십 년 만에 닥친 최악의 식량위기를 맞았고, 현대사에서 전례가 없던 기후 재앙도 반복된다. 미국에서는 여기에다 1968년 이후로는 없던 사회적 긴장까지 더해졌다. 이런 위기들은 한 가지만으로도 세상을 뒤흔들어 놓기에 충분하다. 그런데 이 모든 위기가 한꺼번에 닥친다면? 상상하기도 싫다.

　우리는 지금 끊임없이 변하는 세계에 살고 있다. 업무 현장도 변하고, 기후도 변한다. 조직도 변하고, 경력도 변한다. 교육과 학습의 현장, 즉 학교도 변한다. 공공 보건도 변하고, 지구의 건강 상태도 변한다. 사회적 결속력도 변하고, 금융 시장도 변한다. 기후패턴도 끊임없이 변하고, 가족의 삶도 변화의 물결을 피할 수 없다. 민주주의도 변하고, 꿈과 기대치도 변한다. 내가 지금까지 나열한 것에 누구나 서너 개를 보탤 수 있을 것이다. 끊임없이 변하고 우리가 알지 못하는 것은 헤아릴 수 없을 정도로 많다. 그것이 두려움을 불러일으키고 우리를 주눅 들게 한다.

　변하는 것만이 아니라, 우리가 알고 있는 세계가 변하는 속도도 우리를 겁나게 한다. 변화의 속도가 요즘처럼 빨랐던 때가 없었다. 하지만 미래에는 변화의 속도가 더 빨라질 게 분명하다.[1] (이쯤에서 글을 읽는 것을 잠시 멈추고 그런 미래를 상상해 보라. 기다려 줄 테니까.)

세상이 뒤집어진 듯하다. 팬데믹이나 재앙적인 자연재해 때문만이 아니라 눈앞에 닥친 학교생활이나 불확실한 일자리 때문에도 불안하기 그지없다. 이 책은 그 모든 것을 획 사라지게 만드는 요술 지팡이가 아니다. 이 책은 "어디에나 더 큰 변화가 있다."라는 단순한 사실에 기반을 두고 있다. 미래가 더 안정적이지는 않다. 미래는 더 불확실하다.

미래 자체가 끊임없이 변한다.

우리는 현재와 같은 수준의 급격한 변화에 익숙하지 않다. 그래도 어쩔 수 없이 적응해야 할 때는 놀라운 적응력을 보여준다. 그러나 대체로 우리는 익숙한 것과 안정된 것을 더 좋아한다. 혼란을 거리낌 없이 받아들이는 사람들조차도 변하지 않는 것에 의지할 수 있다는 걸 알게 되면, 그런 쪽을 선택하는 경향을 띤다. 하지만 끊임없는 변화에 "새로운 지금이 있을 뿐 다음은 없다."라는 게 정상이라면, 새로운 현실에 대비하고, 그런 현실에서 성공하는 데 필요한 도구를 갖추어야 할 필요가 있다. 이 책은 당신이 그런 준비를 하는 데 도움이 될 것이다.

지금 가장 크게 요동치는 게 무엇인가

변화에 대응하는 당신의 창의력을 키우기 위한 간단한 훈련을 해보자.

- 깊이 생각하지 말고, 당신의 삶에서 지금 위아래가 뒤집힌 것들을 생각나는 대로 써보라. 평범한 일상의 사소한 변화부터 미래의 알 수 없는 것까지, 미시적으로도 거시적으로도 생각해 보라.
- 가능하면 그것들에 순위를 매겨보라. 어떤 공통분모가 눈에 들어오는가?
- 어떤 감정이 밀려오는가? 흥분, 불안, 호기심, 혼란… 이 모든 감정이 똑같은 가치를 갖는다.
- 다른 종류의 변화에는 어떤 반응을 하는지, 당신의 반응이 시시때때로 달라지는지 눈여겨보라.

이 책을 읽는 동안 이 목록을 항상 지니고 있길 바란다.

대체 플럭스가 뭐지?

플럭스flux는 명사인 동시에 동사다. 명사로 쓰일 때는 '지속적인 변화'를 뜻하고,[2] 동사로 쓰일 때는 '유체로 만들다', 혹은 '유체가 되다'를 뜻한다.[3] 따라서 우리는 지금 플럭스(명사)의 세계에 살고 있고, 정신 근육을 푸는 데 그치지 않고 정신 근육을 플럭스(동사)해야 마땅하다. 다시 말하면, 정신 근육을 유체처럼 유연하게 흐르게 해야 한다. 잠시 짬을 내어, 당신의 삶과 주변 세계를 둘러보라. 어떤 면에서 현재 우리의 삶은 초고속으로 전개되고 있다. 전에는 당신에게 원대한 계획이 있었지만 이제는 그 계획이 지지부진하거나 아예 잊혀졌을 수 있다. 또 전에는 당신 회사에 전략이 있었고, 팀에는 계획이 있었고, 집에는 일정표가 있었지만… 하룻밤 사이에 뒤집어졌을 수 있다.

하지만 다른 관점에서 보면, 세상이 꼼짝 않고 멈춰버린 듯하다. 세상이 마비되어 다음에 무엇을 하고, 어떤 사건이 닥칠지 확신하지 못한다. 세상만 그런 것이 아니다. 어쩌면 당신도 좌절과 불안을 느끼고, 불확실성의 늪에 빠진 듯한 기분일 수 있다.

이 모든 것이 결합되면, 변화의 속도가 들쑥날쑥하고 불확실한 것과 미지의 것으로 가득한 작금의 현실에 우리는 방향을 잃고 무력감에 빠질 수 있다. 그러나 절망할 것은 없다. 이제부터라도 정신 근육을 흐르는 물처럼 유연하게 하는 방법, 즉 플럭스하는 방법을 배우면 된다.

모든 변화가 똑같지는 않다

물론 모든 '변화'가 '똑같은 것one-size-fits-all'은 아니다. 큰 변화와 작은 변화, 내적인 변화와 외적인 변화가 있다. 개인의 변화와 직업의 변화, 가족의 변화와 기업의 변화, 자연의 변화와 사회의 변화도 있다. 변화가 확연히 눈에 띌 수도 있고, 거의 감지되지 않을 수도 있지만 커다란 영향을 미치는 경우가 있다. 똑같은 변화가 어떤 사람에게는 기적을 낳을 수 있지만 어떤 사람에게는 파국적인 결과로 이어질 수 있다. 개인적인 삶에서는 변화를 바라지만 직장에서는 변화를 혐오하는 사람이 있는 반면, 정반대의 경우도 있다. 물론 어느 쪽이냐는 변화하는 상황에 달려 있다.

대부분의 사람이 의도적으로, 심지어 즐겁게 시도하는 많은 종류의 변화가 있다. 새로운 관계를 맺거나 다른 도시로 이주하고, 가정을 꾸리거나 색다른 운동을 시작하려는 노력이 대표적인 예다. 하지만 변화의 자발적인 선택은 외부에서 강요된 변화와 확연히 다르다. 오래전, 저명한 가족 심리 치료사 버지니아 사티어 Virginia Satir, 1916~1988는 변화의 5단계 모형을 개발했다. 변화가 이익을 준다는 가정하에 우리가 변화에 동조한다는 사실을 강조한 모형이었다.[4] 우리에게 선택권이 주어지고, 그 선택에서 예상되는 결과가 긍정적이라면 우리는 기꺼이 변화를 받아들인다. 시스템 사상가 피터 센게Peter Senge의 표현을 빌리면, "우리는 변화에 저항하는 게 아니라 변화되는 것에 저항하는 것"이다.

그러나 여기에 문제가 있다. 끊임없이 변하는 세계에서 우리가 선택할 수 있는 변화는 없다는 것이다. 우리의 동의하에 시도되는 변화는 없다. 우리의 준비 여부와 상관없이 변화는 일어난다.

물론 이상적인 세계에서 변화는 선택이다. 개인과 조직 모두에게 마찬가지다. 우리가 정말 운이 좋다면 변화에 대비되어 있을 것이다. 그렇다면 그 변화는 예측된 변화다. 그러나 이런 말끔한 종류의 변화는 다루기도 쉽고 반갑기도 하지만, 우리가 오늘날 씨름해야 하는 변화의 일부분에 불과하다. 그럼 나머지는 대체 어떤 변화일까? 이 책에서 다루려는 게 바로 그런 변화다.

끊임없이 변하는 세계에서 우리는 다음 순간에 더 많은 변화가 도사리고 있는 현실을 편하게 받아들이는 법을 배워야 한다. 그 변화의 대부분이 예측할 수 없는 것이거나 우리가 선택할 수 없는 것이기 때문이다. 달리 말하면, 그런 변화와 힘겹게 싸우는 단계를 넘어, 변화를 유리한 방향으로 활용하려는 열의를 개발해서 동력원으로 삼는 법을 배워야 한다.

플러스 이론

끊임없이 변하는 세계는 마법처럼 어느 날 갑자기 나타난 게 아니다. 변화는 태곳적부터 보편적인 상수常數였다. 그러나 시간이 지나면서 우리는 변화를 이해하게 되었고, 변화를 어떻게 다루어야 하는지도 배웠다. 그리하여 변화의 주된 원인이 문화적 규범과 사회의 기대치, 그리고 테크놀로지의 발달에 있다는 것도 알게 되었다.

우리의 삶과 관련된 대부분의 것이 그렇듯이, 우리가 어떻게 사회화되느냐에 따라 변화에 대한 우리 생각이 영향을 받는다. 당신은 어디에서 어떻게 누구와 함께 성장했는가? 무엇이 중요하다고 믿도록 배웠는가? 무엇에 얼굴을 찌푸리는가? 성공과 실패를 어떻게 정의하라고 배웠는가? 변화를 두려워하라고 배웠는가, 아니면 기꺼이 받아들이라고 배웠는가?

우리는 어떤 점에서 각본에 따라 삶을 살아간다. 물론 각본이 하나만 있는 것은 아니다. 무수히 많은 각본이 있고, 각본 하나하나가 우리의 고유한 경험과 관계가 있다. 하지만 때때로, 특히 머릿속이 꽉 막힌 듯한 기분에 사로잡힐 때는 그 각본을 기억해 내기 어렵다. 그렇게 초대받지 않은 변화가 문을 세게 두드리고 무작정 밀고 들어오면 우리는 어떻게든 그날을 견뎌내려 애쓴다.

당신을 위한 각본은 이민자 가족이나, 반대로 고향에서 수 세대째 살고 있는 가족의 일원으로 쓰여질 수 있다. 엄청난 특권을 지닌 사람으로, 반대로 뜻밖의 사고로 태어나 특권은커녕 다른 사람보다 더 일해야 하는 사람으로 쓰여질 수도 있다. 만성적인 질병이나 트라우마에 시달리는 사람, 혹은 더없이 건강한 사람이 당신을 위한 각본일 수 있다. 안전한 소속감, 반대로 지독한 불평등에 무시되기 일쑤라는 좌절감이 당신을 위한 각본일 수 있다. 당신을 위한 각본은 전쟁이나 존재론적 위기를 겪는 삶일 수도 있고, 반대로 평화롭기 그지없는 삶으로 쓰여질 수도 있다.

각자의 각본은 다르더라도 우리 모두의 각본은 동일하게 전개되는 힘과, 인간이 겪는 보편적인 경험으로 쓰여진다. 드물게 예외가 있지만, 각자에게 주어진 각본은 대체로 명확하다.

많은 사람이 그렇겠지만, 각본은 우리에게 열심히 일하고 현재의 방향을 유지하라고 말한다. 그 '방향'이 어떻든 상관하지 않는다. 또 각본은 좋은 점수를 받아 일류 대학에 진학하고 대기업에 취직하라고도 말한다. 부모의 발자국을 그대로 따르라고 말하는 각본도 있을 수 있다. 대다수가 받아 쥐는 각본에 따르면, 성공은 기업의 계급 사다리를 꼭대기까지 올라가는 걸 뜻하므로 층계를 하나씩 올라가 최고경영자가 되어야 한다. 그렇다! 성공은 그렇게 정의되므로, 성공하려면 그렇게 해야 한다.

각본은 당신에게 많을수록 좋은 것이고, 약점의 징후인 나약한 모습을 드러내지 말라고 가르친다. 또 가장 빠른 사람이 승리하므로 빨리 달려야 한다고 가르친다. 다른 사람이 도달한 곳이면 당신도 갈 수 있으므로 당신이 들어갈 공간을 마련해야 하고, 피를 나눈 가족이 아니면 누구도 믿지 말라고 가르친다. 각본은 우리가 금품을 취득하면 열렬히 박수를 보내지만, 자연과 고대의 지혜에는 힐끗 눈길을 주는 데 그치기 십상이다. 그러면서도 새로운 테크놀로지는 일종의 만병통치약으로 추앙한다.

각본이 우리에게 사회가 설정한 목표를 성취하라며 힘을 북돋워 주는 것은 사실이다. 하지만 우리에게 정말로 원하는 게 무엇인지는 묻지 않는다. 각본이 우리를 대신해서 그 일을 처리한다. 우리는 진정으로 원하는 것을 알아내기 위해 내면의 목소리를 들으려 하지만, 각본은 그 목소리를 듣지 못하게 막는다. 이런 각본이 실제로 작동하며, 우리 내면의 목소리를 침묵에 빠뜨린다.

물론 각본이 우리에게 모든 것을 말하는 것은 아니다. 특히 젊은 사람에게는 그렇다. 예컨대 기업의 계급 사다리가 우리를 옥죄는 일종의 에스컬레이터가 될 수 있다는 걸 말하지 않는다. 그 사다리에서 내려오고 싶어도 옴짝달싹 못 할 수 있다. 학자금 융자, 대출금 상환, 자동차 할부금 때문에 동료들과 경쟁하며 승진할 기회를 노려야 한다. 하지만 각본은 그 에스컬레이터에 먼저 올라타는 특권층이 유리하다는 걸 말하지 않는다. 물론 많은 사람이 한꺼번에 에스컬레이터에 올라타는 게 어려운 이유에 대해, 또 많은 사람이 필사적으로 그 에스컬레이터에서 내리려고 발버둥 치는 이유에 대해서는 아무 말도 하지 않는다.

공평하게 말하면, 지금까지 언급된 각본은 약간 정형화된 것이고 의도적으로 꾸민 것이다. (또 하나의 반전이라면, 최근까지도 이런 각본이 주로 남자를 위한 각본이었다는 것이다.) 현실에서는 미묘한 차이가 있다. 그러나 요점은 "누구에게나 각본이 있다."는 것이다. 상당히 오랫동안 이런 각본이 대세였고, 당연한 것으로 여겨질 정도로 수 세대 동안 전해지고 또 전해졌다.

그다음에는? 세상이 거꾸로 뒤집혔다. 끊임없이 변하는 세상이 밀어닥쳤다. 쾅!

어떤 변화는 수년 동안 천천히 진행되었지만 우리는 그 변화를 알아채지 못했거나, 못 본 척했다. 어떤 변화는 급행열차처럼 밀어닥치며 큰 충격을 안겨주었다. 한편 우리 내면의 목소리가 오래 전부터 불안을 호소했지만 파악하기 힘든 변화도 있었다.

어떤 경우든 과거의 각본은 찢어졌다. 당신과 나를 비롯해 많은 사람의 각본이 오늘날의 세계에는 더 이상 맞지 않다. 달리 말하면, 더는 존재하지 않는 세계에나 어울리는 각본이다. 이렇게 그 각본의 효율성이 떨어진 지 오랜 시간이 지났지만 각본의 잔상은 아직도 남아, 세상을 옛날처럼 생각하는 태도가 여전하다. 과거의 각본이 아직도 우리 의식에 잠재되고, 우리가 그 각본을 완전히 지워내지 못한 까닭에 낡은 필터를 기준으로 여전히 결정을 내리고 있는 셈이다.

이런 이유에서 '플럭스'의 개입이 필요하다. 개인적으로나 조직에서나, 지금 우리는 끊임없이 변하는 세계에 적합한 새 각본을 쓰는 초기 단계에 있다. 과거의 각본은 다른 사람이 당신에게 따르라고 써준 것인 반면에, 새 각본은 당신이 직접 쓰는 각본이다. 우리가 미래에 무엇이 되겠다고 쓰는 각본이다. 새 각본에는 다른 모든 것이 변할 때에도 당신의 기초가 되고, 당신에게 방향을 제시하며, 당신을 만들어가는 것이 담겨 있다.

플럭스 이론Theory of Flux은 옛 각본과 새 각본 사이의 관계, 특히 끊임없이 변하는 지금의 세계에 적합한 새로운 각본을 쓰려면 과거의 각본을 어떻게 바꿔야 하는가를 드러내 보여주는 이론이다. 플럭스 이론은 세 단계로 요약될 수 있다. 물론 각 단계에 대해서는 이 책에서 자세히 설명될 것이다.

Step 1: 플럭스 사고방식을 가져라

Step 2: 여덟 가지 플럭스 파워를 개발하라

Step 3: 플럭스 파워를 적용해 새 각본을 쓰라

이때 꼭 기억해 둘 것이 있다. 우리 모두의 옛 각본이 유일무이하듯이, 새로운 각본에도 각자의 고유한 면이 드러난다. 우리에게 어떤 변화가 강요되더라도, 플럭스 이론은 어떻게 해야 최적의 플럭스 사고방식으로 무장하고, 플럭스 파워를 창성하는 방향으로 유도할 수 있는가를 입증해 준다.

사고방식의 기원

플럭스 사고방식Flux Mindset을 파고들기 전에 우리의 사고가 어떻게 설정되는가를 먼저 살펴보자. 우리의 사고방식은 어디에서 오는 것이고, 무엇이 우리의 사고방식을 조정하는 것일까?

신경생물학neurobiology에서 하나의 대답을 얻을 수 있다. 우리 인간에게는 서로 협력 관계에 있는 두 개의 하부 신경계가 있다. 하나는 교감신경계이고, 다른 하나는 부교감신경계다. 두 신경계는 동일한 종류의 체내 기능을 조정하지만 영향을 미치는 방향은 정반대다. 응급 상황에서 활성화되는 교감신경계는 '투쟁-도피-경직 반응fight-flight-freeze response'으로 알려진 반응을 이끌어내며, 격렬한 행동에 신체를 준비시킨다. 반면, 부교감신경계는 신체를 차분하게 가라앉히는 역할, '휴식과 소화' 기능으로 알려진 역할을 한다.

정상적인 상황에서 교감신경계와 부교감신경계는 협력자로서 함께 일한다. 두 신경계에는 각각 통제하는 일련의 역할이 있다. 지나치게 단순화한 설명일 수 있지만, 만약 당신이 호랑이에게 쫓긴다면 교감신경계가 지배적인 역할을 하고, 반대로 명상을 한다면 부교감신경계가 지배적인 역할을 떠맡는다. 하지만 대부분의 행동에서는 두 신경계가 함께 작용한다.

세계가 끊임없이 가속화될 때는 두 신경계의 균형이 무너질 수 있다. 위험한 자극을 인지하는 빈도가 잦아지면, 교감신경계가 우리 몸을 장악하는 기회가 증가한다. 우리가 호랑이에게 쫓기는 게 아닌데도 우리 몸은 호랑이에게 쫓기는 것처럼 반응한다. 이렇게 호랑이를 인식하는 빈도가 지나치게 증가하면 우리는 마음을 가라앉히는 능력을 상실할 수밖에 없다. 개개인의 신경계만이 장악되는 것이 아니다. 요즘 시대의 불안은 개인과 조직과 사회 등 모든 분야에서 뚜렷하다. 많은 사람이 직장, 가족과 건강, 은행 계좌, 자식의 미래 등에 불안감을 느낀다. 또 다음에 어떤 재앙이 언제쯤 닥칠지에 대해서도 걱정한다. 우리가 속한 조직의 가치와 회복력, 문화와 경쟁 양상, 조직이 운영되는 방법에 대해서도 걱정한다. 거시적 관점에서 보면 지구온난화, 불평등과 불관용, 불공평에 관한 사회적 불안감이 엄청나다. 게다가 디지털 기술도 불안감의 증가와 상관관계가 있다. 스마트폰이란 존재 자체가 우리의 인

지능력을 방해하는 게 사실이다.[5]

　오늘날 리더들은 불안감을 느낄 수밖에 없는 온갖 이유에 직면해 있다. 내 경험에 따르면, 불안과 걱정은 대부분까지는 아니어도 많은 리더들에게 일상이다. 물론 그들이 불안과 걱정을 겉으로 표현하지는 않는다. 또 당신은 개인적으로 전혀 불안하지 않다고 자부하더라도 동료나 친구 혹은 가족은 불안감에 시달릴 가능성이 무척 높다.

　나는 이런 현실에 전적으로 공감할 수 있다. 나는 불안하지 않다는 게 어떤 느낌인지를 몰랐다. 마흔세 살 때 불안감을 느끼지 않은 때를 떠올려 보라는 요구를 처음 받고 그제야 내가 평생 불안을 끼고 살았다는 걸 깨달았다. 외적인 기준에서 '성공'의 사다리에 더 높이 올라갈수록 내 불안감은 커졌다. 불안감은 결코 해소되지 않았고, 자기 파괴적으로 급증했다.

　나를 짓누르는 두려움과 혼란, 수치심에 나는 불안을 더 깊이 연구하게 되었다. 그리고 그 결과에 정신이 번쩍 들었다. 세계 인구의 약 10%가 진단 가능한 불안증에 시달리고, 그 때문에 세계 경제가 매년 1조 달러를 비용으로 치른다고 한다.[6] 미국으로 국한하면 그 숫자가 성인 4명 중 1명으로 치솟고, 63%의 대학생이 지난해에 대응하기 힘든 불안을 느꼈다고 한다.[7]

　팬데믹 전에는 이 모든 것이 사실이었다. 시위와 자연재해, 봉쇄와 가짜 뉴스, 빙하의 급격한 감소, 사회적 긴장 등도 평정심의 상실을 가속화하는 원인들이다. 물론 세상이 백척간두에 있을 때 불안을 느끼는 것은 어느 정도 자연스런 것이다. 그러나 끊임없이 변하는 세상의 미래를 내다보면, 그런 현상을 사회 전반에 만연한 불안의 위기로 생각하지 않을 수 없다. 사람들이 믿고 싶지 않아 말하지 않는 무언의 유행병이지만, 통계와 실제 경험으로 보면 전혀 다르다.

내 경우를 예로 들면, 불안에 대해 나에게 경각심을 일깨워 준 요구는 변화와 관계를 더 깊이 이해하게 해주는 촉매이기도 했다. 나는 그전부터 변화를 연구하고 있었지만, 그때의 요구를 계기로 학습과 성장의 문을 활짝 열 수 있었다. 이때 플럭스 사고방식이 우리 안으로 밀고 들어온다. 플럭스 사고방식은 플럭스한 세계에서 플럭스하는 방법을 알기 때문이다. 다시 말하면, 플럭스 사고방식으로 무장할 때 우리는 끊임없이 변화하는 세상에서 보다 유연하게 대처할 수 있다.

Step 1:
플럭스 사고방식을 가져라

플럭스 이론을 실천하는 첫 단계는 플럭스 사고방식을 갖는 것이다. 플럭스 사고방식은 가치관을 명확히 하고, 그 가치관을 근거로 삼기 때문에 변화를 위협이 아니라 기회라 생각한다.

앞에서 말했듯이 변화 자체는 보편적이다. 그러나 변화에 대한 경험은 개인적이고 맥락적이며, 각자의 각본에 따라 다르다. 예컨대 어떤 변화를 당신은 좋아하지만, 다른 사람은 싫어할 수 있다. 또 당신에게는 변화로 느껴지는 현상이 다른 사람에게는 정체된 상태로 느껴질 수 있다. 당신에게는 지독히 어려운 변화가 다른 사람에게는 쉬울 수 있다.

끊임없이 변하는 세계에서 많은 각본이 찢어지고 있다. 당신에게만 그렇게 느껴지는 게 아니다. 대부분은 아니지만 많은 사람이 근본적으로 다른 관점에서 현재의 현상을 재평가해야 한다. 따라서 당장이라도 새 각본을 써야 할 텐데 여전히 우리는 낡고 오래된 각본을 버리지 못하고 있다. 플럭스 사고방식을 갖는 것은 결국 새 각본을 쓰기 시작한다는 뜻이다.

플럭스 사고방식은 정신과 신체와 영혼에서 당신의 주춧돌이 되는 상태, 즉 모든 것이 변할 때도 당신을 굳건히 지탱해 주는 상태를 뜻할 수 있다. 플럭스 사고방식은 몇 가지 필수적인 요소로 이루어진다. 핵심 가치, 변화의 순간을 편하게 받아들이는 자세, 불확실성을 두려움보다 희망의 불씨로 해석하는 능력 등이 그것이다. 이 요소들이 개인과 조직, 팀과 공동체, 사회 등 다양한 차원에서 작용한다는 걸 명심해야 한다. 따라서 변화와 당신의 개인적인 관계 및 당신만의 각본, 즉 당신의 주춧돌이 무엇인가에 주된 관심을 두면서도 조직의 핵심 가치가 시험을 받는 경우에도 관심을 둘 수 있다. (플럭스의 다양한 차원에 대해서는 이 책 전체에서 다루어진다.)

나만의 고유한 플럭스 사고방식을 개발하는 데는 적잖은 시간과 노력이 필요했다. 나의 플럭스 사고방식은 인간애에 대한 확고한 믿음에 뿌리를 두고 있다. 그리고 이 믿음은 봉사 정신과 다양성에 대한 명확하고 깊은 인식과 관계가 있다.(이런 가치관들은 어린 시절부터 확립되었다.) 따라서 변화가 닥치면, 예컨대 불확실성에 휩싸이면 나는 (내가 성장한 문화권에 국한되지 않고) 다양한 문화권의 지혜를 즉각적으로 참조한다. 그렇다고 내 상황이 마법처럼 자동적으로 해결되는 건 아니지만, 변화의 관계를 정립하는 데는 도움이 된다. 요컨대 다른 문화권의 도움을 받아 내 기대치와 목표 등을 다른 관점에서 보게 되고, 다른 사람을 도움으로써 인류의 상호 의존성을 재확인하는 동시에 그 상황에서 내 삶을 더 깊이 이해하게 된다. 그 결과 두려움이 사라지고 희망과 경이로움이 나를 채운다. 이런 두 방향의 노력을 통해 나는 변화에 대처하는 데는 하나의 방법만이 있는 게 아니라는 사실과, 변화에 효과적으로 대처하는 방법이 내면에서 출발한다는 사실을 깨닫는다.

옆에 있는 표는 플럭스 사고방식을 구성하는 요소들이 대체로 어떻게 작동하는가를 정리한 것이다. 표에서 정리된 항목들이 어떻게 보이는가? 뒤통수를 얻어맞은 것처럼 머릿속이 아찔해지거나, (좋은 쪽이든 나쁜 쪽이든) 격렬한 반응을 야기하는 항목이 하나라도 있다면 "현재의 각본과 변화의 관계에 대해 당신에게 말할 게 있다는 신호"로 받아들이고, 그 항목에 주목해야 한다. 나는 그 신호를 '플럭시니스Fluxiness'라 칭한다.

과거의 사고방식과 플럭스 사고방식

해석	과거의 사고방식	플럭스 사고방식
각본	다른 사람이 따르라고 대신 써주는 것	자신이 직접 쓰는 것
삶	기어 올라가야 할 사다리	흐르는 강물
경력	누구나 추구해야 할 길	취향에 따라 선택적으로 조정하는 포트폴리오
기대치	외부에서 타인이 결정하는 것	내적으로 자신이 결정하는 것
목표	구체적으로 설정되지만 도달하기 어렵다	즉흥적이고 모호한 경우가 많지만 기회가 많다
성공의 평가	사다리의 층계	다음 단계와 새로운 통찰
리더십	타인의 관리와 통제, '나'에 집중	타인과 자신의 잠재력을 촉발, '우리'에 집중
역학 관계	상의하달, 중앙 집중	하의상달, 분산
동료	경쟁자	협력자, 조력자
비전	확실성	명료성
변화	위협	기회
변화에 대한 감정	두려움, 불안, 마비	희망, 경이로움, 호기심

변화를 지향하는 플럭스 사고방식

플럭스 사고방식이 기반을 둔 '성장형 사고방식Growth Mindset'은 30년 전 스탠퍼드의 심리학자, 캐럴 드웩Carol Dweck이 개발한 뒤에 주로 어린아이들의 학습 능력에 적용한 개념이다. 성장형 사고방식에는 "능력과 지능은 향상될 수 있다."라는 암묵적 합의가 있다. 다시 말하면, '당신은 더 똑똑해질 수 있다', '노력하면 더 강해질 수 있다'는 믿음에 기초한다.[8] 이런 믿음은 동기와 성취욕을 크게 자극한다. 그러나 그렇게 믿는다고 변화가 닥칠 때 일어나는 일이 해결되지는 않는다. 당신에게 플럭스 사고방식이 필요한 이유가 여기에 있다. 플럭스 사고방식을 지탱하는 핵심적인 통찰력은 그 주춧돌에 있다. 플럭스 사고방식은 당신의 가치관과, 변화가 당신의 세계를 뒤흔들 때 그것을 기회로 포착하는 새로운 각본에 뿌리를 두기 때문이다. 그때부터 변화는 더 이상 위협거리가 아니다. 기대되는 것이고 반갑게 맞아야 하는 것이다.

주춧돌은 당신 아래에 있는 것이나 당신이 발을 딛고 서 있는 것만을 뜻하는 게 아니다. 주춧돌 위에 서 있다는 것은 안전하고 명료하다는 뜻이다. 안전성은 당신에게 용기를 주고, 당신이 신뢰하는 데 도움을 준다. 명료성은 비전을 확대하고, 방향을 제시하며, 집중하는 데 도움을 준다. 안전성과 명료성은 변화와 세상에 대한 당신의 방향을 결정하는 부분적인 요인이다. 그 요인에는 당신 주변에 있는 것, 당신의 위와 아래에 있는 것이 포함되고, 어디에 도움이 되는 게 있고, 어디에 잠재적 위험이 있는지 아는 것도 포함된다. 시기와 상황, 새로운 공간, 미묘한 대화, 세상의 전반적 변화 등 다양한 요인들을 판단 근거로 삼아, 세상을 헤쳐나갈 방향과 방법을 결정하는 것이다.

플럭스 사고방식의 기준선

플럭스 사고방식을 찾아내는 일은 생각만큼 쉽지도 않고 뻔하지도 않다. 그랬다면 내가 이 책을 쓰지도 않았을 것이고, 당신이 이 책을 사서 읽지도 않았을 것이다. 플럭스 사고방식을 찾아내기 위해서는 먼저 '플럭스 사고방식의 기준선Flux Mindset Baseline'을 알아야 한다.

그 기준선은 플럭스 사고방식에 대한 정의보다 변화와의 관계 진단, 즉 '플럭시니스'에 더 가깝다. 플럭시니스는 당신에게 방향을 제시하고, 어떤 플럭스 파워가 가장 유익한지 알아내는 데 도움을 주는 도구다. 정답을 얻지 못할까 걱정할 것은 없다. 어차피 정답은 없다. 오히려 불현듯 떠오르는 생각에 주목하는 편이 낫다. 심지어 '모르겠다. 전에는 그 문제를 생각해 본 적이 한 번도 없다.'라는 생각도 예외가 아니다.

가치관/내면의 나침반

- 당신에게 의미와 목표를 주는 것이 무엇인가? 시간이 지나면서 그것이 변했는가? 만약 그랬다면 어떻게 변했는가?
- 불확실한 때는 누구에게, 또는 무엇에 기대는가?
- 지금 누구에게, 또는 무엇에 전념하고 있는가?
- 당신이 현재의 모든 특권을 빼앗긴다면 무엇이 '당신을 당신으로' 만들겠는가?
- 집을 비롯해 당신이 소중하게 아끼는 것들이 불타 없어진다면 무엇이 '당신을 당신으로' 만들겠는가?

반응

- 뭔가가 예상보다 오랜 시간이 걸린다면 불안해지는가, 아니면 지체되는 걸 고맙게 생각하는가? (1장)
- 객관적으로 측정되지 않는 것도 존재하는 것인가? (2장)
- 의도치 않게 길을 잘못 들어 한 번도 온 적 없는 곳에 있게 될 때 좌절감에 빠지는가, 아니면 새로운 공간에 호기심을 갖는가? (3장)
- 보통 사람이라도 신뢰할 수 있는가? (4장)
- 누군가에게 선물을 줄 때 당신에게 손해라고 생각하는가, 이득이라 생각하는가? (5장)
- 오늘 일자리를 잃는다면 이제 무엇이 당신의 정체성을 결정하겠는가? (6장)
- 하루 종일 스마트폰을 멀리하면 안절부절못하는가, 아니면 마음이 편안한가? (7장)
- 당신이 믿는 사람, 혹은 믿는 것이 당신의 삶을 통제하는가? (8장)

결론

- 현재 당신과 변화의 관계를 가장 적절히 표현하는 단어가 뭔가?

지금 떠오르는 대답을 어딘가에 기록해 두라. 이 책을 읽을 때마다 위의 질문들에 대답해 보라. 당신의 기준선이 달라졌는지, 달라졌다면 어떻게 달라졌는지 살펴보라.

문화권에 따라 어떻게 방향을 결정하고 항해하는 법을 터득했는지 잠시 살펴보자.

- 수세기 전부터 북극성과 남십자성은 탐험가들이 방향을 가늠하는 데 도움을 주었다. 변화의 시대에 당신의 북극성과 남십자성은 무엇인가?
- 항해 문화권은 수평선을 읽고, 구름을 해독하고, 파도를 관측하는 법을 경험적으로 배운다. 객관적으로 내세울 만한 근거는 없지만, 뱃사람들은 주변 환경들에 친근하게 적응한다. 당신은 변화의 파도를 어떻게 타겠는가?
- 요가 문화권에서 '드리스티drishti'는 집중력을 개발하고 균형감을 유지할 목적으로 시선을 한곳에 고정하는 훈련을 가리킨다. 드리스티의 대상은 벽에 그려진 한 점, 바닥에 놓인 물건, 수평선상의 한 위치 등 무엇이든 될 수 있다. 끊임없이 변하는 세상에서 당신의 드리스티는 무엇인가?

북극성은 당신 위에 있고, 수평선은 당신 너머에 있다. 한편 드리스티는 당신 앞에 있다. 이 중 어떤 것도 물리적인 땅으로 정해지지 않는다. 그렇지만 세 가지 모두 당신을 목적지로 인도해 그곳에 내려놓는다.

변화의 물결에 압도되면 방향감각을 상실하기 십상이다. 균형감을 잃고 어찌할 바를 모른다. 변화의 타격이 클수록 더 쉽게 길을 잃고, 본래의 길로 되돌아가는 것이 어려워진다.

플럭스 사고방식을 변화에 맞추어 새로이 만든 '나침반'이라 생각하라. 당신 주변의 모든 것이 동요할 때도 당신에게 주춧돌이 되어 방향을 제시하고 올바른 길로 안내할 것이다. 플럭스 사고 방식은 당신의 북극성이고, 드리스티이며, 파도를 타기 위한 서핑 보드이고, 발을 굳게 디딜 땅이다. 플럭스 사고방식은 당신의 핵심 가치에 근거를 두고, 당신의 진정한 자아를 나타내며, 어떤 변화가 닥치더라도 본래의 자신을 지키게 해준다.

이쯤에서 "그래서 내가 플럭스 사고방식으로 무엇을 할 수 있는가?"라는 궁금증이 생긴다면 이 글을 제대로 읽고 있는 것이다. 계속 읽어라.

Step 2:
여덟 가지 플럭스 파워를 개발하라

당신이 변화와 더 건강한 관계를 맺어야 할 때라는 의견에 수 긍한다면, 불안감을 느끼고 있다는 뜻일 수 있다. 그럼 어떻게 해야 할까? 플럭스 이론을 실행하는 다음 단계는 플럭스 사고방식을 활용해 플럭스 파워Flux Power를 개발하는 것이다. 플럭스 파워는 끊임없이 변하는 세계에 적합한 기본적인 훈련법이고, 우리 삶에 적용되어 융합되어야 하는 습관이기도 하다.

여덟 가지 플럭스 파워는 다음과 같다.

1. 더 천천히 달려라
2. 보이지 않는 것을 보라
3. 길을 잃어라
4. 신뢰로 시작하라
5. 당신의 충분함을 알라
6. 포트폴리오 경력을 만들라
7. 더욱더 인간다워져라
8. 미래를 놓아주라

플럭스 파워 하나하나는 변화를 새로운 시각으로 보며, 변화에 새롭게 반응하고, 궁극적으로는 변화의 관계를 새롭게 정립하도록 도와준다. 여덟 가지 파워가 모두 합해지면, 두려움보다 희망을 갖고, 마비보다 호기심을 품고 삶을 살아갈 수 있다. 물론 불안을 떨쳐내고 경탄하는 삶을 살아갈 수도 있을 것이다. 각 장에서 명확히 드러나겠지만 각각의 플럭스 파워는 그 자체로도 유용하며, 결합되면 더 큰 힘을 발휘한다.

당신은 이미 내면에 플럭스 파워를 갖고 있지만, 대개 감춰지고 묻혀 있어 보이지 않을 것이다. 플럭스 파워가 당신과는 무관하게 과거의 각본을 지키려는 세력이나 사람, 제도적 기관에 의해 사회화되어 있기 때문이다. 플럭스 사고방식이 있으면, 그런 플럭

스 파워들을 찾아내고 재발견해 삶에 적용하는 게 가능하다. 다음
의 표는 플럭스 파워들을 좀 더 자세히 분석한 것이다.

각본과 습관, 그리고 플럭스 파워

과거의 각본 / 과거의 습관	새 각본 / 플럭스 파워
더 빨리 달려라	더 천천히 달려라
보이는 것에 집중하라	보이지 않는 것을 보라
차선을 지켜라	가끔 길을 잃어라
누구도 신뢰하지 마라	신뢰로 시작하라
많을수록 더 좋다	당신의 충분함을 알라
안정된 일자리를 얻어라	포트폴리오 경력을 만들라
기술이 최고다	더욱더 인간다워져라
미래를 예측하고 통제하라	미래를 놓아주라

플럭스 파워는 마음의 도시락 상자와 비슷하다. 각각의 힘은
단독으로 소비될 수도 있고, 고유한 영양분을 지닌 부분들이 합해
져 영양가 있고 맛있는 충분한 한 끼가 될 수도 있다. 플럭스 파워
는 각각 다른 식으로, 그리고 상호보완적으로 당신의 플럭시니스
를 강조한다. 비유해서 말하면, 플럭스 파워들은 차림표이지 교수
요목이 아니다.

당신이 조직에 어떤 기여를 하고, 당신의 각본이 어떤 성격을 띠느냐에 따라, 개발하기가 상대적으로 쉽거나 어려운 플럭스 파워가 있다. 또 각 플럭스 파워도 개개인에 따라 가중치가 다르고, 같은 사람에게도 삶의 시기에 따라 중요도가 달라질 수 있다. 예컨대 극도의 피로와 싸우는 사람에게는 '더 천천히 달리는 방법'을 배우는 게 더 중요할 수 있지만, 통제력 상실에 신음하는 사람은 미래를 놓아주는 데 주력하고 싶어 할 수 있다. (뒤에서 보겠지만, 더 천천히 달리는 방법을 배우면 미래를 놓아주는 게 더 쉽다. 그 반대의 경우도 마찬가지다.) 여하튼 플럭스 파워는 내면에 지니고 있지 않은 것을 요구하지는 않는다. 구체적으로 말하면, 첨단 기술과 천재적인 지능지수는 물론이고, 간단한 애플리케이션 기능도 요구하지 않는다.

플럭스 파워와 플럭스 사고방식 사이의 관계는 부챗살 구조와 비슷하다. 플럭스 사고방식이 중심축이고, 여덟 가지 플럭스 파워가 그 중심축에서 방사형으로 부챗살처럼 뻗어나간다. 플럭스 파워들은 독자적으로 존재하지만, 중심축을 통해 서로 연결된다. 결론적으로, 플럭스 사고방식이 열려야 플럭스 파워들이 작동할 수 있다.

플러스 사고방식과 플러스 파워의 관계

어쩌면 이미 눈치챘을지도 모르겠다. 플럭스 사고방식을 열고, 새 각본이 최선의 길이라 믿는 경우에만 플럭스 파워가 진짜 슈퍼파워가 된다는 것을 말이다. 따라서 과거의 각본에 매달린다면, 플럭스 파워가 어떤 이유로든 부담스런 골칫거리로 여겨질 것이다. 더 천천히 달린다는 건 게으름을 피운다는 뜻이고, 미래를 놓아준다는 건 포기하는 짓이라 말할 것이다. 그러나 새 각본은 전혀 그렇게 말하지 않는다.

그렇다고 새 각본이 당신에게 절대 빨리 달려서는 안 되고, 첨단 기술을 사용해서도 안 된다고 말하지는 않는다. 물론 안정된 일자리가 좋은 것이 아니고, 열심히 일할 필요가 없다고 언급하지도 않는다. 이런 편견은 플럭스 이론에 대한 근거 없는 비난에 불과하다.

더 정확히 말하면, 새 각본, 더 나아가 플럭스 이론은 우리가 무언가를 오랫동안 정신없이 뒤쫓으면서도 그렇게 행동하는 게 현명하고 지속가능한 것인지, 혹은 우리가 진정으로 원하는 것인지 돌이켜 보는 여유를 갖지 못했다는 걸 인정할 뿐이다. 당신은 지금 무엇을 뒤쫓고 있는가? 그 이유는 무엇인가? 당신은 어떤 목표를 지향하며 일하는가? 그 목표가 당신의 진정한 자아를 최적으로 반영하는 것인가?

플럭스 파워는 새롭게 짜인 각본의 일부이기 때문에 우리가 일반적으로 배운 대로 나타나지 않는다. 그러나 이전의 관습, 즉 여간해서 떨쳐낼 수 없는 오래된 습관만큼이나 몸에 익히는 데 오랜 시간이 걸린다. 예컨대 쳇바퀴에서 빨리 달리는 것보다 느리게 달릴 때 더 큰 절제가 필요하다. 전성기가 지난 가설에 매달리는 것보다 그 가설을 버릴 때 더 큰, 아니 훨씬 더 큰 각오가 필요하다. 이런 '아하!'의 순간은 불쾌하게 느껴질 수 있다. 특히 우리 머릿속에 옛 각본이 깊이 각인된 경우에는 더더욱 그렇다. 우리는 새 각본으로 세상을 내다보아야 한다. 그러자면 새 각본이 어떤 것인지 이제 알아봐야 하지 않겠는가?

Step 3:
플럭스 파워를 적용해 새 각본을 쓰라

플럭스 이론을 실행하는 마지막 단계는 플럭스 파워를 적용해 새로운 각본을 쓰는 것이다. 새 각본을 무기로 우리는 변화와의 관계를 바꾸고, 최고의 자아를 세상에 내보일 수 있다.

옛 각본이 개개인의 경험에 근거한 것이어서 유일무이하듯이, 새 각본도 당신의 고유한 특징을 반영할 것이다. 하지만 새 각본의 가장 흥미로운 면은 "오직 당신만이 그 각본을 쓸 수 있다는 것"이다! 누구도 당신을 대신해 각본을 쓸 수 없다. 누구도 당신과 똑같이 각본을 쓸 수 없다. 비유해서 말하면, 새 각본은 '맞춤 양복'이다!

당신의 새 각본에 무엇이 담길지 내가 정확히 예측할 수는 없다. 그러나 플럭스 파워를 적용해 끊임없이 변하는 세상에 맞추어 각본을 다시 쓸 때 흔히 목격되는 공통된 특징을 요약하면 다음과 같다.

- 더 천천히 달리는 방법을 배우면, 한층 차분해진 삶의 속도를 갈망하기 시작한다. 침묵이 친구가 된다.
- 보이지 않는 것을 보는 방법을 배우면, 새롭고 경이로운 기회의 세계를 발견하게 된다. 과거의 각본은 당신이 진정으로 좋아하는 걸 보지 못하도록 방해했다는 걸 깨닫게 될 것이다.

- 길을 잃는 방법을 배우면, 일이 계획대로 진행되지 않거나 계획이 변경될 때, 심지어 다음에 어떤 일이 닥칠지 전혀 예측하지 못하는 때도 오히려 그런 상황을 즐겁게 받아들이기 시작한다.
- 신뢰로 시작하는 방법을 배우면, 더 큰 신뢰를 열망하게 된다. 따라서 다른 사람들로부터 신뢰를 얻는 동시에 다른 사람들의 신뢰성을 더 빛나게 해줄 수 있는 능력을 갖추려 애쓰게 된다.
- 당신의 충분함을 알게 되면, 더욱 풍요롭게 살게 되고 자신과 타인을 더욱 배려하게 된다.
- 포트폴리오 경력을 만들어가는 방법을 배우면, 일을 '안정된 직장을 갖는 것'으로만 보지 않게 된다. 따라서 직장을 잃어도 더는 조바심하지 않고, 일의 미래를 향해 자신 있게 나아갈 수 있다.
- 더욱더 인간다워지는 방법을 배우면, 인간관계 및 정신 건강이 개선된다. 수면의 질도 좋아진다. 궁극적으로는 테크놀로지와의 관계도 재정비할 수 있다.
- 미래를 놓아주는 방법을 배우면, 미래가 어느 때보다 더 밝게 보일 것이다.

기막히게 멋지게 들리는가? 그런데 이게 전부가 아니다. 시간이 지나면서 새 각본, 즉 플럭스 파워들과 플럭스 사고방식이 서로 힘을 북돋워 주며 상승작용을 일으킨다. 한 가지가 한층 더 발달하면 나머지 것들도 더 강해지고 명확해진다. 이런 상승작용을 수식으로 표현하면 1+1=11이 될 수도 있다.

되풀이해 연습하며 플럭스 파워를 연마할수록 플럭스 사고방식이 더 깊이 내재화된다. 이렇게 플럭스 사고방식을 다듬고 함양함으로써 우리는 각자의 플럭스 파워들을 더 충실히 활용할 수 있다.

나는 플럭스 사고방식이 우리 삶에서, 또 변화와의 관계에서 추진력을 더해주는 로켓과 같은 것이라 생각한다. 플럭스 파워는 로켓 연료다. 둘 다 새 각본에 활력을 주는 데 반드시 필요하다. 플럭스 사고방식과 플럭스 파워는 서로 협력해 일한다. 이 둘이 있을 때 우리는 끊임없이 변하는 세계에서 영원히 끝나지 않고 계속 진화하는 여정, 흥미진진하고 멋진 여정을 즐길 수 있다.

따라서 경력을 평가하거나 가치관을 면밀하게 검토할 때, 혹은 제품 디자인을 재고하거나 조직 전체의 변화를 주도할 때, 동료들에게 활력을 북돋워 주려고 노력하거나 자신의 진실한 모습을 세상에 내보이려고 할 때, 플럭스 파워를 활용해 새 각본을 쓴다면 보다 유연하게 대처할 수 있을 것이다.

플럭스를 향한 여정

언니가 전화했던 6월 그날은 내 삶의 전환점이었다. 그날 이후로, 나는 개인과 조직과 사회가 변화에 적응하는 방법에 몰두했다. 슬픔을 극복하는 과정에서 불안과 공황 발작을 겪기도 했지만 내 삶을 재구축하고 삶의 의미를 재발견하려고 애썼다. 그 방법은 변화에 적응하는 방법과 확연히 달랐다. 이후에는 미래학과 복잡성 이론을 만났다. 둘 다 변화를 더 깊이 이해하고, 변화에 더 유연하게 적응하는 방법을 추구하는 학문이다. 하지만 두 학문의 출발점은 슬픔과 별다른 관계가 없는 세계다. 그 기간 내내 나는 여행을 통해서, 그리고 다른 문화와 우리를 연결해 주는 것, 즉 공유된 인간성을 배우는 것을 통해서 영감과 통찰을 지속적으로 얻었다. 그리고 많은 곳에서 얻은 통찰들을 층층이 쌓아두고 뒤섞고 버무리기 시작했다.

내 출발점은 전혀 평탄치 않았다. 결코 과장해서 말하는 게 아니다. 부모님이 세상을 떠난 직후, 내 삶도 1년이 남지 않았을 거라는 두려움에 사로잡혔다. 비이성적이지만 근원적인 두려움이었다. 나에게 누구보다 가까웠던 두 사람이 난데없이 사라졌는데 나에게도 그런 일이 생기지 않을 이유는 없지 않은가? 내일 죽는다면 내 존재가 이 땅에 어떤 흔적을 남길 수 있겠는가? 당시 내가 스무 살이었던 건 중요하지 않았다. 차라리 진짜 중년의 위기를 맞는 편이 더 나았을 것이다.

부모님이 사망하고 2년이 지나지 않아 나는 대학을 졸업했고, 그 덕분에 다른 종류의 혼란에 내던져졌다. '진짜 세계'에 들어가 성공의 길을 모색해야 할 때였다. 그뿐만 아니라 부모님이 나에게 바랐던 걸 이루고, 그들의 유산을 기려야 했다. 내가 해야 하는 걸 정확히 파악하고 완벽하게 해내야 했다. 부모님과 주변 사람들이 상상하는 수준을 넘어서야 했다. 나는 그 모든 것을 최대한 빨리 해내야 한다는 강박에 사로잡혔다. 내일 죽을지도 모르니까.

정말 그랬을까?

내 생각은 전적으로 잘못된 것이었다.

뒤에서 보겠지만, 내 삶에서 그 시기는 이 책의 씨를 뿌린 때였다. 부모님이 사고로 돌아가셨을 때 내 플럭스 파워 지수는 그야말로 바닥이었고, 플럭스 사고방식은 전혀 열려 있지 않았다. 내 플럭스 대차대조표는 극심한 적자였다. 나는 옛 각본에 꽁꽁 묶여 있었고, 많은 사람이 이미 자기만의 새 각본을 썼다는 걸 전혀 몰랐다. 내 부모는 편견이 없고 꽤나 반항적이었지만, 그분들도 옛 각본에 맞춰 살고 있었다.

내가 더 많은 방향에서 변화를 경험한 뒤에야 변화와의 관계가 개선되었고, 특히 플럭스 사고방식을 갖는 데도 도움이 되었다. 부모님이 돌아가셨을 때 엄청난 변화가 나에게 밀려들었다. 삶이 바뀌었고, 가족 관계가 달라졌으며, 미래도 변했다. 나에게는 선택권이 없었다. 좋든 싫든, 어렵든 쉽든, 서글프든 아니든 간에 나는 그 격변에 맞서야 했다. 내 플럭스 사고방식이 마침내 열리기 시작했다. 그 이후로 나는 다른 사람들에게서도 변화의 기운을 찾아내거나 감지했으며, 그들이 변해가는 과정을 관찰했다. 이런 경험을 통해 달가운 것이든 아니든 간에 모든 종류의 변화는 당사자의 플럭스 사고방식을 더 크게 열어준다는 걸 알게 되었다. 요컨대 변화가 당신의 길에 자주 던져질 때 당신의 플럭스 사고방식은 더 강해질 수 있다. 물론 플럭스 사고방식을 받아들여 긍정적인 방향으로 활용한다는 조건이 필요하다.

플럭스 사고방식이 열리자, 나는 플럭스 파워를 염두에 두기 시작했다. 압도되는 기분이었고, 배워야 할 것이 너무 많았다. 그래서 내가 결코 무시할 수 없는 플럭스 파워에 우선적으로 집중하기로 결정했다. 미래를 놓아주는 방법과 관련한 것이었다. 부모를 잃었다는 것은 내가 꿈꾸던 미래를 잃었다는 뜻이기도 했다. 나중에야 그렇지 않다는 걸 깨달았다. 시간이 지남에 따라 나는 새로운 사람들을 경험하고, 그들과 이야기를 나누며 새로운 세계를 상상하기 시작했다. 그 과정에서 내 과거의 각본이 이제 나에게 알맞지 않다는 걸 깨달았다. 나는 내 미래를 다른 모습으로 그리기 시작했다. 다른 방향으로 경력을 쌓고, 다른 것에 우선순위를 두며, 다른 식으로 살아가는 미래의 모습이었다. 사회가 오른쪽으로 돌라고 말할 때 왼쪽으로 돌라고 옆구리를 쿡쿡 찌르는 내면의 목소리에 귀를 기울이는 방법을 배웠다.

지금도 그렇지만 당시에도 이런 변화를 과학적으로 뒷받침할 근거는 없었다. 그러나 이런 변화의 시도가 거듭될수록 나는 점점 나아졌다. 요즘에는 내 미래를 수십 가지의 모양으로 그리지만 최종적으로 하나의 미래만이 펼쳐지면, 나머지 가능한 미래들을 미련 없이 버릴 수 있는 경지에 이르렀다.

거의 같은 시기에 나는 '신뢰'와 '길을 잃음'에 대한 내 운을 시험하기 시작했다. 세상에 신뢰가 없다는 것만큼 무의미한 비극은 없다. 하지만 두려움과 불신에 사로잡힌 삶은 어떤 종류의 미래일까? 나는 그런 미래를 원하지 않았다. 그래서 옛 각본을 파고들기 시작했고, 결국 내가 신뢰를 뒤로 밀어내고 있다는 걸 깨달았다. 플럭스 사고방식이 열리면서 나는 상처받은 마음을 치유하는 동시에, 신뢰하는 것만으로 효과가 있는지를 확인하고 싶었다. 그러고는 결코 뒤돌아보지 않았다. 뒤에서 보겠지만, 신뢰로 시작하라는 것은 순진하게 믿으라는 뜻이 아니다. 계획대로 모든 일이 진행될 거라는 뜻도 아니다. 신뢰로 시작하는 것은, 당신에게 변화를 자신 있게 맞이할 수 있게 해주는 다른 기준값을 설정하라는 뜻이다.

길을 잃고 방향감각을 상실하는 내 재주는 정서적 특성과 여행이란 두 요인 덕분에 재도약의 기회가 되었다. 부모님의 죽음은 내가 개인적으로 경험한 첫 죽음이었다. 내가 참가한 첫 장례식도 두 분의 장례식이었다. 정서적으로 내 머릿속에는 나침반도 없고 지도도 없었다. '드리스티' 같은 것도 없었다. 하지만 매일 일기를 쓰고, 내 영혼의 깊은 곳에서 두려움보다 경이로움을 느껴가는 과정에서, 방향을 가늠하는 새로운 방법을 조금씩 터득했다. 나중에 세계를 끝에서 끝까지 여행할 때는 어느 날 만나게 될 사람이 누군지 모르고, 또 그날 저녁 내 머리를 어디에 누이게 될지 몰라도 두려움보다 경이로움을 만끽했다. 그리고 우리가 스스로 꾸미는 이야기에 따라 두려움이 생기거나 사라진다는 걸 거듭해서 경험했다.

그로부터 20년 이상이 지난 지금, 나는 새 각본에 맞추어 포트폴리오 경력을 구축하고 있다. 이 플럭스 파워를 개발하는 데는 상당한 횟수의 반복이 필요했다. 하지만 내 포트폴리오 여정은 대부분의 기준에 따르면 결코 일반적이지 않다. 몇 년을 주기로 새로운 직업에 뛰어든 것으로 보일 테니까. 그렇지만 "내가 내일 죽는다면 세상을 위해 오늘 무엇을 해야 할까?"라는 질문이 나를 지금까지 끌어온 지표다.

이 질문을 삶의 지표로 삼은 덕분에 매년 나는 생일을 맞을 때마다 내가 살아 있는 것에 경탄하고 감사하는 선물을 받는다.

다른 플럭스 파워들을 찾아내고 다듬는 데는 더 오랜 시간이 걸렸다. 아직도 나는 매일 모든 플럭스 파워의 개선에 공을 들인다. 새 각본을 쓰는 것은 평생의 과제다. 그러나 어떤 것도 확실하지 않지만 내가 내일 죽을 확률은 극히 낮다는 걸 알게 되었다. 그렇다면 삶을 위해 무엇에 투자하는 게 더 낫겠는가?

플럭스로 가는 로드맵

지난 25년 동안 나는 플럭스를 향한 내 여정을 돌이켜 보며 효과가 있는 것과 그렇지 않은 것을 분리하는 작업을 해왔고, 다른 사람도 변화의 길로 안내하는 많은 기회를 가질 수 있었다. 그때마다 두드러져 보이는 소수의 의견과 통찰이 있었다. 그렇게 두드러진 통찰을 나는 변화의 지형을 항해할 때, 또 플럭스를 향한 새 각본, 즉 플럭스로 가는 로드맵을 작성할 때 기준이 되는 마루지로 보았다.

- **가치관은 많은 것에서 생겨난다.**

  종교적 신념, 봉사 정신, 사리사욕이나 개인적인 성공을 초월하는 대의에의 헌신, 자식 사랑과 인류애 등이 자주 언급되는 가치다.

- **변화와의 관계는 내부에서 시작된다.**

  많은 사람이 변화와의 관계를 중요하게 생각하지 않는다. '변화관리 전략', '불확실성에의 투자' 등과 같이 외적인 것에 주력한다. 하지만 당신이 내리는 모든 결정, 또 당신이 결정하는 모든 전략과 투자는 근본적으로 내적인 세계, 즉 당신의 마음가짐에 달려 있다. 내적인 부분을 먼저 살펴보라. 달리 말하면, 당신과 변화의 관계를 먼저 따져보라. 그래야 외적인 부분들이 의미를 갖고, 전에 없던 명료성을 띠게 된다.

- **누구도 당신의 새 각본을 대신 써줄 수 없다.**

  우리는 서로에게 많은 것을 배울 수 있다. 특히 새 각본을 이미 써본 사람에게는 배울 것이 많다. 그러나 당신을 제외하고, 누구도 '온전한 당신'일 수 없다.

· **유연하게 흐르는 방법, 즉 플럭스를 배우는 일은 신나지만 어렵다.**

플럭스를 배우면, 당신이 앞으로 배울 어떤 것보다 다양한 방향에서 당신과 세계 모두에 큰 보상을 안겨줄 것이다.

삶은 우리에게 플럭스 사고방식을 열고, 플럭스 파워를 개발하는 많은 연습 기회를 제공한다. 이런저런 문제를 지나치게 오래 생각하지 마라. 지금 당신에게 닥친 변화와 관련된 과제로 무조건 시작하라.

이 책은 어떻게
읽어야 하는가

이 책의 구조는 단순하다. 장마다 하나의 플럭스 파워가 다루어진다. 각 장을 어떤 순서로 읽어도 상관없다. 처음부터 끝까지 차례로 읽는 게 바람직하지만 반드시 그렇게 읽어야 하는 것은 아니다. 각 장에는 해당 플럭스 파워를 개발하고 내재화하며, 플럭스 사고방식을 강화하고, 새 각본을 쓰는 데 도움을 주는 질문과 연습 문제가 있다.

끊임없는 변화, 점점 빨라지는 변화 속도, 미지의 세계는 많은 사람이 예부터 '느끼던 것'이지만, 전체적으로 보면 플럭스에 대한 어휘가 부족한 것은 사실이다. 물론 어떤 문제를 규정한다고 그 문제를 해결하는 것은 아니다. 그러나 적절한 단어가 없으면, 관련된 문제에 대한 유의미한 대화를 표면화하기가 쉽지 않다. 이 책의 역할은 이 문제에 대한 의식을 높이고, 플럭스 학습에 대한 논의를 촉발하려는 것이다.

플럭스는 우리 시대와 미래에 반드시 필요한 용어다. 또 이 책은 우리 시대와 미래를 위한 책이기도 하다. 이 책이 당신과 주변 사람 모두에게 도움이 되기를 바란다.

리더십을 위한 새 각본

당신이 이 책을 읽고 있다면 리더인 동시에 지혜를 구하는 사람일 가능성이 크다. 그러나 어떤 유형의 리더인가?

과거의 각본에서 리더십은 무척 협소하게 정의된다. 예컨대 리더는 사다리의 꼭대기에 있는 사람이다. 리더는 조직원의 행동을 관리하고 지휘하며, 명령하고 통제한다. 리더는 권력을 단단히 쥐고 답을 제시하며 주목을 받는 사람이다. 기업 환경에서 리더는 경쟁자를 물리쳐야 한다.

그러나 끊임없이 변하는 세계에서 새 각본을 손에 쥐면, 좋은 리더에 대한 정의가 확연히 달라진다. 리더의 전형적인 특징만이 아니라, 리더에게 필요한 자질이 달라진다. 과거의 각본에서 정의 내리는 '위대한 리더'라고 해서 세상이 거꾸로 뒤집어질 때 뛰어난 리더십을 발휘한다는 보장은 없다. 오히려 과거의 능력이 방해가 될 수 있다. 끊임없이 변하는 세계를 이겨내려면 그 세계에서 자신과 타인을 끌어가는 능력, 즉 당신 자신과 변화의 관계에 모든 것이 달려 있다.

예를 들어 '리더스 온 퍼포스Leaders on Purpose'가 2019년에 실시한 한 연구에 따르면, 오늘날 최고위층에게는 위험과 모호성을 편하게 받아들이며 이겨내는 능력이 필요하다. 모호한 상태에 거부감을 드러내지 않고, 오히려 그런 상태를 신뢰하며 길을 찾아내는 리더가 있다.[9] 요즘의 기준에서는 그런 리더가 최고의 리더다. 달리 말하면, 끊임없이 변하는 세상에서 위대한 리더는 확실한 것이 아니라 정반대의 것과 씨름할 수밖에 없다. 따라서 목표는 명확한 비전이다. 정확히 말하면, 옛 각본의 기준에 어긋나더라도 믿음의 도약을 해야 하는 때를 알아내는 것이다.

게다가 새 각본에 따르면, 사다리의 정상을 향해 전진하는 사람만이 아니라 많은 사람이 리더다. 끊임없이 변하는 세계에서 리더십은 어느 방향에서나 발휘될 수 있다. 사다리의 꼭대기에만 리더십이 국한되지는 않는다. 이 시대의 리더들은 네트워크, 생태계, 집단 지혜 등 '새로운 힘new power'의 원리들을 이용한다.[10] 네트워크에서 가장 강한 교점은 가장 크고 가장 화려하며, 가장 오래되고 가장 많은 자격을 갖춘 커뮤니티가 아니라, 가장 많은 사람과 연결된 커뮤니티라는 걸 기억해야 한다. 플럭스 리더는 혼자 끌어가지 않고, 다른 사람들과 함께 끌어가려 한다. 예컨대 옛 각본의 리더십 기준에 따르면, 그레타 툰베리Greta Thunberg는 리더로 전혀 어울리지 않는다. 툰베리는 아직 어리고 산만하며, 다른 사람들의 생각에 거의 신경 쓰지 않는다. 하지만 재앙적인 기후변화에 대처하겠다는 명확한 비전으로 무장하고, 개인적인 이익보다 공동의 목표를 이루려는 열망에 다른 사람들에게 충격과 자극을 주기 때문에 새 각본에서 규정하는 리더가 될 수 있는 것이다.

CHAPTER 1

더
천천히
달려라

우리는 길을 잃었을 때 더 빨리 달린다.

- 롤로 메이 Rollo May

FLUX

달려야 할 많은 이유가 있다. 어떤 이유가 마음에 드는지 보자.

하루에 몇 번씩은 아니어도 매주 뜻밖의 새로운 변화가 일어난다. 일정표가 달라지며, 오랜 시간에 걸쳐 완성된 일상의 틀을 망가뜨리는 경우를 생각해 보라. 혹은 예정보다 늦게 결성된 팀이나, 눈앞에 다가와 분초를 다투는 기회가 예상치 못한 변화를 촉발할 수 있다. 또 집세를 언제까지 낼 수 있을지 모르는 상황이라든지, 자신이나 가족, 친구의 안전까지 걱정해야 할 상황도 뜻밖의 변화를 초래할 수 있다. 매년 더워지는 지구도 우리에게 변화를 촉구하고 있다.

이때 우리는 걸어야 할까, 전속력으로 뛰어야 할까, 아니면 그대로 가만히 있어야 할까? 개인과 조직 모두 이 질문에 대답을 찾아내려고 고심한다. 직장에서 인사 책임자들은 불확실한 상황이 곧 닥칠 것처럼 보일 때는 '신속한 해고'가 필요하다고 주장한다. 어디에서 수익이 있을지 확실하지 않으면 직원을 감축하는 게 가장 쉬운 방법 중 하나다. 어쨌든 임금이 대부분의 조직 예산에서 단일 항목으로는 가장 큰 몫을 차지하는 게 사실이다.

하지만 더 깊이 파고들면 전혀 그렇지 않다는 걸 확인할 수 있다. 1980년 이후로 해고를 최대한 늦춘 기업들이 신속히 해고한 기업들보다 시간이 지나자 더 나은 성과를 거두었다.[11] 그 이유가 무엇일까?

핵심 인재를 대체하는 게 어렵기도 하지만, 해고가 남은 직원들의 사기와 생산성에 부정적인 영향을 미치기 때문이다.[12] 기본적인 공정보다 경제적 효율성을 우위에 두는 조직은 결국 진면목을 드러내기 마련이다. 가치관과 신뢰성은 되찾기가 무척 어렵다.

여기에서 배워야 할 교훈은, 절대 해고해서는 안 된다거나 신속하게 행동해서는 안 된다는 게 아니다. 신속한 대응이 반드시 현명한 대응을 뜻하지는 않는다는 것이다. 끊임없이 변하는 세계에서는 신속하게 행동하는 사람이 항상 먼저 끝내지는 않는다.

FLUX POWER
: 더 천천히 달려라

빠른 속도로 진행되는 세계에서 성공하려면 당신 개인의 속도를 늦추어야 한다. 당신에게 더 빨리 달리라고 꼬드기고 구슬리며, 압박을 가하는 뒤집어진 세계에서, 진정한 성공과 성장을 이루어내는 열쇠는 정반대로 행동하는 것이다. 다시 말하면, 더 천천히 달리는 방법을 배우는 것이다.

과거의 각본에 따르면 우리는 뒤처지지 않기 위해 더 빨리 달려야 한다. 그러나 끊임없이 변하는 세계에서는 경쟁 조건이 다르다. 결승선이 계속 이동하기 때문이다. 기업의 요구, 가정과 가족에 두는 우선순위, 효율적으로 관리해야 할 책무, 세심한 배려가 필요한 인간관계, 해독해야 할 불확실성 등 무엇이든 결승선이 될 수 있다. 더 빨리 달리면 더 많이 달리지만, 쉬지도 못하고 반성하는 시간도 갖지 못한다. 무엇인가에 관심을 두는 여유도 갖지 못한다. 따라서 시간이 지나면서 결과는 더 나빠진다.

하지만 대부분의 사람에게는 더 빨리 달리는 게 기본값이다. 우리는 과거의 각본에 여전히 사로잡혀 있고, 그런 상황은 결코 좋은 징조가 아니다. 특히 혼자 더 빨리 달리는 경우에는 더더욱 그렇다.

더 천천히 달리는 방법을 터득하면, 그 결과는 전반적인 면에서 더 낫다. 예컨대 더 현명한 결정을 내리고, 회복 탄력성이 더 커지며, 스트레스를 덜 받아 건강도 좋아진다. 공감 능력과 직관력이 더 강해지고, 집중력이 더 높아지며, 목적의식도 더 뚜렷해진다. 모순되게 들리겠지만, 속도를 늦추면 더 많은 여유가 생기고, 그 결과로 불안감이 줄어든다. 또 생산력이 크게 향상하고, 극도의 피로가 예방된다. 실제로 휴식만으로도 많은 종류의 성장이 가능하다.

나는 더 천천히 달리는 방법을 터득하는 데 꽤나 오랜 시간이 걸렸다. 그때까지는 언제나 숨이 턱에 차도록 힘껏 달렸다. 다른 사람이 설정한 목표를 추구하고, 내가 두려워하는 걸 멀리하면서도 그 이유에 대해서는 깊이 생각하지 않았다. 부모님이 세상을 떠났을 때, 나는 최대한 빨리 그 상황에서 벗어나고 싶었다. 하지만 나는 도망가지 않았다. 그 상황에 대담하게 맞섰다. 그 덕분에 더 천천히 달리는 플럭스 파워를 습득하기 시작했다. 그 상황에서 도피했더라면 나의 내면에서, 그리고 외부 세계와의 관계에서 전개되던 것의 역학 관계를 이해하는 데 훨씬 더 오랜 시간이 걸렸을 것이다.

지금 나는 과거보다 훨씬 더 느릿하게 달릴 수 있지만 아직도 개선할 여지가 많다. 시행착오와 신중한 연습을 통해서는 휴식이 소중하다는 걸 깨달았다. 이제 나는 예전보다 더 많은 사람을 만나지만 그때만큼 불안하지는 않다. 내 부족함을 겸허하게 인정하게 되었고, 전에는 그저 스쳐 지나갔던 많은 것이 이제 눈에 보인다. 전에는 두려워했던 것들이 이제는 즐거움의 원천이 되기도 한다.

정확히 말하면, 더 천천히 달린다는 것은 행동을 멈추고 게으름을 피운다는 뜻이 아니다. 빈둥거리고, 목적의식을 버리고,

누구도 배려하지 않겠다는 뜻은 더더욱 아니다. 휴가를 얻고, 애플리케이션을 다운로드 받아서 해결되는 문제도 아니다. 물론 단번에 해결할 수 있는 즉효약이 있는 것도 아니다. (얄궂게도 당신이 해결하려는 것이 끊임없이 변하기 때문에 그 즉효약이 악순환으로 이어진다.) 결국 더 천천히 달린다는 것은 지속가능한 속도로 많이 움직이며 많이 질문한다는 뜻이다. 또한 마음을 차분히 가라앉히고, 정말 중요한 것에 집중하는 데 충분히 시간을 투자한다는 뜻이다.

물론 더 빨리 달리는 게 옳을 때도 많다. 예컨대 다가오는 자동차를 피하려고 재빨리 방향을 틀고, 팬데믹에 맞서 예방접종을 신속히 신청하는 경우를 생각해 보라. 또 우리는 뭔가에 집중할 때, 즉 지금 하는 일에 완전히 몰입할 때 살아 있는 느낌을 받으며, 평소보다 더 빨리 움직이고 생각한다.

그러나 대체로 마음이 차분할 때보다 어수선할 때 다치고 상처를 받는 경우가 훨씬 더 잦다. 우리는 다른 사람이 설정한 목표를 추구하며 많은 시간을 보내고, 우리 포부와 꿈과 계획이 어디로 사라져 버렸는지 궁금해한다.

우리는 습관적으로 더 빨리 달린다. 그리고 삶 자체를 그냥 스쳐 지나간다. 그러나 그렇게 급히 달려야 할 필요가 없다. 지금부터라도 다시 시작하자.

당신은 지금 얼마나 **빨리 달리고 있는가**

이 질문의 답을 구하는 과정은 두 부분으로 나뉘어진다. 먼저 다음 질문에 정직하게 대답해 보자.

- 당신은 지금 지나치게 빨리 달리고 있는 기분인가?
- 빨리 달리고 싶은 욕망은 어디에서, 혹은 누구로부터 오는 것인가?
- 관심을 다른 데로 옮길 수 있을 정도로 속도를 늦추면 무엇을 발견할 수 있으리라 생각하는가?
- 내일 죽는다는 걸 안다면 어떤 목적으로, 누구에게 달려가겠는가?
- 이 훈련을 위해 잠깐 '멈추는 데'도 힘들었는가?

이번에는 종이에 사격 표적처럼 생긴 네 개의 동심원을 그리고, 각 동심원에 다음과 같은 이름을 붙여보자.

- 중심원은 '개인적으로 추구하는 것'이다. 구체적으로는 자신과의 관계, 개인적 목표, 삶에서 개인적으로 보여주고 싶은 모습 등이다.
- 두 번째 원은 '개인적인 관계'다. 친구, 가족, 사랑하는 사람과의 관계를 뜻한다.
- 세 번째 원은 '조직에서의 역할'이다. 직업인으로서의 책임, 전문적인 역량, 동료로서의 가치 등이다.
- 네 번째 원은 '세계에서의 역할'이다. 예컨대 시민, 소비자, 여행자, 환경운동가로서의 역할이다.

어느 부분에서 당신이 지나치게 빨리 달리는지 써보라. 그 부분이 어느 원에 속하는가? 빈 원이 있는가?

다음에는 그 이유를 써보라. 어떻게든 빨리 달리고 싶은 욕망이 어디에서 오는가? 더 많이 하라고 부추기는 게 당신 자신인가, 아니면 다른 사람인가? 더 빨리 달리라는 압박이 언제 시작되는가? 그때 그런 압박이 감지되는가? 그때 당신은 일반적으로 어떻게 대응하는지 써보라. 그 방법이 효과가 있는가?

이번에는 전체적으로 보자. 당신의 삶에서 어떤 부분의 속도를 가장 늦추어야겠는가? 상대적으로 쉽게 다룰 것 같은 부분이 있는가?

끝으로 동료와 가족 등, 이 훈련으로 도움을 받을 만한 사람이 또 누가 있을지 생각해 보고, 그에게 이 훈련 방법을 알려주라.

과거의 각본과
초고속 시대

2010년, 하버드대학교 연구진은 우리가 깨어 있는 시간의 47%를 현재 진행되지 않는 일을 생각하는 데 보낸다는 걸 알아냈다.[13] 당시는 스마트폰이 탄생하고 3년밖에 지나지 않은 때였다. 따라서 우리는 그 모바일 기기에 겨우 적응하기 시작했지만, 그로부터 10년이 지나지 않아 스마트폰은 우리에게 전화만이 아니라 텔레

비전과 교사, 은행 출납원과 교통 안내원, 음식 조달원과 여행사 직원 역할까지 해낸다. 심지어 결혼 정보 회사, 세탁방과 고해실 등이 되기도 한다.

하지만 이런 애플리케이션들, 즉 스마트폰의 아이콘들은 우리의 집중력을 방해하는 또 하나의 요인이다. 달리 말하면, 눈앞에서 전개되는 삶의 마법에서 멀어지며 당신의 생각을 다른 방향으로 돌리는 기회가 된다.

오늘날에는 주문형 경제가 폭발적으로 성장했다. 따라서 우리는 항상 컴퓨터를 켜놓고 지내며, 어떤 것이든 1년 내내 즉각적으로 구할 수 있을 듯한 생활방식에 길들여졌다. 우리가 온라인상에서 주문한 물건은 당일이나 이튿날 배달되는 게 이제는 당연하게 여겨진다. 자동차를 호출하고, 3분 내에 도착하지 않으면 안달복달한다. 5분을 아껴 우리 삶을 최적화하겠다는 생각에 이런저런 업무를 외부에 위탁한다. 과거에 우리에게 즐거움을 주었고, 친구나 가족과 접촉하는 기회를 주었던 일들을 그렇게 포기하더라도 걱정할 것은 없다. 그 시간을 생산적으로 보내는 게 훨씬 더 나으니까!

그러나 여기에도 문제가 있다. 우리는 그런 식의 삶에도 불행하다. 밀레니얼 세대, 즉 1980년대 초부터 2000년대 초까지 태어난 세대는 '번아웃 세대'라고도 일컬어진다. 그들은 자긍심이 얼마나 많이 일하느냐에서 비롯된다는 생각이 사회와 교육제도를 통해, 또 친구들과 부모를 통해 강화되고 내재화된 세대다. 따라

서 우리는 '쉬지 않고' 일해야 한다.[14]

하지만 밀레니얼 세대는 빙산의 일각에 불과하다. 경영자와 관리자도 자기만의 시간을 요구받는 경우가 계속 증가하는 추세다. 리더들은 팀의 행복을 걱정하면서도, 장기적인 건강보다 사분기 수익에 우선순위를 두어야 한다는 압박에 시달린다. 교사들은 더 어려운 환경에서 매년 줄어드는 자원으로 더 많은 학생에게 더 많은 것을 가르쳐야 한다. 성직자와 간병인 등 봉사자들에게는 쉬는 시간이 허락되지 않는다. 부모는 자식의 놀이 시간을 최적화한다. 이런 사례는 한도 끝도 없이 나열될 수 있다.

우리는 어릴 때부터 '그 모든 것'을 해낼 수 있고, 또 해내야 한다는 말을 귀에 딱지가 앉도록 들었다. 이런 문제의 씨는 그때 뿌려진 것이다.

이 메시지가 야망과 성취욕을 북돋워 주는 것은 사실이다. 이런 면에서는 더없이 좋은 메시지다! 하지만 우리 자신이 부족하다는 실망감을 끝없이 안겨준다. 그 때문에 충분히 일하지 않았고, 넉넉히 벌지 못했으며, 만반의 준비를 하지 못했다는 낙심에 사로잡힌다. 여기에 함축된 메시지는 "너는 충분히 노력하지 않는다."라는 것이다. 따라서 쉬지 않고 더 빨리 달려야 한다!

이런 낙심은 내적인 학대로 이어진다. 당신이 무능한 게 아니므로 "더 열심히 일하면 모든 면에서 더 나아질 것이다!"라는 것이다. 모순되게 들리겠지만 정신분석학자 조시 코언Josh Cohen의 표현을 빌리면, 이런 자기 학대의 결과는 "탈진과 불안의 기이한 결합, 현재 자신의 위치와 소유에 전혀 만족하지 못하는 상태"가 된다. 따라서 "그 상태는… 이른바 최고의 자아에 도달하기 위해 끝없이 행하는, 일의 주인이 아니라 노예로 전락한 듯한 기분을 우리에게 안겨준다."[15]

개개인이 살아가는 상황은 다르지만, 삶의 속도가 점점 빨라지는 현상은 현대 문화 곳곳에서 만연하다. 남녀를 불문하고 누구나 '모든 것을 갖고', '성공하고' 싶어 한다. 우리는 매달 날아오는 청구서를 해결하고, 거짓이든 아니든 간에 부를 과시하는 이웃에 기죽지 않으려고 죽을힘을 다해 달린다. 게다가 주변 사람들도 다를 바가 없다.

중요한 것은 "이런 달리기가 지속가능하지 않고, 우리를 미치게 만든다는 것"이다. 그럼에도 우리는 멈추지 못하는 듯하다. 우리 자신만이 아니라 누구도 정신없이 돌아가는 회전목마를 멈추지 않는다.

삶의 속도를 늦추는 능력과 성공 사이에는 불가분의 관계가 있다. 하지만 우리가 살아가는 세계 혹은 시스템은 의도적이든 아니든 간에 우리를 방해하는 쪽으로 '설계'된 까닭에, 둘 사이의 균형을 맞추기가 쉽지 않다.

당신은 해야 할 일의
목록이 아니다

그러나 항상 더 빨리 달려야 할 필요는 없다. 모든 곳, 모든 문화가 다짜고짜로 더 빨리 달리고, 항상 무엇인가를 하는 것은 아니다. 상대적으로 더 나은 문화권도 마찬가지다. 당신은 '아무것도 하지 않는 상태'를 상상해 본 적이 있는가?

아무것도 하지 않는다고 일하지 않는 것만을 뜻하지는 않는다. 우리는 명상과 일기 쓰기 등을 '아무것도 하지 않는 행위'로 뭉뚱그리는 경향이 있다. 그러나 이런 행위에도 많은 '행동'이 개입한다. 몰두하고 집중하고 생각해야 하지 않는가. 결국 내가 말하는 '아무것도 하지 않는 상태'는 '정말로 아무것도 행하지 않는 상태'를 뜻한다. 구체적인 행동도 없고, 다른 곳에 정신을 팔지도 않으며, 목표도 없는 상태를 가리킨다. 그렇게 하더라도 하늘이 무너지지는 않을 거라는 믿음이 필요하다. 실제로 모든 걸 멈추고 세상을 둘러보면, 세상이 더 맑고 더 밝게 보일 수 있다.

닉센

네덜란드에서 '닉센niksen'은 사회적으로 용인되고 문화적으로도 널리 알려진 개념이다.[16] 이 단어는 '아무것도 하지 않는다', 더 정확히 말하면, 특별히 생산적인 목적이 없는 것을 행한다는 뜻이다. 다시 말하면, '그냥 빈둥거리는 행위'다.[17]

닉센의 이득은 일일이 나열하기 힘들 정도다. 네덜란드 학자들의 연구 결과에서 밝혀졌듯이, 규칙적으로 '닉센'을 하면 불안증이 줄어들고, 면역 체계가 개선되며, 새로운 아이디어를 떠올려 문제를 해결하는 능력도 향상된다.[18] 무엇인가를 이루겠다는 생각이 없이, 그야말로 멍 때리면서 규칙적으로 '닉센'을 하는 것이 중요하다. 하루에 2분씩 시작해 보라.

아무것도 하지 않을 때 종종 최선의 결과를 얻는다.

- 곰돌이 푸Winnie-the-Pooh

무위

중국 불교는 기원전 700년부터 '우웨이無爲'라는 개념을 받아들였다. '행동의 결여', '최소한의 행위를 통한 행위'라는 뜻이다.[19] 우웨이, 즉 '무위'는 도교道敎의 중심 개념이다. 이것은 전략적으로 어떤 목표를 지향한다는 점에서 '닉센'과 다르다. 무위는 주어진 상황을 필사적으로 통제하려 애쓰지 않고, 그 상황에 적응하는 데 집중하는 일종의 선택적 소극성이다. 따라서 속도를 늦추고, 당면한 상황을 여유 있게 판단할 때에야 무위가 성취될 수 있다.

무위는 무아지경 혹은 몰입 상태에 종종 비교된다. 무위의 상태는 물이나 나무 혹은 이끼의 상태와 같다. 바람, 바위, 흙 등 주변의 형태에 맞추어 굽어지고 순응하지만, 그들의 내구력과 회복탄력성은 느릿한 성장 과정에서 비롯된다. 그들의 힘은 서두르지 않는 움직임에서 비롯된다.

부모님이 돌아가셨을 때 내 세계는 서서히 멈추는 동시에 속도가 세 배나 빨라졌다. 생각해야 할 것이 많았지만, 시간이 멈추어 버렸다. 할 일이 없었지만, 돌아보면 할 일이 태산이었다. 눈앞에 닥친 커다란 구멍을 나는 슬픔을 딛고 분주하게 메워야 했다.

돌이켜 보면, 내가 행한 가장 유일한 행동은 아무것도 하지 않는 것이었다. 대학을 졸업하고 편안한 삶을 살고 싶었던 젊은이에게 한 학기를 쉬고, 졸업을 1년가량 늦추는 건 무척 힘든 일이었다. 내가 슬픔에 젖어 지내는 동안 친구들은 대학을 졸업했다. 내 언니, 앨리슨은 그럭저럭 견뎌냈다. 앨리슨은 일지에 무한히 X를 그려넣었고, 그 표식은 거의 2년이나 계속되었다.

앨리슨과 나는 음울하고 비극적인 상황을 정직하게 받아들였고, 각자의 방식대로 다시 뿌리를 내렸다. 우리는 다른 것에 눈을 돌리지 않고 우리 영혼을 깊이 파고들었다. 그 덕분에 큰 차이를 만들어낼 수 있었다.

그 이후로 25년 동안 세상의 속도는 더 빨라진 반면, 속도를 늦추고 아무것도 하지 않는 인류의 능력은 정체 상태를 벗어나지 못했다. 전 세계를 뒤덮은 집단 불안과 의혹에 직면해, 우리가 할 수 있는 최선의 방책은 '무위'를 우리 삶에 도입하는 것이다. 다시 말하면, 모든 행위를 잠시 멈추고, 백일몽을 꿈꾸며 가만히 앉아 있는 걸 뜻한다.

'무위'는 널찍한 미지의 공간에 들어가 가만히 있는 단순한 행위이지만, 지나치게 빨리 달린 까닭에 지금까지 간과한 것을 찾아내기 위한 심오한 행위이기도 하다.

모든 것을 극복한 것이 무위다.

- 노자老子

생산성:
무엇과 누구를 위한 것인가

왜 그런지 모르겠지만, 많은 사람이 탈진의 세계에 급작스레 떨어진다. 우리는 일이 몇 시에 맡겨지더라도 어떻게든 그 일을 해낸다. 그 이유가 무엇일까?

물론 주머니 속에서 언제라도 즉각적인 연결을 가능하게 해주는 첨단 기술도 한 이유다. 요즘의 소비 지상주의와 자본주의도 결코 채워지지 않는 욕망, 더 나아가 충분히 일하지 않았다는 아쉬움을 부채질한다. 소비 지상주의가 만연한 이유가 여기에 있다. 요컨대 우리가 만족할 만한 수준에 이르지 못했다는 잘못된 믿음을 심어주기 때문이다. 하지만 그 메시지를 받아들이느냐 받아들이지 않느냐는 결국 마음가짐에 달려 있다. 바쁘게 돌아가는 현재의 시스템에 의문을 품고 있는가? 아니면 다람쥐 쳇바퀴에서 너무 분주하게 달린 까닭에 삶을 지나쳐 달리고 있다는 걸 미처 의식하지 못하고 있는가?

더 천천히 달리는 플럭스 파워를 향한 내 여정은 결코 순탄하지 않았고, 때로는 당혹스럽기도 했다. 그래도 점점 나아졌고, 이제 그 과정이 평생의 과제라는 걸 인정한다. 그러나 오랫동안 답보다 의문이 더 많았다.

부모님이 사고로 세상을 떠난 즉각적인 영향으로 나는 두 방향에서 갈피를 잡지 못했다. 첫째로, 내게 닥친 사건으로부터 하루라도 빨리 달아나고 싶었다. 하지만 나는 과거의 습관에 사로잡혀 꼼짝하지 못한 채 삶의 유약함을 새삼스레 떠올렸다. 내 삶도 곧 끝날 수 있기 때문에 더 빨리 삶의 세계에 뛰어들어야 할까? 잠시 '멈춤' 버튼을 누르고, 내가 지금까지 지향했거나 멀리하려 했던 것이 무엇인지 정확히 알아내야 할까?

많은 사람들이 나에게 공부를 중단하지 말고 대학원에 진학하거나 컨설턴트 회사 또는 은행에 취직하라고 권했다. 그들은 내가 당장이라도 경력을 쌓기 위해 준비하려면 자격증이 필요하다고 생각했던 것이다. 하지만 나는 후자를 선택했다. 제자리에, 준비, 출발!

당시 내 머릿속에서는 이런 의문이 떠나지 않았다.

"우리는 무엇을 위해 경쟁하는 걸까? 왜 그렇게 쉬지 않고 달려야 하는 거지?"

과거의 각본은 내 곁을 한시도 떠나지 않았다. 나는 개인적으로 그 각본에 따라야 한다는 압박감을 느꼈을 뿐만 아니라, 동료들이 조직의 계층 사다리를 열심히 오르는 걸 지켜보았다. 또 내 부모가 살아 있었더라면 뭐라고 말했을지도 계속 예측해 보았다. 내가 정말 옳다고 생각하는 걸 만들어가야 하는가, 아니면 다른 사람의 꿈을 위한 톱니바퀴 하나가 될 수밖에 없는 운명인가? 내 길을 내가 직접 선택할 것인가, 누군가 나를 대신해 선택한 길을 갈 것인가?

스물두 살이던 나는 부모님이 살아 계셨더라면 자랑스러워할 만한 방법으로 세상에 기여하고 싶었다. 그러나 나에게 정말 중요한 게 뭔지도 모른 채 어떻게 세상에 기여할 수 있단 말인가? 삶의 속도를 줄이더라도 그 의문을 찬찬히 살펴보지 않고, 어떻게 세상에 기여하겠다고 말할 수 있는가?

이런 고민에서 얻은 통찰은 여기에서 다루는 플럭스 파워와 별다른 관계가 없지만, 그런 깨달음을 당시 어떻게 얻었는지에 대해 짤막하게 언급해 보려 한다.

나는 월스트리트에는 눈길조차 주지 않고, 하이킹과 자전거 여행을 안내하는 일자리를 얻었다. 그 일을 이탈리아에서 시작해서 다른 곳까지 확대해 나갔다. 거의 4년 동안, 나는 일정한 주소도 없이 배낭여행을 다니며, 다른 세상 사람들은 어떻게 살고 있는지에 대한 끝없는 호기심을 채웠다. 때로는 말도 안 되는 곤경에 빠졌지만, 국제개발 현장을 직접 보고 배우며, 문화 외교와 자급자족의 전문가가 되었다. 월스트리트에서 일했더라면 받았을 임금보다 훨씬 덜 받았지만, 씀씀이도 그만큼 적었다. 나는 내가 있는 곳의 속도에 맞추어 살았고, 그 결과로 내 미래 전체가 달라졌다.

사회가 나에게 더 빨리 달리라고 요구하던 때 더 천천히 달리는 방법을 배우자 모든 것이 달라졌다. 내일 죽을지도 모른다는 비이성적인 두려움이 여전했던 까닭에, 삶의 속도를 늦추고 잠시 멈추자 위험하게 느껴졌다. 그러나 시도조차 않는 건 훨씬 더 위험한 것 같았다. 그때 이후로 지금까지 줄곧 나 자신에게, 또 수많은 사람에게 틈나는 대로 묻는다.

"만약 내일 죽음을 맞는다면 무엇을 했어야 좋을까?"

이 질문에 지금까지 "더 빨리 달리지 못해 아쉽다."라고 대답한 사람은 단 한 명도 없었다.

더 천천히 달리라는 플럭스 파워는 당신과 나, 개인에게만 필요한 것이 아니다. 더 빨리 달리려는 집단의 욕구는 우리 지구를 파괴하고 있다. 우리는 더 빨리 질주하고, 더 많은 것의 생산-소비-소유로 이어지는 끝없는 악순환에 사로잡혀 지낸다. 그 과정에서 우리는 지치고 탈진한다.

상품의 생산과 소비가 빨라질수록 환경 훼손이 심해진다. 우리가 '외적인 것'에서 행복과 만족을 찾을수록 우울감이 더해질 가능성이 크다.[20] 외적인 것은, 심리학 교수 팀 캐서Tim Kasser의 표현을 빌리면 새 자동차와 새 드레스 및 "구입을 통해 우리를 슬픔에서 벗어나게 해주는 모든 것"을 말한다. 우리는 소비하고 또 소비하라고 배우지만, 안타깝게도 그 부작용에 대해서는 생각하지 않는다. 하지만 '컨슘consume'이 마케팅에서 '소비하다'라는 뜻으로 사용되기 전에 '전소하다', '낭비하다'를 뜻했다는 걸 알았는가?[21]

요즘의 리더들에게 '빨리 달리기'의 위험성은 상당히 높다. 개인의 행복만이 아니라 기업의 성공, 더 나아가 경제의 안정도 위협받는다. 지구의 생존과 미래 세대의 행복도 마찬가지다. 이런 상황에서 더 천천히 달리는 방법을 배우면 많은 다른 문제도 해결할 수 있을 것이다. '더 천천히 달리기'는 과거의 각본과 거의 완전히 배치되지만, 붕괴를 예방하는 최선책이다.

생산성 대신 존재 자체를
최적화하라

생산성, 지속가능성, 끊임없이 변화하는 세계와 우리의 관계를 재고하는 더 좋은 방법이 있다. 그 방법이 무엇이라 생각하는가? 바로 우리 앞에 있는 것이고, 새 각본의 일부이기도 하다.

먼저, 생산성 대신에 우리 존재present 자체를 최적화한다고 잠시 상상해 보자. 당신의 경력이나 생활방식을 고려할 때 이 제안이 약간 초자연적으로 들릴 수 있다. 하지만 그렇지 않다는 걸 확실히 말해두고 싶다. 그 이유를 설명하겠다.

옛 각본은 속도와 효율성과 생산성의 최적화를 강조한다. 매일 아침에 5초를 할애해 면도할 수 있고, 일정으로 꽉 찬 오후 시간에 또 하나의 약속을 끼워넣을 수 있다면, 그것만으로도 승리다. 더 많은 모임을 가질수록 자존감과 자부심은 더 커진다. 계속 바쁘게 움직이고, 성공과 진보를 꿈꾸라는 게 옛 각본의 원칙이다.

나는 새 각본을 쓰기 시작한 뒤에도 이런 분주함에 오랫동안 어떤 의문도 제기하지 않았다. 나는 여전히 분주하게 지냈고, 지독히 바쁜 날들도 즐겁게 받아들였다. 그러나 관찰을 거듭할수록 단절감이 더욱 뚜렷이 느껴졌다. 삶의 속도를 늦추고 더 깊이 관찰하자 그 결과로 제기된 의문들에 나는 입을 다물 수 없었다. 우리가 지금 무슨 짓을 하고 있는 걸까? 더 많이 만나야 우리 유산이 더 중요해진다는 생각을 우리 자신과 주변 사람들에게 어떻게 설득했을까? 5분을 절약하면 우리 영혼을 구하게 된다는 확신은 대체 어떤 근거에서 생긴 것일까?

새 각본에서는 모임의 횟수보다 집중력, 즉 어떤 순간, 어떤 경험과 결정에 완전히 몰입할 수 있는 능력을 더 중요하게 생각한다. 모두가 완전히 집중하고 몰입하는 한 번의 모임이, 참석자들이 집중하지 못하고 산만하게 행동하는 1,000번의 모임보다 더 낫다.

결국 존재한다는 것은 관심과 반응으로 귀결된다. 이 둘은 다르지만 밀접한 관계가 있다. 우리는 관심을 기울이는 것에 반응한다. 빨리 달릴 때는 충분한 관심을 기울일 수 없다. 정신이 분산되어 있을 때는 잘못된 것에 관심을 기울이기 십상이고, 따라서 잘못된 반응으로 이어지기 쉽다. 예컨대 우리는 사랑보다 두려움에, 연민보다 경멸에 반응하며, 다른 경우였다면 호기심을 자극했을 대화에 귀를 닫아버릴 수 있다. 요컨대 질문과 대답이 엉망진창이 된다는 것이다. 문제가 잘못 이해되면, 더구나 우리가 빠르게 스쳐 지나가며 완전히 문제를 놓쳐버리면 해결책은 영원히 찾아낼 수 없다.

하지만 해결 방법은 간단하다. 삶의 속도를 늦추면 쟁점을 정확히 파악해서 올바로 반응할 가능성이 높아진다. 그러나 그런 장점만 있는 게 아니다. 시간이 존재한다는 걸 인식하게 된다. 따라서 삶의 속도를 늦추면 오히려 더 많은 시간이 생긴다.

그럼 어떻게 해야 존재를 최적화하는 방법을 배울 수 있을까? 다행스럽게도 많은 방법으로 시작할 수 있다. 진부하게 보이는 방법도 있지만 기발하게 여겨지는 방법도 있다. 너무 깊이 생각하지 말고, 당신의 호기심을 자극하는 방법부터 시도해 보라. 새롭게 시도하는 방법이 특이하게 보일수록 현재의 습관은 더욱더 잘못된 것으로 보이게 마련이다.

··· 정적 연습

처음에는 30초로 시작하고, 차근차근 1분, 2분, 5분 혹은 그 이상까지 늘려가라. 완전한 정적을 지켜라. 이 연습은 명상 훈련이 아니다. 훨씬 더 간단하다. 그냥 자리에 앉아 마음을 가라앉히고, 마음이 어디로 흘러가는지 지켜보기만 하면 된다. 판단하지 말고 그냥 지켜보기만 하라. 마음의 속도가 느슨해지는가, 아니면 더 빨라지는가.

··· 침묵 연습

침묵은 마음을 진정시키는 데 도움이 된다. 단순히 말을 하지 않는 침묵이든 호흡 주기를 끝낼 때의 침묵(쿰바카, kumbhaka)이든 큰 차이는 없다. 침묵은 거의 어디에서나 찾아볼 수 있다. 조금만 주변을 둘러보라. 달리 말하면, 침묵 훈련은 어디에서나 가능하다는 뜻이다. 매일 5분이란 짬을 내어 침묵에 빠져보라. 텅 빈 공간에 집중하라. 당신과 소리 사이의 공간에서 움직이는 것을 눈여겨보라. 그것이 당신을 어디로 끌어가고 있는가.

··· 인내 연습

더 천천히 달리는 플럭스 파워를 얻는 데 인내심 함양은 가장 어렵지만 가장 강력한 방법 중 하나다. 시간이 꽤나 걸릴 것 같은 과제, 예컨대 약속을 기다리는 시간을 선택해서 그냥 기다려라. 소셜 미디어나 전화, 낱말 놀이 등으로 그 시간을 채우지 말아야 한다. 벌을 받는 기분인가, 아니면 홀가분하고 자유로운가.

··· 해서는 안 될 일 작성하기

해야 할 일의 목록은 우리를 더 빨리 달리게 하고, 쳇바퀴를 떠나지 못하게 한다. 해서는 안 될 일의 목록은 정반대다. 두 목록을 작성하고, 어느 쪽이 더 유동적으로 느껴지는지 확인해 보라. 해야 할 일의 목록에 쓰인 것이 실제로 중요한 것이면, 두 목록을 결합하는 것도 효과가 있을 수 있다.

··· 안식의 시간

짧은 순간이든 한 달이란 기간이든 언제 멈춤의 시간을 가질
수 있는지 브레인스토밍으로 찾아보라. 이 목록을 작성하는 단순
한 행위로도 긴장을 푸는 데 도움이 될 수 있다. 짧든 길든 멈춤의
시간은 질주보다 공간감을 부여하며, 삶의 속도를 늦추는 많은 방
법을 떠오르게 해줄 수 있다.

··· 자연과 함께하기

자연은 끊임없는 변화의 축소판이고, 더 천천히 달리는 방법을
가르쳐주는 최고의 선생이다. 숲, 호수, 널찍한 들판 등 야생의 땅
을 가까운 곳에서 찾아라. 오감을 통해 자연환경을 온몸으로 받아
들여라. 하이킹이나 캠핑을 하라는 게 아니다. 자연에서 새를 관
찰하라는 것도 아니다. 그냥 자연 속에 있으라는 것이다. 이른바
삼림욕을 즐기라는 뜻이다.[22]

··· 테크놀로지 안식일

일주일에 하루라도 화면이 달린 모든 테크놀로지의 연결을 끊
어라. 스마트폰, 컴퓨터, 태블릿, 텔레비전 등을 끊어라.[23] 너무 지
나치다 싶으면, 처음에는 서너 시간으로 시작해서 하루 종일로 늘
려가라. 그리고 개인적인 성찰에 그 시간을 활용해 보라. 이때 펜
과 종이를 준비해 두고, 머릿속에 떠오르는 생각을 글로 쓰는 것
도 유익한 방법이다.

더 천천히 달리면, 관심의 초점이 외부에서 내부로 이동한다. 내면에서 실제로 일어나는 일을 귀담아듣는 게 목표이기 때문이다. 외면하지도 거부하지도 말고, 달아나지도 마라. '존재'에는 그런 자세가 필요하다. 어떻게 해야 진정한 자아와 연결되고, 우리가 찾는 많은 대답이 내면에 있다는 걸 깨우칠 수 있을까? 먼저 삶의 속도를 줄여 내면의 목소리를 들을 수 있어야 한다.

자산을 지켜라

이 말은 중국에서 처음 들었다. 건강 공포증을 직접 경험한 적이 있는 세계적인 기업가들이 토론자로 참석해, 건강 때문에 잘 짜인 계획이 좌절될 때 대처하는 방법에 대해 이야기를 나누었다. 핵심 내용은 "우리 마음가짐과 상관없이 우리 몸은 기록을 계속 한다."는 것이었다.[24] 운동하고 더 좋은 음식을 먹는 것만으로는 탈진, 불안, 극도의 피로 같은 상태를 계속 견뎌낼 수 없다. 이런 상태의 근본적인 원인을 찾아 해결해야 한다. 요컨대 꾸준히 유의미하게 삶의 속도를 늦추어야 한다.

"자산을 지켜라!Protect the asset!"

이 조언은 마음이 뒤틀리면 몸도 뒤틀려 둘 다 제대로 기능하지 못한다고 가르친다. 더 건강한 마음가짐을 함양하려면 속도와의 관계에서 몸과 관련된 면들을 해결해야 한다. 누구도 급속도로 달린다고 치유되지는 않는다. 정반대다. 계속 더 빨리 달리면 결국 죽는다. 따라서 속도를 늦추어야 한다.

자산을 지키기 위한 첫 단계는 몸이 어떤 속도를 고수하고 구체화하고 있는지 평가하는 것이다. 나는 이 단계를 '자체적인 건강 점검'이라 생각한다. 지금 어떤 느낌인가? 내 몸의 어떤 부분이 빨리 달리고 있는가? 몸의 어떤 부분이 목소리를 높이고 있는가? 뭐라고 말하고 있는가?

잘잘못을 판단하려는 점검이 아니다. 감각에 변화를 주기 위한 점검은 더더욱 아니다. 엄격히 말하면, 몸의 상태에 관심을 두고 관찰하기 위한 작은 점검이다. 목과 어깨와 허리의 통증은 흔히 스트레스와 관련된다. 그러나 통증과 감각은 어디에서나 나타날 수 있다. 농담이 아니다! 팔꿈치와 발, 심지어 폐에서도 나타날 수 있다. 마음을 아프게 하는 심적 고통은 다른 사람 때문에만 아픈 게 아니라, 우리 자신 때문에도 아프다.

불편함에 주목해 보자. 불편하게 앉아서 불편함의 원인에 대해 깊이 생각해 보라. 그리고 그에 대해 써보라. 불편함을 무시함으로써 힘든 시간을 견뎌내려 하는가, 아니면 불편함에 걸맞은 시간을 할애하는가?

우리 몸은 끊임없이 우리 자신과 소통하지만, 우리는 몸의 신호를 곧잘 무시한다. 끊임없이 변화하는 세계에서 우리 몸의 신호는 무척 혼란스럽게 느껴질 수 있지만, 그 신호에 담긴 뜻을 이해하는 게 무엇보다 중요하다.

우리 몸에서 가장 강력한 도구는 호흡이다. 호흡은 맥가이버 칼과 비슷해서 다양한 용도로 쓰인다. 호흡은 내면과 바깥 세계, 또 몸과 마음을 이어주는 다리이기도 하다. 끊임없이 변하는 세계에서 이제 진지한 호흡 훈련은 필수가 되었다. 하루에 몇 분이라도 규칙적으로 해야 한다.

요가도 도움이 될 수 있다. 21세기인 지금, 대부분의 사람이 요가를 육체 운동이라 생각한다. 하지만 요가가 생겨나고 처음 3,000년 동안에는 '아사나'(요가 자세)가 없었다. 앉아서 행하는 호흡(프라나)과 명상만이 있었다. '요가'라는 단어 자체가 '하나 됨 union'을 뜻한다. 몸과 마음, 개체와 나머지 전부가 하나가 된다는 뜻이다. 요가의 목표는 마음의 동요를 가라앉히는 것이고, 역사적으로 요가 수련자들은 몸의 균형을 잡는 것도 그중 하나라고 생각했다. 결국 몸이 도관導管이라면, 우리는 그 도관을 통해 마음을 진정시키고, 다른 사람들과 교감한다.

최근 들어, '감각 인식 훈련Sensory Awareness Training; SAT'이 상당히 대중화되었다. SAT는 감각 인식력을 높이는 데 효과가 있다. SAT에는 '오감 점검'(각각의 오감에 1분간 집중한다)부터 '기억 훈련'(주변을 둘러보고 눈을 감은 뒤에 얼마나 많은 것을 기억하는지 되짚는다)과 맨발로 걷기까지 다양한 훈련법이 있다.[25]

형식화된 훈련법 이외에도 우리가 더 천천히 달리며 자신을 보호하는 데 도움을 줄 수 있는 개인적인 훈련법들, 단순하지만 강력한 효과를 지닌 다양한 훈련법들이 있다.

- 음식을 더 천천히 씹어라. 매번 씹을 때마다 철저히 맛을 음미하며 즐겨라.
- 더 천천히 걸어라. 주변의 사사로운 것들에 관심을 가져라. 어떤 건물에 생긴 녹청, 꽃의 질감, 마주치는 사람의 눈빛을 눈여겨보라. 어린아이와 함께 걸으며 그 속도에 맞추면 한결 더 좋다. 어린아이의 뒤꿈치를 쫓아다녀라.
- 운전하지 말고 걸어라. 비행기를 타지 말고 운전하라. 여행의 속도를 줄여라.
- 목적지를 향해 직진하지 말고 춤을 추듯 걸어라. 한 발 한 발 또박또박 내딛지 말고, 온몸으로 걸어라. 타인의 눈길은 그만한 가치가 있다. 당신 덕분에 즉석에서 댄스파티가 벌어질 수도 있지 않은가.

속도에 중독된
자신으로부터 탈출하라

오늘날에는 많은 사람에게 '느릿한 속도'에 대한 원초적 두려움이 있는 듯하다. 빠른 길에서 벗어나면 사회적으로 낙인찍히고, 불신의 대상이 되며, 주변 사람들에게 손가락질을 받을 것이란 두려움이 팽배하다. 또 '빠른 길에 있지 않으면 나의 존재 가치가 있겠는가?'라고 하면서, 사회적으로 자신의 가치가 떨어질까 봐 전전긍긍한다.

　이런 수수께끼 같은 문제 이외에, 우리가 떠맡은 수많은 책임들도 문제다. 더 많은 책임을 떠맡을수록 책임을 내려놓기가 힘들다. 일반적으로 말하면, 오늘날의 사회는 지위와 재물, 미지의 것에 대한 확실성을 갈망한다. 행동과 성취의 피라미드가 커질수록 자의식은 더 커지지만, 내면은 더 불행해지는 법이다.

　현재의 우리 사회에서 잃어버린 고리는, '더 많은 것을 해낸다'고 해서 그만큼 진전하고 가치와 쓸모가 향상된다는 뜻은 아니라는 것이다. 철학자 티아스 리틀Tias Little은 "영적인 관점에서 보면, 빨리 움직이고 해야 할 일 목록을 점검하는 행위는 전혀 진전이 아니다. 정반대다."라고 말했다.26 리틀의 주장에 따르면, 우리는 첨단 기술과 사회와 기대치가 요구하는 '속도의 소용돌이'에 빠져버렸다. 휴식도 없이 좌절로 가득한 '삶의 추월 차선'에서 벗어나지 못하는 것이다. 많은 사람이 이런 속도에 실질적으로 중독되었다. 빈틈없는 일정표가 반드시 우리가 성장하고 있는 증거는 아니다. 하지만 속도에 중독된 자신으로부터 탈출하는 건 얼마든지 가능하다.

　이런 속도가 우리 몸에 길들여지면 생각하고 집중하며, 꿈을 꾸고 창조하는 데 악영향을 미친다. 또 신경, 결합조직, 분비선도 위태로운 지경에 빠지고, 생리 현상과 뇌 활동도 정상에서 벗어난다. 뇌는 우리에게 불리한 속도까지 합리화시키며 받아들이려 하고, 우리 몸에는 그 과정이 기록되고 축적된다.

부모님이 세상을 떠난 뒤에 나는 더 천천히 달리는 플럭스 파워의 장점을 어렴풋이 알게 되었지만, 당시는 여전히 나 자신으로부터 조금 벗어나 있던 상태였기 때문에 천천히 달린다는 것은 복잡한 수수께끼의 한 조각이었다. 10년이 지난 뒤에는 어느 정도 삶의 속도를 늦추고 슬픔을 만끽하기도 했지만 여전히 빠른 삶을 살았다. 장시간을 일했고, 매년 20곳 남짓한 국가에 업무상 출장을 다니면서도 순전한 즐거움을 위해 더 많은 국가를 여행했다. 여하튼 내가 할 수 있는 모든 것에 나를 던져 넣었다. 엄청나게 많은 업무량이었지만, 겉보기에 나는 그 모든 것을 그럭저럭 해내고 있었다. 하지만 내면에서는 불안감에 시달렸다. 외적으로 많은 것을 성취해 낼수록 내면의 불안감은 더 커져갔다. 내 뿌리가 무척 가늘어 어느 시점에는 끊어질 수 있다는 걸 알았다. 또 금전과 직업과 평판 등 외적인 안정과 지원이 아무리 크더라도 그 추락을 막을 수 없다는 것도 알았다.

결국 나는 인지행동치료Cognitive Behavioral Therapy; CBT와 안구운동치료Eye Movement Desensitization and Reprocessing; EMDR를 만났고, 두 치료법을 통해 내 불안감과 속도 중독이 얼마나 깊은가를 깨달았다. 그 깨달음은 내 삶을 바꿔놓기에 충분했다. 다양한 환경과 문화권에서 만나는 사람들에게서도 똑같은 것을 관찰했다. 많은 리더들이 불안감을 느끼지만, 그 불안감을 적절히 해결하지 못하고 있었다. 나는 그런 리더들과 오래전부터 함께 일하며, 크게 성공한 리더들이 한계에 부딪쳐 허우적대는 걸 자주 목격했다. 그들은 달리 무엇을 해야 하는지 모르기 때문에 무작정 빨리 달린다. 또 멈추는 걸 무척 두려워하며, 자동 조정 장치를 깊이 누른다. 개인적인 목적의식이 뚜렷한 사람까지도 속도에 중독되어 극도의 피로감에 사로잡힌다. 굳이 말할 필요도 없겠지만, 이런 삶은 사람다운 삶이 아니고, 조직이나 사회가 번창하려는 좋은 조짐도 아니다. 더 천천히 달리라는 명령이 화급한 실정이다.

더 천천히 생각하고
판단의 속도를 늦추어라

   더 천천히 달리면 정신과 신체의 건강만 개선되는 게 아니다. 우리가 더 나은 결정을 내려 더 좋은 결과를 얻는 데도 도움이 된다. 일상에서도 우리가 어떻게 생각하고 얼마나 빨리 반응하느냐에 따라 개인적 관계와 업무적 관계가 영향을 받는다. 예를 들면, 언쟁을 촉발하거나 가라앉히고, 현명한 결정을 내리며, 우정을 되살리고, 경기를 승리로 이끌 수 있다. 시간이 지나면서 적절한 때를 가늠하는 능력은 우리 삶이 전개되는 방향에도 심대한 영향을 미친다.

   여러 연구에서 거듭 확인되었듯이, 서두르지 않아도 괜찮다면 서두르지 않는 것이 최선이다. 달리 말하면, 더 오랜 시간을 기다릴수록 더 낫다.[27] 그렇다고 꾸물거리며 뒤로 미루라는 뜻은 아니다. 최선의 결과를 얻기 위해서는 관찰하며 평가하고, 느끼며 처리하고, 행동을 취한 뒤에도 잠시 멈출 수 있어야 한다는 뜻이다.

느린 것은 부드럽다. 부드러운 것은 빠르다.

- 네이비 실Navy Seal

더 천천히 달리라는 플럭스 파워는 프린스턴대학 교수로 노벨상을 수상한 대니얼 카너먼Daniel Kahneman이 널리 알린 개념이자, 그의 책 제목《빠르게 생각하기와 느리게 생각하기Thinking Fast and Slow》(국내에서는《생각에 관한 생각》으로 출간―옮긴이)로 자연스레 이어진다. 카너먼은 우리가 빠르고 얕게 생각하는 사람의 말은 지나치게 경청하는 반면, 느리고 깊게 생각하는 사람의 말은 경청하지 않는 경향을 띤다고 말한다.[28] 우리는 생각하고, 배우고, 배운 것을 삭제하는 시간을 전혀 할애하지 않은 채 하루를 바쁘게 살아간다. 하지만 의혹을 떨쳐내고 명확히 생각하기 위해서는 그런 시간이 반드시 필요하다.

빨리 달리면 '빠르게 생각하기' 상태에 자동적으로 연결된다. 따라서 빠르게 반응하며, 익숙한 것이나 직관적으로 편한 것을 선택한다. 그러나 카너먼이 증명해 보이듯이 동작이 빠르면 똑똑해 보일 수 있지만, 진짜로 똑똑해지는 것은 아니다.[29] 익숙한 것을 선택하면 새로운 것을 놓친다는 뜻이다. 끊임없이 변화하는 세상에 대한 대비로는 결코 바람직한 대응이 아니다!

더 천천히 생각하는 능력은 반응 속도와 직접적인 관계가 있지만, 반응 속도의 차이에 따른 결과는 놀라울 정도로 유사하다. 프랭크 파트노이Frank Partnoy는《속도의 배신》에서 "우리가 결정을 위해 투자하는 시간의 총량이 우리의 성품을 규정한다. …현명한 결정에는 깊은 생각이 필요하고, 깊은 생각에는 멈춤이 필요하다." 라고 말했다.[30] 파트노이는 윔블던 테니스 경기부터 워런 버핏Warren Buffett의 투자 포트폴리오까지 거의 모든 맥락에서 '지체delay'를 분석했다.

"처음에 관찰하고, 다음에는 관찰한 정보를 처리한 뒤에 최후의 순간까지 기다렸다가 대응하는 엘리트 운동선수들의 능력은 개인적인 결정과 업무적인 결정에도 주효한다는 게 밝혀졌다."[31]

우리에게 필요한 것은 반응시간을 늦추는 능력이다. 테니스 선수에게는 그 시간이 공을 보고 타격하는 사이, 순식간의 멈춤이다. 전투기 조종사에게는 그 시간이 '우다 루프OODA Loop'(observe-orient-decide-act, 관찰-방향설정-결정-실행)다.[32] 우리가 누군가의 감정에 상처를 주고, 정중하게 사과할 때까지 멈춰버린 시간도 그에 해당할 수 있다.

하지만 급속도로 달려가는 오늘날의 세계에서 판단의 지체는 오히려 더 위험하다. 일례로 나는 신생 기업의 조언자로 일하는 까닭에, 투자금을 구하기 위해 이리저리 뛰어다니는 많은 기업가를 만난다. 기업가들이 제시하는 아이디어의 질적인 차이는 중요하지 않다. 그들은 벤처 캐피털 산업이 내일이라도 문을 닫을 것처럼 투자금을 마련하기 위해 미친 듯이 뛰어다닌다.

하지만 내 경험에 따르면, 처음 만나 곧바로 투자하겠다고 약속하는 개인이나 기업으로부터 돈을 받은 기업가들은 대체로 나중에 크게 후회한다. 기업가와 투자자가 서로 상대의 기질과 인격, 기대치와 소명감에 대해 파악하는 충분한 시간을 갖지 않아서다. 그들은 진실성보다 숫자를 더 중요하게 생각하며, 가치 창조에는 시간이 걸린다는 사실을 인정하지 않고, 신속한 수익이란 약속에 현혹되었던 것이다.

이런 현상은 '슬로머니Slow Money'라는 개념과 현저히 대조된다. 슬로머니는 짧은 기간에 쉽게 돈을 버는 것보다 장기적이고 지속 가능한 시스템에 투자하는 걸 우선시하는 '인내 자본patient capital'을 가리킨다.[33] 변화가 닥칠 때 당신이라면 어떤 종류의 투자를 선택하겠는가?

더 천천히 달리면, 더 천천히 생각하고 판단의 속도를 늦추는 데 도움이 된다. 그렇게 할 때 시간의 관리를 받는 대신 시간을 관리하며 자아에 활력을 불어넣을 수 있다.

대체로 나쁜 일은 빨리 일어나고, 좋은 일은 천천히 일어난다.

- 스튜어트 브랜드Stewart Brand

포모에서
조모로의 전환

2004년, 하버드대학교 경영대학원 학생이던 패트릭 맥기니스 Patrick McGinnis가 사회 이론을 다루는 블로그에 올린 글에서 '포모 FOMO'와 '포보FOBO'라는 용어를 처음 사용했다.[34] 그의 전제에 따르면, 하버드대학교 경영대학원 학생들은 포모(Fear of missing out, 좋은 기회를 놓칠 수 있다는 공포감)와 포보(Fear of better option, 더 나은 선택지가 있을지 모른다는 공포감)에 사로잡힌 까닭에 자신의 지능으로 감당할 수 없는 광적인 일정표를 짜고, 거기에 따라 행동한다는 것이다.

그로부터 수년이 지나지 않아 포모는 주류 이론이 되었고, 오늘날에는 15세 청소년과 50세 중년이 편하게 사용하는 용어가 되었다. 이제 우리는 사회 전반적 분야에서 기회를 놓칠까 봐 전전긍긍한다.

'포모'라는 두려움에 사로잡히는 과정을 대략적으로 설명하면 다음과 같다. 첨단 기술들이 촘촘하게 연결된 덕분에 우리가 생각해 낸 것을 세상에 공유하고, 다른 사람들은 그것을 보고 들어 아는 게 한결 쉬워졌다. 예전보다 많은 사람과 장소 및 행위에 노출되기 때문에 우리 뇌도 그런 상황에 맞추어 반응하며, 우리가 지금 하지 않는 것들에 눈을 돌린다.

엄밀히 말하면, 여러 작업을 한꺼번에 수행하는 사람도 한 번에 한 곳에서 하나의 일을 할 뿐이다. 하지만 포모와 포보는 우리 뇌를 흐트러지게 만든다. 우리 뇌가 삶의 속도에 맞추지 못할지도 모른다는 두려움에 사로잡히고, 만약 우리가 실제로 속도를 늦추면 낙오할 것이라고 생각한다. 그리하여 포모와 포보의 악순환이 다시 시작된다.

맥기니스는 포모가 근거 없는 두려움이라고 말하지만, 포모는 실재한다. 처음에 맥기니스는 대안으로 '포다FODA'(Fear of doing anything, 무엇이든 하려는 두려움)라는 개념을 제시했다. 맥기니스의 정의에 따르면, 포다는 '마비된 상태'다. 여하튼 포다는 그다지 주목받지 못했고, 더 낙관적인 현상, '조모JOMO'에 의해 대체되었다. '기회를 놓칠 수 있다는 두려움', 즉 포모가 조모(Joy of missiong out, 기회를 놓치는 즐거움)가 되었다.[35]

결국 포모를 뒤집으면 긍정적인 즐거움으로 만들 수 있다. 더 빨리 달리면서 우리가 지금 하지도 않는 것들 때문에 안달복달하지 않고, 더 천천히 달리면서 그 순간을 즐기는 것이 더 좋지 않겠는가.

맥기니스는 《에센셜리즘: 본질에 집중하는 힘》의 저자 그렉 맥커운Greg McKeown과 가진 인터뷰에서, 포모를 떨쳐내기 위한 3단계 과정을 제시했다.[36]

1. 포모가 느껴질 때를 눈여겨보라.
2. 이렇게 자신에게 물어보라. "이런 감정이 질투심인가, 아니면 나에게

더 중요한 것을 해야 한다고 알려주는 신호인가?"

3. 이 감정을 더 깊이 탐색하려는 시간을 차단하라.

나는 포모, 포보와 수년 동안 씨름한 뒤에야, 두 공포심이 나를 무척 불쾌하게 만든다는 걸 조금씩 깨달았다. 포모와 포보를 이겨내려는 내 투쟁에서 무척 간단한 훈련법이 큰 효과가 있었다. 바로 '주목할 공간을 만들어 유지하는 훈련법'이었다. 나는 이 방법을 지금도 틈나는 대로 시행하며, 그때마다 예외 없이 도움을 받는다.

포모에 시달리면, 삶이 테트리스 게임처럼 변한다. 달리 말하면, 정해진 날에 가능한 한 많은 것을 끼워넣어야 한다. 주목할 공간을 만들어 유지한다는 것은 정반대 편에서 균형점을 찾으려는 시도다. 다음과 같은 식으로 시작하면 된다.

- 중간의 빈 공간에서 어떤 느낌을 받는지 주목하라.
- 당신의 호흡에 주목하라.
- 음표 사이의 공간에 주목하라.
- 나뭇잎 사이의 공간에 주목하라.
- 당신이 주목할 때 열리는 공간에 주목하라.

더 천천히 달리는 플럭스 파워를 개발하면, '조모'가 살그머니 들어오는 공간이 열린다. 동정심과 연민과 다정에 녹아든다는 기분이 들면 당신이 바라고 부러워하는 것을 빠짐없이 찾아낼 수 있을 것이다.

오늘날 나는 몰입하는 걸 좋아하지만, 내 일지에서나 내 영혼에서나 반듯하게 정돈되지 않는 공간을 즐긴다. 당신이 '조모'를 경험한다면, 다른 사람들도 더 천천히 달리며 조모를 느끼도록 도와주고 싶은 욕망을 견디기 힘들 것이다.

빠른 리더십과 느린 리더십

- 당신이 의사 결정을 내리는 전형적인 방식에 대해 생각해 보라. 빠르게 결정을 내리는 편인가, 심사숙고하는 편인가? 신속하게 결정을 내린다면, 사각지대의 존재 가능성을 고려하는가? 느릿하게 결정을 내린다면, 적절한 때를 판단하는 기준이 있는가?
- 당신의 리더십 유형에 대해 생각해 보라. 동료들과 동업자들이 당신의 속도를 받아들일 거라고 예상하는가? 그렇게 예상하는 이유가 무엇인가?
- 결정이 예상보다 늦어졌던 상황을 돌이켜 생각해 보라. 지체되는 동안 당신은 무엇을 보았고, 처리했으며, 배웠는가? 그때의 교훈이 당신의 행동에 어떤 영향을 미쳤는가?

장미를 볼
여유 따윈 없어

　더 천천히 달리고, 아무것도 하지 않으며, 기회를 놓치는 즐거움에 대하여, 플럭스 파워의 효과에 회의적인 사람들은 "그래, 알겠다. 그럼 그냥 멈추고, 장미 향기나 느긋하게 맡으면 되는 건가?"라고 묻는다. 나는 우리가 자연 상태의 아름다움을 올바로 인정할 때 더 나은 세계가 될 것이라고 굳게 믿고 있지만, 이런 악의적인 단순화는 이 플럭스 파워의 잠재력을 참담할 정도로 경시하는 짓이다.

　물론 삶의 속도가 항상 느릴 수는 없다. 바람처럼 날아가고, 격정에 휩싸이고, 꿈을 꾸는 대신에 한밤중에 호롱불을 밝혀야 하는 때가 있다. 그 순간들이 우리의 남은 기력을 빼앗아 가더라도 소중한 순간들이다.

　하지만 분주하게 뛰어다니기만 하면 누구도 유의미한 대화를 할 수 없고, 진정으로 혁신적인 해법을 개발할 수 없으며, 사랑을 온전히 표현하지도 받지도 못한다는 것이 훨씬 큰 걱정거리이자 과제다. '느릿하게 세상 구경하기Slow Down to See the World'라는 캐치프레이즈를 내건 여행사를 운영하는 조지 버터필드George Butterfield는 "한 시간에 1,100킬로미터를 돌아다닐 수 없기 때문에 느릿한 세상 구경 같은 건 할 겨를이 없다고요? 학교와 조직, 또 저녁 식탁, 어디에서 이런 광기에 어린 대화를 합니까?"라고 반문했다.[37] 지금 우리는 너무 빨리 달리고 있어 장미를 완전히 놓치고 있을 뿐만 아니라, 미래 세대도 우리처럼 탈진과 난리 법석을 반복하고, 지속될 수 없는 사업을 고집하며, 붕괴 지경까지 치달을 것이다.

끊임없이 변하는 미래를 내다보면, 더욱더 빨라지는 삶의 속도가 기이하고 위험해 보인다. 끊임없이 변하는 세계에서 종말로 치닫지 않고 더욱 번창하려면 우리는 더 천천히 달려야 한다.

1. 당신의 삶에서 어떤 부분이 지나치게 빨리 달리고 있는 기분인가?

   _____

2. 빨리 달리고 싶은 욕망은 어디에서, 혹은 누구로부터 오는 것인
   가? 더 빨리 달리라고 부추기는 사람이 당신 자신인가, 아니면 다
   른 사람인가?

   _____

3. 더 빨리 달려야 한다는 압박감은 언제 시작되었는가? 그때 그 압
   박감을 분명히 느꼈는가?

   _____

4. 당신의 전형적인 대응 메커니즘은 무엇인가? 어떤 메커니즘이 가
   장 유용했는가? 어떤 메커니즘이 대체되거나 폐기되어야 한다고
   생각하는가?

   _____

5. 속도를 늦추면 무엇을 발견할 수 있을 것이라 생각하는가?

   _____

   1장을 읽는 동안 당신의 생각이 어떻게 진화했는가를 추적해 보
   라. 여기에서 얻은 통찰을 반영해서 새 각본을 쓰라.

CHAPTER 2

보이지 않는 것을 보라

진정한 발견의 여정은 새로운 풍경을
찾는 데 있지 않고,
새로운 눈을 갖는 데 있다.
– 마르셀 프루스트Marcel Proust

FLUX

나는 지금까지 여러 시기에 남아프리카공화국에서 일했다. 처음 방문한 것은 무척 오래전인데, 당시 소액금융 기관이나 정책 입안자들과 협력해 금융 접근성을 높이는 방안을 연구했다. 비교적 최근에 방문했을 때는 남아프리카공화국에서 시행하는 공유경제Sharing Economy에 누가 참여하고, 그 개념이 그곳에서 어떻게 이해되는지를 정확히 분석할 목적으로 전국적인 조사를 실시했다.

그곳을 여행할 때, 예컨대 택시를 타거나 상점에서 쇼핑할 때, 혹은 지역민들을 관찰할 때 '사우보나sawubona'라는 말이 자주 귀에 들렸다. '사우보나'는 줄루족의 기본 인사말이다. 줄루족은 아파르트헤이트 이후로 '무지개 국가Rainbow Nation'로도 불리는 남아프리카공화국에서 가장 다수를 차지하는 종족이고, '사우보나'는 대략 '안녕하세요'에 해당하는 인사말이다.

'사우보나'라는 단어는 다정하면서도 노랫소리처럼 들린다. 발음하기도 쉽다. 나는 그 인사말에 매료되었다. 만나는 사람들에게 그 단어의 뜻과 쓰임새에 대해 물었고, 개인적으로도 깊이 연구했다. '사우보나'가 '안녕하세요'로 번역되지만 단순한 인사말을 넘어서는 깊은 뜻이 있다는 것도 알게 되었다.

'사우보나'는 문자 그대로 번역하면 '나는 너를 본다'가 된다. 너의 모든 것, 즉 너의 품격과 인간미, 너의 취약한 부분과 강한 부분, 너의 꿈과 두려움까지 본다는 뜻이다. 너의 주체성과 잠재력을 본다는 뜻이기도 하다. 결국 이렇게 정리된다.

"나는 너를 보고, 너의 가치를 판단한다. 나는 너를 있는 그대로 받아들인다. 너는 나에게 중요하다. 너는 나의 부분이다."[38]

줄루족의 전통에서 본다는 것은 단순한 시각적 행위 이상이다. '사우보나'에는 다른 것을 보이게 만든다는 뜻도 담겨 있다. '안녕하세요'에는 없는 뜻이다. 결국 '사우보나'는 한 공간에서 함께 보며, 서로 진정으로 함께하자는 초대의 말이다. '사우보나'에 대한 관례적인 대답은 '시코바shikoba'다. 이 말은 '나는 당신을 위해 존재한다'라는 뜻이다.

우리가 '안녕하세요'라고 말할 때 무슨 뜻으로 말하는 걸까? 그 말에는 우리에게 내재한 시각 너머의 것까지 본다는 뜻이 담겨 있을까? 내친김에 우리도 시각 너머의 것을 보는 방법을 배워야 하는 게 아닐까? 이런 능력을 갖추면 어떤 변화가 일어날까?

FLUX POWER
: 보이지 않는 것을 보라

삶이 모호하게 느껴지고, 미래가 불확실할 때는 관심의 초점을 보이는 것에서 보이지 않는 것으로 옮겨라. 어렸을 때 우리는 시선을 앞에 두고 목표에 집중하라고 배운다. 한눈팔지 말고 목적지를 향해 일로매진하라는 뜻이다. 그래야 읽기를 빨리 배우고, 운동과 과외 활동에서 두각을 나타내며, 학급에서 상위권으로 졸업할 수 있다고도 배운다.

삶의 과정에서 이런 중요한 단계들은 우리가 성장한 사회의 문화와 규범 및 기대치에 의해 대체로 결정되며, 미래를 지향하는 방향타 역할을 한다.

나이가 들어감에 따라 아이들의 능력과 시야는 넓어지지만, 집중하는 범위는 많은 점에서 좁아진다. 오래지 않아 아이들은 십대가 되고 다시 청년이 된다. 청년들에게는 한 분야의 전문지식을 꾸준히 쌓아가는 길을 선택하고, 그 너머에는 곁눈질하지 말라고 요구한다. 어른들도 구성원들이 안전지대comfort zone 와 선택적 공동체community of choice 내에서 머물도록 설계된 집단의 일원이 된다. 이렇게 우리는 소비문화부터 교육과정까지, 또 공중위생부터 정당까지 제도화된 생태계에 들어가, 확실히 아는 것에만 매달리고, 나머지 불확실한 것은 묵살하거나 무시하고 감추려 한다.

이 과정에서 우리는 확실한 것을 보라고 배운다. 의식적으로든 무의식적으로든 그렇게 배운다. 당신이 보는 것은 당신 각본에 쓰이고, 내가 보는 것은 내 각본에 쓰인다. 그리하여 우리는 다른 것을 보지 말라고도 배운다. 이번에도 의식적으로든 무의식적으로든 그렇게 배운다. 이때 어떤 뿌리는 키워지고, 어떤 뿌리는 버려진다.

이런 현실은 보편적인 현상으로, 특정한 문화나 관점에 대한 비판이 아니다. 모든 문화에서 모두가 이런 현실에 직면해 있다. 완전한 그림을 보는 사람은 한 명도 없다. 가장 뛰어나다는 사람도 무엇인가를 놓치고 있다는 걸 깨닫고, 그것을 보는 방법을 배울 수 있을 뿐이다.

내 말을 기분 나쁘게 듣지 않기를 바란다. 사회규범의 역할은 무척 중요하다. 우리가 성장 과정에서 가치관과 경험, 인간관계, 사회에 기여하는 역량을 형성하는 데도 사회규범이 큰 역할을 한다. 물론 질서와 안정을 유지하는 데도 도움을 준다. 하지만 대체로 사회규범은 세상에 존재하며 세상을 바라보는 한 방향을 대변할 뿐이다. 달리 말하면, 무한히 넓은 인간 스펙트럼에서 한 조각에 불과하다.

그러나 세상이 뒤집어지면 그 좁은 초점이 아수라장의 원인이 될 수 있다. 그 좁은 초점이 당신을 뿌리째 뽑아낼 수 있다. 변화의 폭이 크고 초점이 좁을수록 파괴적인 격변이 뒤따르고, 균형을 되찾기 위한 선택지도 줄어든다.

부모님이 돌아가셨을 때 나는 일시적으로 시력을 잃었다. 눈을 뜨고 있었지만 아무것도 보이지 않았다. 디딤돌을 상실한 기분이었고, 슬픔과 불확실성이 안개처럼 나를 에워싸고 있는 듯했다. 난간이 어디쯤 있을까 가늠하고, 다음 계단을 찾아 불안하게 발을 내디디며 더듬거리며 걸었다. 보이지 않게 되자, 그동안 잃어버린 것들이 아쉬웠다. 다르게 보는 법, 보이는 것 너머를 보는 법, 보이지 않는 것을 보는 법을 배우는 데는 상당한 시간이 걸렸다. 하지만 그 방법을 배우고 나자 안개가 걷혔다. 그저 다시 볼 수 있게 된 것에 그치지 않았다. 더 잘 볼 수 있었다. 내 시력이 극적으로 좋아졌다.

요즘 많은 사람이 더는 존재하지 않는 걸 아쉬워한다. 당신도 그중 한 사람이 아닌가? 과거에 존재하던 것이 없어지면 빈 공백이 생긴다. 그곳이 다음에 무엇으로 채워질지는 누구도 모른다. 그 공백을 감지하더라도 찾아내기는 힘들 수 있다. 다른 미래를 상상하기는커녕 하물며 보려고도 하지 않을 수 있다. 당신 자신의 그림자에 불과하다는 생각에 사로잡혀, 당신이 실제로 어떤 존재이고 어떤 존재가 되기를 바라는지도 보지 못할 수 있다. 과거의 각본에 따르면, 이런 것들은 보이지 않는 것이다. 하지만 엄연히 살아서 움직이는 것이다.

우리는 보이는 것에 영감을 받는다. 그러나 끊임없이 변하는 세계에서 이 원칙이 우리를 끌어가는 데는 한계가 있다. 어떻게 해야 보이지 않는 것 너머까지 움직이고, 보이지 않는 것에서 영감을 받을 수 있을까? 어떻게 해야 다르게 세상을 보고, 보이지 않는 것을 보이게 만드는 방법을 배울 수 있을까? 이 모든 의문이 새 각본을 어떻게 쓰느냐와 밀접한 관계가 있다.

끊임없이 변하는 세계는 우리에게 새 각본을 요구한다. 새 각본에서는 당신과 나, 아니 인류 전체가 더 넓은 시각으로 볼 수 있기 때문이다. 따라서 주변부에 있는 것, 위아래나 안팎으로 뒤집어진 듯한 것, 지금까지 못 보던 것은 물론이고, 존재하지 않는 것이라 믿으라고 교육받았던 것까지 볼 수 있다.

보이지 않는 것을 보는 방법을 배워야 한다고 해서 초점을 버리거나 보이는 것을 무시하라는 뜻은 아니다. 오히려 정반대다. 시선을 조정하고, 그림 전체를 보며, 무엇이 무엇인지를 정말로 이해해야 한다는 뜻이다. 보이지 않는 것을 보는 방법을 배우고 나면 끊임없이 변하는 현재와 미지의 것으로 꽉 들어찬 미래를 받아들이기가 더 쉽다.

사회문화적 성향에 따라
어떻게 보느냐가 결정된다

나미비아 북서 지역의 힘바족에게는 작고 세세한 것에 집중하는 놀라운 능력이 있다. 반유목민인 그들은 가축을 기르기 때문에, 대개 소유한 가축의 수로 부를 측정한다. 힘바족의 집중력은 거의 초자연적이다. 그들은 '문명화된' 사람들보다 예리한 시각을 가지고 있을 뿐만 아니라 집중을 방해하는 건 쉽게 무시한다.[39] 힘 바족의 남다른 집중력은 어디에서 비롯된 것일까? 가축에게 남긴 표식을 일일이 확인해야 할 필요성에서 비롯된 것일까? 아니면 현대적 기술이 없기 때문에 지금까지 집중력을 유지해 올 수 있었던 것일까?

북아메리카의 이로쿼이족은 사람이든 동물이든, 생물이든 무생물이든 모든 존재에는 '오렌다'라는 보이지 않는 영적인 에너지가 있다고 믿는다. 오렌다는 자연 에너지가 집약된 힘이다. 오렌다를 지닌 존재물은 어떤 식으로든 자신의 의지를 전달하며 영향력을 행사할 수 있다.[40] 인간에게만이 아니라 폭풍과 강, 바위와 새에게도 오렌다가 있다. 오렌다는 이로쿼이족의 '비전 퀘스트 Vision Quest'(부족민 각자에게 수호신을 부여하는 성인식)에서 필수적인 부분이기도 하다. 영적인 힘이 보인다고 믿느냐, 그렇지 않느냐에 따라 우리가 세상을 보는 눈이 어떻게 달라지는 것일까?

당신은 당신이 보는 것 그 이상의 존재다
잠시 멈추고, 당신이 실제로 무엇을 어떻게 보는지에 대해 생각해 보자. 예컨대 다음과 같은 경우를 생각해 보자.

- 누군가를 처음 만날 때 대체로 어떤 질문을 처음으로 던지는가?

- 입사 면접에서, 지원자의 이력서에 쓰인 직무 경험과 이력서에는 없는 생활 경험 중 어느 쪽의 이야기를 나누는 데 더 많은 시간을 할애하는가?
- 누군가를 처음 만날 때 그를 신뢰할 수 있다고 생각하는가?
- 계량적으로 측정될 수 없는 것은 존재하는 않는 것이라고 생각하는가?
- 자본주의가 우리에게 힘을 북돋워 주는 제도라 생각하는가, 아니면 억압적인 제도라 생각하는가?
- 빈 공간은 당신에게 영감을 주는가, 아니면 지루함이나 두려움을 주는가?
- 당신 생각에 누군가의 취약함을 공개하는 행위는 용기 있는 행동인가, 아니면 비겁한 행동인가?
- 전통적인 전략 모형에서 '눈에 잘 띄지 않는 것'으로 규정되는 구조적 과제에 직면해 있는가?
- 한 종류의 전조등으로만 운전해야 한다면 상향등을 선택하겠는가, 안개등을 선택하겠는가?
- 삶에서 뭔가가 빠졌다는 기분인가? 혹은 뭔가가 당신의 손길을 기다리지만 그것이 무엇인지 알아내지 못하겠다는 느낌인가?

위의 질문 중 하나라도 당신의 호기심을 자극하거나 맞는 말로 들린다면, 이 장은 당신을 위한 것이다.

일본어에서 '사토리悟り'는 '깨달음'을 뜻하는 선불교 용어다. 이 단어는 '알다', '이해하다'를 뜻하는 동사 '사토루悟る'에서 파생된 명사다. '사토리'는 '본질을 들여다보다'를 뜻한 '겐쇼見性'와 관계가 있다. '겐見'은 '보다'를 뜻하고, '쇼性'는 '속성 혹은 본질'을 뜻한다. 풍부한 어휘와 오랜 전통 및 자신의 내면을 들여다보라는 독려에 힘입어, 일본인들은 보이지 않는 것을 부분적으로라도 인정했던 것일까? 그런 사회적 분위기가 일본인들에게 변화를 받아들이는 데 도움을 주었던 것일까?

상대적으로 더 나은 각본은 없다. 힘바족, 이로쿼이족, 일본인은 전통적으로 다른 문화에 의해 쓰인 다른 각본을 지녔다. 하지만 그들 모두가 보이지 않는 것을 인정하며, 새로운 방향의 깨달음을 가능하게 해주었다.

우리가 어떤 유형의 사회에 살든 간에, 어떻게 해야 깊고 넓게 볼 수 있을까? 우리 사회를 구성하는 요소들, 예컨대 부모와 친척, 고모와 이모 혹은 마을 전체가 자식을 양육하는 방법, 협력하는 방법, 경제활동을 조직하는 방법, 더 나아가 경제가 우리를 조직하는 방법을 결정한다.

예를 들어 설명해 보자. 일반적으로 일본과 중국 등 아시아인들은 대체로 집단주의적 성향을 띠는 반면에 유럽인들은 개인주의적 성향을 띠는 편이다. 단순화해서 말하면 집단주의 사회는 집단의 상호의존성, 공동체의 행복을 중시하고, 개인의 독자성보다 '우리'를 우선시한다. 또 공동체 구성원 간의 협력을 강조하고, 문제를 함께 해결하는 쪽을 선호한다. 반면에 개인주의 문화는 모든 문제를 개인의 능력에 맡긴다. 물론 포괄적인 설명이고, 예외가 적지 않다. 그러나 두 문화권이 이렇게 다르다는 데는 대부분이 동의한다.

요점은, 이런 사회 성향이 우리가 세상을 보는 방법에 근본적인 영향을 미친다는 것이다. 예컨대 집단주의 사회에 사는 사람들은 문제를 해결할 때 사회적 환경과 큰 그림을 우선시하는 경향을 띤다. 따라서 특정한 개인의 통제력보다 시스템들의 상호작용과 관계에 중점을 둔다. 또 어떤 그림을 묘사해 달라는 요구를 받으면, 배경과 주변을 설명하는 데 더 많은 시간을 보낸다.

반면에 개인주의 사회에 사는 사람들은 개별적 요소들, 특히 그림의 주된 이미지에 초점을 맞추는 경향을 띤다. (어린아이들의 그림도 '나'에 초점을 맞춘다. 집단주의 사회에 속한 아이들이 그린 그림에서는 전체론적인 성향이 더 짙게 읽혀진다. 결국 사회 성향은 어렸을 때부터 시작된다는 뜻이다.) 개인주의자들은 상황을 고정된 것으로 생각하고, 변화를 개인의 노력과 의지가 빚어낸 결과로 생각하는 경향을 띤다.[41]

문화만 아니라 직업도 세상을 보는 시각에 영향을 미친다. 농업에서 하나의 예만 들어보자. 쌀농사는 밀농사보다 훨씬 더 노동집약적이다. 따라서 많은 사람의 협력이 필요하다. 또 쌀농사에는 구획화된 논들에 물을 공급할 수 있는 복잡한 관개시설이 필요하다. 이웃끼리 협력하는 공동 작업은 필수다. 단 한 곳의 논도 독자적으로는 충분한 수확을 할 수 없다. 반면에 밀농사는 관개시설보다는 강수에 의존하고, 절반의 노동량이면 충분하다. 따라서 쌀농사만큼 많은 협력이 필요하지 않다. 밀농사꾼들은 자체의 수확량에 집중할 수 있다. 하지만 밀농사꾼들은 목축업자보다는 더 협력하는 경향을 띤다. 문화적으로 용인된 명확한 규범이 존재하지만, 목축업자는 대체로 독자적으로 가축을 감독하고 관리하기 때문이다.[42]

그렇다면 이런 차이가 플럭스와 어떤 관계가 있을까?

변화가 닥치면 우리는 사회문화적인 각본을 기본값으로 삼는다. 당신과 나, 즉 우리에게 보이는 것, 또 우리에게 보이지 않는 것은 이 각본으로 결정된다. 그러나 당신의 주춧돌이 되는 것을 보지 못한다면, 앞으로 전진을 하는 게 훨씬 더 어렵다. 또 다음 발을 내딛고, 최선의 방향을 판단하는 게 무서울 수 있다.

뒤집어진 세계는 누구에게나 새로운 해결책과 관점을 고려하고, 각본을 갱신할 기회를 준다. 우리에게는 보이는 것만이 아니라 보이지 않는 것까지, 유형의 것만이 아니라 무형의 것까지, 또 우리 바로 앞에 있는 것만이 아니라 상상조차 하기 힘든 것까지, 모든 것을 볼 자격이 있다. 그 이유가 무엇일까? 시야가 넓어지면 동원할 수 있는 잠재적인 해결책도 많아지기 때문이다. 세계관이 전체론적 경향을 띠면 돕고 봉사하며, 혁신해서 성공할 가능성도 그만큼 커진다.

당신에게 허락된 특권과
선택권을 점검하라

　보이지 않는 것을 보는 방법을 배울 때는 특권이 골치 아픈 장애물이다. 특권은 눈을 멀게 하고 자신의 각본에 쓰인 것을 제대로 인식하는 능력을 제한한다. 아울러 그림 전체, 그리고 주변부에 있는 것을 못 보게 한다. 특권이 한 종류만 있는 것은 아니다. 태어나면서부터 갖는 특권, 새롭게 알게 된 사람과 열심히 일한 성과, 순전한 행운으로 생기는 특권도 있다. 또 대학 등록금을 감당할 만한 여력, 대학에 다니라고 독려하는 역할 모델, 양질의 교육을 받을 수 있는 곳에 거주하는 행운, 마음껏 공부하고 상상할 수 있는 건강한 신체와 정신을 갖고 태어나는 것도 특권이다.

　특권 때문에 눈이 머는 현상을 극복하려면 특권에서 비롯되는 불평등에 대해 알아야 한다. 그러나 특권에 대해 배우는 것만으로는 충분하지 않다. 보이지 않는 것을 보이게 하려면 계획적인 행동이 필요하다. 요컨대 불편하더라도 특권을 포기해야 한다.

　비슷한 문제가 선택권에도 존재한다. 선택권은 당사자에게 허용된 무엇인가를 고를 힘과 권리, 기회와 자유를 뜻한다. 모든 조건이 똑같을 때는 더 많은 선택권을 가진 사람이 변화와 불확실성에 더 유연하게 대처할 가능성이 커진다. '선택성optionality'은 선택 가능성을 최대한으로 열어두는 상태를 가리킨다. 우리가 마음을 열어두고, 서너 가지의 대안을 준비해 두며, 주변시周邊視를 확대해

더 많은 가능성을 확보하면, 선택성도 자연스레 확대된다.[43]

삶은 매일 우리 모두에게 새로운 선택권을 부여한다. 대부분이 사소하고 삶을 바꿔놓을 만한 선택권은 아니다. 그러나 큰 변화가 닥치면 더 많은 선택권이 생기고, 삶을 바꿔놓을 만한 선택권도 늘어나게 마련이다. 우리에게 "이제 어떻게 하지?", "지금이 아니면 언제?"라고 묻게 만드는 선택권이다.

특권과 선택권은 밀접한 관계가 있다. 하지만 여기에도 함정이 있다. 보이지 않는 것을 보는 방법을 배우지 않으면 특권이 우리 눈을 멀게 한다. 가진 것이 많을수록 상실의 위험도 커진다.

특권과 선택권은 어디에나 존재한다. 내 경우에는 부모를 잃었을 때 '부모가 있다'라는 특권을 명확히 깨달았고, 가족 구조부터 미래의 기대치까지 여러 선택권을 빼앗겼다. 하지만 건강과 교육, 호기심이 부각되며, 부모가 옆에 있었다면 얻지 못했을 새로운 선택 가능성이 열렸다. 예컨대 '선택적 가족Family of choice'을 구축할 수 있었고, 전에는 생각조차 못 했던 직업 세계가 펼쳐졌다.

요약하면, 끊임없는 변화에 맞서 성공하려면 어떤 방향으로 생각하고 무엇에 우선권을 두어야 하는지에 여러 선택 가능성을 열어두어야 한다는 것이다. 당신에게 허락된 몇몇 선택권이 오늘은 보이지 않을 수 있고, 어떤 선택권은 특권에 의해 흐릿하게 가려져 있을지도 모른다. 하지만 당신에게 허락된 특권을 냉정히 점검할 수 있다면 더 풍요롭고 의미 있는 미래를 만들어갈 수 있을 것이다.

당신의 세계관은 무엇을 보이지 않게 가리고 있는가

잠시 짬을 내어 누구와 무엇이 당신의 세계관에 가장 큰 영향을 주었는지 생각해 보자. 부모나 교육자가 당신의 뇌리에 주입한 가치관부터, 거주지, 학교, 친구, 직업과 꿈, 미래에 대한 믿음까지, 당신의 세계관에 영향을 미친 것은 무엇일까? 아래의 질문들로 시작해 보자.

- 두려움이 당신에게는 어떻게 보이고, 어떻게 느껴지는가?
- 변화를 두려워하라고 배웠는가, 아니면 받아들이라고 배웠는가?
- 당신은 성급히 신뢰한다거나, 혹은 성급히 불신한다는 말을 듣는 편인가?
- 당신과 비슷한 사람들과 어울리라고 배웠는가, 당신과 다른 사람들과 어울리라고 배웠는가?
- 특권이 당신의 눈을 멀게 한 적이 있는가? 또 그림 전체를 보는 걸 방해한 적이 있는가?
- 무엇이 당신의 세계관에서 지워졌는가? 무엇이 당신의 각본에 남아 있는가?

나뭇가지가 흔들리는 건 누구의 눈에나 보인다.

그러나 바람을 보려면 훈련이 필요하다.

- 일레인 젠서 스미스Elaine Genser Smith, 사회적기업가

당신은 다른 사람을
어떻게 보는가

하던 일을 멈추고 '소비자consumer'라는 단어에 대해 진지하게 생각해 본 적이 있는가? 아마 없을 것이다. 이 단어는 무심코 내뱉어진다고 해도 과언이 아니다.

많은 사람이 '소비자'를 우리 자신을 묘사하는 용어라 생각한다. 하지만 우리가 설계하고 구매하고 사용하는 상품과 서비스부터, 우리 몸을 관리하는 방법, 우리가 학습하고 놀이하는 방법까지 일상적인 모든 면에서도 이 단어가 사용된다. 심지어 뉴스와 정보도 '소비'한다고 말한다. 놀랍지 않은가! '소비'라는 단어는 아침에 먹는 시리얼, 스마트폰, 자동차 같은 전통적인 '소비재'에만 국한되지 않는다. 이제 교육과 의료, 오락과 선거까지 소비한다.

오늘날의 사회는 과도한 소비에 매몰된 사회이지만 과거에도 우리 사회가 그랬던 것은 아니다. 인류의 역사에서 '소비자'라는 단어가 뭇 인간을 가리키는 데 사용된 것은 최근이다. 하물며 처음에는 경멸의 뜻이 전혀 담기지 않았다. 과도한 소비문화의 시작은 불특정 다수를 상대로 상품을 홍보하고 판매를 촉진하는 매스마케팅mass marketing 시대가 시작된 100년 남짓 전으로 거슬러 올라갈 뿐이다. 매스마케팅 자체는 산업혁명으로 가능해진 과잉생산의 결과였다. 과잉생산은 많은 면에서 우리 사회를 긍정적인 방향으로 변화시켰지만 우리의 자존감을 미묘하게 흔들어놓았다.[44]

그전까지 우리는 사회에 기여하고 다른 사람을 돕기 위해 일하는 인간이었다. 그런데 매스마케팅 시대가 도래하며 '소비자'로 비추어지게 되었다. 소비자의 주된 역할은 소비하는 것이다. 그리하여 소비를 중심에 두는 새로운 각본이 쓰여졌다.

하지만 1장에서 보았듯이, consume의 원래 의미는 "consumed by fire"에서 보듯이 '전소하다'이다. 최근까지도 consumption은 국내총생산(Gross Domestic Product; GDP)을 신장하기는커녕 우리를 죽였다. 영어에서 consumption은 '결핵'을 뜻하기도 한다. 라틴어에서 consummare는 '몹시 지친', '쇠약해진', '끝장난'을 뜻한다. 대략 한 세기가 지난 지금, 이런 파괴적 소비가 빠른 속도로 진행되고 있다. 우리 지갑은 얇아졌고, 지구는 고갈될 위기에 처했다.

경제를 해치지 않기 위해서라도 이처럼 위험하고 조급한, 낡은 각본을 따라야 한다는 말을 우리는 귀가 따갑도록 듣는다. 소비하라! 소비하라! 투표보다 구매 결정이 사회에 더 큰 영향을 미친다고 믿는 사람까지 생겼을 지경이다.[45] 이 현상을 되짚어 보자.

오늘날의 세계에서 우리는 무엇보다 소비자로 여겨진다. 미래학자 제리 미찰스키Jerry Michalski의 표현을 빌리면, "눈알과 지갑을 지닌 식도"로 여겨진다.[46] 우리가 이렇게 계속 소비하는 한 만사형통일 거라는 말도 끊이지 않는다.

그러나 모든 게 잘될 수는 없다.

우리가 단순한 소비자로 오랫동안 취급된다면 우리가 생각하고 행동하는 방향이 영향을 받고, 그 결과 세상을 보는 시각에도 영향을 미치기 마련이다. 구매 행위가 투표나 우리의 자존감을 규정하는 것보다 중요하다고 생각하는 현상이 대표적인 예다. 사회적 차원에서 우리는 국내총생산 같은 계량적 분석을 추구하며, 경제활동을 달러와 센트로만 '보려고' 한다. 국내총생산에는 우리 경제와 행복을 뒷받침하는 많은 소중한 활동들이 보이지 않는다. 예컨대 양육과 자원봉사 같은 '보이지 않는 노동'과 자원을 독점하지 않고 공유하는 '보이지 않는 가치'는 국내총생산에 나타나지 않는다.[47]

보이지 않는 능력

- 당신은 머리와 가슴 중 어느 쪽을 더 신뢰하는가?
- 직원을 새로 채용할 때 기술적인 전문 지식, 친절한 성품, 유연한 인간관계 중 무엇을 가장 중요하게 생각하는가?
- 동료들이 오른쪽으로 돌라고 말할 때 왼쪽으로 돌고 싶은 적이 있는가?
- 당신은 보이지 않는 패턴을 찾아낼 수 있는가?
- 당신은 보이지 않는 규칙에 갇혀 살아가고 있는가?

소비자 각본을 따르다 보면, 우리 눈이 '보지 않는 것'에 길들여진다. 구체적으로 말하면, 우리가 구매하는 것의 전반적인 영향을 보지 않고, 힘들게 몸부림치는 사람들을 보지 않는다. 심지어 더

나은 길이 앞에 있을 때도 보지 않으려 한다.

경쟁적으로 소비하는 과정에서 우리는 진정으로 중요한 것을 놓친다. 거대한 변화가 닥쳐와 우리를 뿌리째 흔들면, 그런 현실을 깨우쳐 알려주는 경종이 거칠게 울린다. 산산이 쪼개지는 것의 틈새로 전에는 보이지 않던 것들이 눈에 들어온다.

오늘날 이런 경종에 많은 사람이 새로이 눈을 뜨고 있다. 우리는 옛 각본으로 우리 눈을 가리던 고글을 벗고 묻기 시작한다. 우리 각자에게, 가족과 공동체에, 반대편 세계의 사람들에게 일어났던 일을 보지 못한 이유가 무엇일까? 그걸 보았는데도 그에 대해 어떤 조치도 하지 않은 이유가 무엇일까? 원하든 원하지 않든 간에 우리 모두가 소비로 인한 세계 재앙에 한몫을 하기 때문이다.

이런 아수라장에서 벗어나는 방법은 서로를 소비자가 아니라 시민이자 인간으로 보며, 그렇게 대우하기 시작하는 것이다. (내가 말하는 시민은 여권과 국경으로 정의되는 시민이 아니라, 사회에 참여하며 변화를 끌어내는 주역으로서의 시민을 뜻한다.) 이런 변화를 위해서는 미묘하지만 크게 달라진 새 각본이 필요하다. 더는 소극적인 구매자나 낚시 글의 표적이 아니라, 능동적인 기여자가 되어야 한다. 또 맹목적으로 따르지 않고, 다 함께 책임감 있게 세계를 끌어가야 한다. 달리 말하면, 플럭스 사고방식을 열고 플럭스 파워를 개발하며 자기만의 새 각본을 써야 한다.

새 각본은 다음과 같은 질문으로 시작해 보자. 당신은 다른 사람들에게 소비자로 보이고 싶은가, 아니면 시민이자 선행의 촉매로 보이고 싶은가? '물건을 사는 구매자'를 넘어 '어떤 사람'으로 후세에 남고 싶은가?

내 경험에 따르면, 당신이 어떻게 보이느냐에 대해 각성하는 것만으로도 큰 발전이다. 일단 각성하면 세상 곳곳에서 행해지는 방법들이 눈에 들어오기 시작한다. 또 당신이 관계하는 기업부터 당신이 사용하는 단어까지, 온라인 쇼핑에 대한 생각부터 길을 걷는 동안 관심을 기울이는 것까지도 눈에 들어온다. 이런 각성을 촉구하고, 세계 전역에 알리려는 '시티즌 시프트Citizen Shift' 같은 진취적인 계획들이 최근 들어 나타나고 있다.[48]

소비자 중심 조직의 리더들에게 전하고 싶은 말이 있다. 이제는 마케팅 전략과 비즈니스 모델을 다시 점검해야 할 때다. 지금은 당신의 소명을 새 각본에 맞추어야 할 때다. 새 각본이 없다면 새 각본을 써야 한다.

빈 공간

#흑인생명도소중하다Black Lives Matter, #미투MeToo 등 조직적인 불평등과 불공평에 대한 광범위한 심판이 있은 뒤, 하버드대학교 경영대학원 교수 로라 후앙Laura Huang은 1년차 대학원생을 위한 권장도서 목록과 교과과정을 검토했다. 그 결과는 놀랍지 않았지만 사실 충격적이었다. 권장도서 목록에는 백인 남성이 쓴 책이 압

도적으로 많았다.

그즈음《100권의 역대 경영학 서적》의 공저자 토드 새터스턴 Todd Sattersten도 개인적으로 반성하고 있었다. 그는 스스로 진보적이라 자부했지만 '내 책에서 몇 명의 저자가 유색인이었는가?'라는 의문에 심란하지 않을 수 없었다. 한 명도 없었다. 그는 상대적으로 널리 알려진 책을 찾아내려 했지만, 인구통계를 고려하지 않았다는 걸 뒤늦게 깨달았다.[49]

기업계와 그 너머에서 더 큰 다양성을 요구하는 규정과 목소리는 이제 새로운 게 아니지만, 그 바늘은 거의 움직이지 않았다. 여성과 흑인, 라틴계 등 소수집단의 요구가 정당한 권리로 받아들여지는 게 아예 불가능하지는 않지만 여전히 어려운 것도 현실이다. 그들이 그곳에 없는 것은 아니다. 너무도 오랫동안 그들이 무시되고, 가장자리로 밀려나고, 각본에서 지워져서다.

물론 비판적으로 말하면, 새 각본에는 뚜렷한 특혜가 있다. '다양성, 형평성, 포용성Diversity, Equity, Inclusion; DEI'을 노골적으로 중시한 것이다. 여성과 유색인은 오래전부터 두각을 나타냈고, 열심히 노력했다. 따라서 당연히 권리를 인정받아야 했지만 그렇지 못했다. 목청껏 소리쳤지만 들리지 않았다. 뛰어난 아이디어를 제시했지만 대낮의 햇살에 감추어졌다. 주변부로 밀려났고, 빈 공간을 채울 뿐이었다.

우리는 가장 중요한 부분에만 눈길을 둔다. 예컨대 "권력 구조에서 가장 높은 곳까지 올라가고", "게임을 어떻게 풀어가야 하는지를 아는" 최고경영자에게만 관심을 둔다. 따라서 그림 전체에서 극히 일부만이 우리 눈에 들어올 뿐이다. 게다가 우리가 눈여겨보는 것은 진부하기 그지없다. 과거의 각본이 여전히 작동하기 때문이다. 하지만 현실 세계에서 진정한 행동과 의미 및 진보가 발견되는 곳은 '주변'이고, '빈 공간'이다. (6장에서 다시 보겠지만, 권력의 사다리를 오르려는 노력은 이제 시대에 뒤떨어진 행위다.)

미래학자인 나에게 이런 역학 관계는 그럭저럭 유의미하게 들린다. 미래를 결정하는 힘은 항상 변방에 있다가 주류가 되기 때문이다. 오래전이었지만 '주류 리더들'은 휴대폰이 일반 전화를 앞지르지 못할 거라고 믿었다. 휴대폰도 처음에는 주변부에 있었다. 하지만 오늘날 휴대폰 수는 세계 인구의 두 배에 이른다. 이제 일반 전화는 급속도로 유물이 되어가고 있지 않은가.

코로나 바이러스에 수개월 만에 수억 명이 감염되고 세계 경제가 휘청거리기 전까지, 주류 사상은 이번 팬데믹을 주변부의 위협으로 평가했다. 하지만 주변부에 있는 것이 급속도로 주류에 올라서는 경우도 적지 않다.

내가 여기에서 말하려는 요점은 간단하다. 주변부와 빈 공간에 있는 것을 정확히 보고 평가하는 능력을 대폭 향상시킬 필요가 있다는 것이다. 정의롭고 공평한 사회가 요구하는 것이기도 하지만, 진정으로 혁신적인 아이디어는 주변과 빈 공간에서 잉태된다. 빈 공간은 이상적인 곳, 어쩌면 새로운 가능성에 생명을 불어넣을 수 있을 만큼 산소가 충분히 존재하는 유일한 곳이다.

로라 후앙은 이런 새로운 가능성을 보았다. 그녀는 경영대학원의 전통적인 교과과정을 차지한 백인 남성들 주변에 기업 전략, 금융과 투자, 조직론과 관리, 리더십 등에서 뛰어나지만 제대로 부각되지 않는 전문가들이 있다는 걸 알았다. 그래서 여성과 유색인 학자가 쓴 책들이 포함된 '경영대학원 학생들을 위한 균형 잡힌 도서 목록'을 만들었다.(물론 균형을 맞추기 위해 백인 남자가 쓴 책도 당연히 포함되었다.)[50] 그들의 관점은 신선했다. 그들은 주변부에서 기업계와 삶의 세계에 들어온 사람들이다. 그들의 목표는 '과녁의 중심을 맞히는 것'이 아니다. 그런 목표는 이미 시대에 뒤처진 생각이다. 그들이 쓰는 새 각본에는 기업을 넘어 더 크고 포용적인 미래가 다루어지고 있다.

보이지 않는 것을 보는 방법을 배우라

많은 점에서 오늘날의 세계는 어디를 눈여겨보고, 기본적으로 어떻게 봐야 하는지를 배울 수 있는 거대한 실험장이다. 변화가 닥칠 때 주변과 빈 공간, 즉 새로운 해결책이 발견될 만한 곳에 있는 것을 볼 수 있는 사람들은 불확실한 세계를 항해하고, 책임지는 리더가 되기에 유일한 위치에 있다. 그러나 보이지 않는 것을 보는 플럭스 파워에 대해 말하는 것과, 그 플럭스 파워를 실제로

개발하는 것은 전혀 다른 분야다. 따라서 간단하게 시작할 수 있
는 몇몇 기법부터 살펴보기로 하자.

주변시를 확대하라

주변시Peripheral Vision는 직진 시선 밖의 사물과 움직임 및 기회를
보고 포착하는 능력을 가리킨다. 달리 말하면, 주변시는 당신이
눈여겨보지 않는 것들을 인식하는 능력을 가리킨다.

오늘날 우리는 가장 중요한 위치에 있는 것에 과도하게 집중한
다. 당면한 과제, 목록에서 곧바로 할 일, 이번 사분기의 수익, 오
늘 하루를 살아내는 일 등이 무엇보다 중요하다. 주변부와 지평선
에 있는 것에는 거의 주목하지 않는다. 그런데 시간적 여유가 없
다고 생각할 수 있고, 어디에 눈길을 두어야 할지 모를 수 있다. 하
지만 새로운 통찰과 깨달음의 세계는 언제나 가까운 곳에 있다.
그 세계를 볼 수 있느냐가 문제다.

주변시는 참신한 아이디어나 해답을 얻기 위해 필요한 것만이
아니다. 여러 연구에서 밝혀졌듯이, 불안하면 주변시가 줄어든다.
예컨대 일과 성과, 자금과 기대치, 친구나 동료와의 관계에 대해
걱정하면, 여하튼 무엇에 대해서든 걱정하면 주변시가 줄어들 수
있다. 그 결과는 언제나 똑같아 현실감과 안락감과 창의력이 위축
된다. 이런 현상을 '터널 시야Tunnel Vision'라 칭하는 데는 타당한 이
유가 있다.[51]

주변시가 확대되면 새로운 시야가 열리고, 해결책이 드러나며,

불안감이 줄어든다. 하지만 주변시가 마법적으로 확대되지는 않는다. 주변시의 확대는 우리가 개발해야 할 능력이고, 훈련으로 습득해야 할 플러스 파워다.

우리 조상은 지금의 우리보다 주변시를 훨씬 많은 분야에서 이용했다. 주변시는 진화해서 전반적인 움직임을 포착할 뿐, 세세한 것에는 신경 쓰지 않는다. 그 역할은 중심시中心視의 몫이다. 달리 말하면, 주변시는 뭔가가 가시 범위에 들어오는 걸 감지하는 데는 능숙하지만 그것이 붉은색인지 푸른색인지, 부드러운 것인지 딱딱한 것인지, 친구인지 적인지 판별하는 데는 약하다. 결국 우리 조상은 "뭔가가 침입했다!"라는 걸 확인하는 데 만족하고, 나머지는 중심시에 능숙한 동료에게 넘겼다.

하지만 오늘날 우리의 주변시는 약해지고 무뎌졌다. 지금 우리는 반짝이는 화면 앞에서 너무 많은 시간을 보낸다. 또 시간을 잘게 쪼개서 사용하고, 호랑이에게 뒤쫓길 위험은 거의 없다. 한때는 생존이 주변시의 반응속도에 달린 적이 있었다. 그러나 이제 우리는 빵 조각보다 작은 화면에 쓰인 메시지와 글을 읽으며 시간을 보낸다. 달리 말하면, 지금 우리에게는 주변시가 절실하게 필요한 데도 무심하게 방치하고 있다는 뜻이다.

다행히 우리는 그 방향을 되돌릴 수 있다. 주변시를 되찾고, 그 능력을 확대할 수도 있다. 기본으로 돌아가 다음과 같은 간단한 훈련을 해보자.

얼굴 높이로 두 손을 올려라. 두 엄지를 각각 귀에 대라. 귀를 중심에 두고, 손가락을 쫙 펴고 뒤쪽으로 움직여라. 손가락이 더는 보이지 않을 때까지 뒤로 움직여라. 그 상태에서 손가락을 좌우상으로 꼼지락거리며 앞쪽으로 움직이기 시작하라. 곁눈질로 손가락이 보일 때까지 옮겨오라. 그때가 당신의 주변시다. 그 순간에 주목하라. 전에는 보이지 않던 것이 보이는가? 눈을 깜빡이면서, 혹은 머리를 좌우로 움직이거나 둥그렇게 돌리면서도 이 훈련을 할 수 있다. 산책하거나 책을 읽는 동안, 여하튼 우리 주의력을 제한하는 활동을 하는 동안에도 이 훈련을 할 수 있다.

이번에는 거꾸로 걸어보라. 나무에 매달리거나 물구나무서 보라. 허리를 굽혀 손을 발가락으로 뻗어보라. 그런 자세에서 당신이 있는 곳을 둘러보라. 너무 깊이 생각하지 마라. 똑같은 장면이 달라 보이는가? 무엇이 전에 보이지 않던 것인가?

나는 40년 이상 꾸준히 물구나무를 서왔다.[52] 어린 시절에 체력 단련으로 시작했던 것이 내 트레이드마크가 되었다. 나는 이렇게 '위아래가 뒤집힌 관점'에서 보는 걸 좋아한다. 물구나무 훈련은 내가 관점을 바꾸고, 더 잘 보려는 노력에 도움을 준다. 유연성과 정신력을 향상하는 데도 도움이 된다. 게다가 물구나무 훈련은 재밌기도 하다.[53] 안 좋아할 이유가 있겠는가?

주변시 확대가 특효약은 아니다. 그러나 더 많은 것을 보고, 더 잘 보며, 불안감을 완화하는 데 도움이 될 수 있다. 따라서 보이지 않는 것을 보는 플러스 파워를 개발하는 출발점으로는 안성맞춤이다.

의도를 재평가하라

보이지 않는 가치가 오늘날에는 무수히 많은 방법으로 감춰진다. 보이지 않는 가치가 우리 눈에 보이느냐, 보이지 않느냐는 그 가치를 눈여겨보는 의도에 따라 결정된다.

예컨대 우리가 사람들을 소비자로 보고 대우하느냐, 아니면 시민으로 보고 대우하느냐는 결국 의도로 귀착된다.

- 사람들이 당신의 상품을 구입하고, 당신의 광고에 클릭하기를 바란다면, 당신은 그들을 소비자로 보는 것이다.
- 당신이 사람들에게 도움을 주고 봉사하기를 바란다면, 또 그들이 잠재력을 발휘하도록 도우려 한다면, 당신은 그들을 시민이자 협력자로 보는 것이다.

우리가 자신을 삶의 소극적인 참여자로 보느냐, 적극적인 참여자로 보느냐도 결국 의도로 귀결된다.

- 당신이 옛 각본에 의지하고, 당신의 행동이 차이를 만들어내지 못할 거라고 믿는다면, 십중팔구 당신은 현상을 유지하고 침묵을 지키며, 변화를 두려워할 것이다.
- 당신이 플럭스 사고방식을 갖고 플럭스 파워들을 개발할 수 있다고 믿는다면, 당신에게 내재한 변화의 동력을 보고 이미 이용하고 있는 셈이다.

우리가 답을 구하고 해결책을 찾아내느냐 그렇지 않느냐도 역시 의도에 달려 있다.

- 당신이 심판하고 비판할 의도에서 묻는다면, 마음의 문을 닫은 상대에게 묻는 것과 같다.
- 하지만 진정으로 궁금해서 호기심을 충족할 의도에서 묻는다면, 새로운 것을 배울 가능성이 크다. 당신의 추정에 의문을 품고 더 나은 질문을 하는 방법도 배울 수 있다.

의도의 재평가는 플럭스 사고방식을 열고, 플럭스 파워를 개발하는 데 반드시 필요한 단계다. 동물학자 제인 구달Jane Goodall이 말했지 않은가? "당신의 행동이 차이를 만들어낸다. 어떤 차이를 만들어내고 싶은지는 스스로 결정해야 한다."[54] 끊임없이 변하는 세계에서 당신은 어떤 종류의 차이를 만들어내고 싶은가? 지금 당신의 의도는 무엇인가?

보이지 않는 것을
보이게 하라

보이는 것 너머를 중요하게 인식하는 능력이 오늘날의 세계에서는 절실하게 필요하다. 이 능력을 가질 때 우리는 뿌리를 발견하고, 새로운 통찰을 얻고, 새로운 해결책을 개발해 온전한 삶을 살 수 있다. 이 플러스 파워를 갖추면 불안감을 낮추고 내적인 목소리를 일깨우며, 다른 사람들과 더 가까이 지낼 수 있다. 결국 이 플러스 파워가 있어야 다가오는 변화를 명확히 파악할 수 있다.

우리는 많은 것을 보지 못한다는 걸 알지 못한 채 살아가는 경우가 비일비재하다. 자신의 재능과 능력을 제대로 보지 못하고, 조직적인 불공평도 보지 못한다. 우리 주변에 널린 아름다운 것들도 인식하지 못한다. 과거의 각본에 사로잡혀 지낼수록 많은 것을 놓친다. 그리하여 결국에는 진실과 충만한 삶도 보지 못한다.

그러나 새 각본을 쓰는 순간 이런 상황이 완전히 변한다. 보이지 않는 것을 본다는 것은, 희망과 두려움의 차이를 구분한다는 뜻이다. 세심한 관찰과 마비의 차이, 행동할 때를 아는 것과 기다려야 할 때를 아는 것의 차이, 억압적 체계와 포용적 체계의 차이를 구분한다는 뜻이기도 하다. 거듭 말하지만 보이지 않는 것을 본다는 것은 모든 차이를 만들어내는 차이인 것이다.

1. 당신은 머리와 가슴 중 어느 쪽을 더 신뢰하는가?

   _____

2. 동료들이 오른쪽으로 돌라고 말할 때 왼쪽으로 돌고 싶은 적이 있는가?

   _____

3. 당신은 보이지 않는 패턴을 찾아낼 수 있는가?

   _____

4. 당신은 삶을 지배하는 규칙들을 얼마나 의식하며 살아가는가? 그 규칙들이 명확한가?

   _____

5. 특권(혹은 특권의 부재)이 당신의 각본에 어떻게 영향을 미쳤는가? 어떤 종류의 특권이었는가?

   _____

CHAPTER 3

길을
잃어라

잃는다는 것에는 전혀 다른 두 의미가 있다.
사물을 잃는 것은 낯익은 것이
사라진다는 뜻이지만,
길을 잃는다는 것은 낯선 것들이
나타난다는 뜻이다.
– 리베카 솔닛Rebecca Solnit

　부코비나는 대부분의 여행자가 선택하는 여정에 있지 않다. 루
마니아 북서쪽 구석에 위치하고, 몰도바와 우크라이나에서 가까
운 이곳은 정교회 예배당과 수도원이 가끔 눈에 띄는 조용한 곳이
다. 1487년과 1583년 사이에 세워진 그 종교적 건축물들은 안팎
으로 바닥부터 천장까지 뛰어난 프레스코 벽화들로 뒤덮여 있다.
수세기 동안 촛불 연기에 프레스코 벽화들의 색은 어두워졌고, 결
국 그 윤곽마저 흐릿해지고 말았다.

　공산주의의 몰락과 루마니아 혁명 이후로, 부코비나는 서서히
다시 부각되기 시작했다. 나는 대학 예술사 강의에서 그곳의 프
레스코 벽화에 대한 이야기를 듣고 꼭 한 번 방문하고 싶었다. 몇
년 뒤, 스마트폰과 GPS, 단체 여행, 에어비앤비 등이 등장하기 훨

씬 전이었던 까닭에 나는 기차를 몇 번이나 갈아탄 끝에 수체아바라는 마을에 도착했다. 그 마을은 수도원 순례를 시작하기에 가장 적합한 출발점이었다.

수체아바에서부터는 흙길을 따라 걸었다. 자동차보다 당나귀가 더 많이 지나다니는 길이었다. 가능할 때마다 택시를 타려고 했지만, 택시는 거의 볼 수 없었다. 대부분이 농부이던 지역민들은 호기심과 반가움, 연민이 뒤섞인 표정으로 나를 바라보았다. 러시아 시대의 털털거리는 자동차와, 건초 더미를 가득 실은 우마차가 나에게는 주된 교통수단이었다. 미소와 손짓이 우리의 공통 언어였다. 프레스코 벽화는 상상보다 뛰어났다. 주변의 조용한 풍경에 마음까지 가라앉는 듯했다.

어느 날, 나는 상념에 젖어 한적한 길을 걷고 있었다. 그때 누군가 소리쳤다.

"어이, 아가씨! 어이!"

나는 오른쪽으로 돌아보았다. 뺨이 발그스레하고, 턱 아래에 스카프를 단단히 동여맨, 전형적인 루마니아 할머니가 보였다. 그녀는 목재 덧문을 활짝 열어젖히고 나를 뚫어지게 바라보았다. 나는 걸음을 멈추고 할머니를 쳐다보았다. 내가 잘못한 게 있나? 내가 지금 있는 곳이 문제인가?

할머니가 다시 말했다.

"어이! 아가씨!"

굵지만 노래하는 듯한 억양이었다. 나는 조심스레 대답했다.

"안녕하세요!"

"아가씨, 길을 잃었수?"

나는 순간 숨이 막혔다. 정말 내가 어디 있는지 알지 못했다. 루마니아에 있는 건 맞지만, 구체적으로 말하면 거의 길을 잃은 상태였다.

그러나 나는 여느 때보다 살아 있는 기분이었다. 손수레를 탔고, '마말리가mamaliga'(옥수수 가루를 끓여 만든 루마니아 전통 음식)를 먹었고, 수세기 동안 묻혀 있던 프레스코 벽화를 보았다. 그 순간들 속에서 나는 아무것도 잃은 게 없었다.

할머니는 내 대답을 기다리지 않고 계속 말했다.

"아가씨! 아가씨! 보니까 길을 잃은 게 분명하네. 여기로 들어와요, 당장!"

2분 뒤, 나는 루마니아 가족들과 어울려 저녁 식탁에 앉게 되었다. 달나라에서 방금 내려온 사람이 된 기분이었다. 할머니의 손자녀들이 나를 둘러싸고, 루마니아어가 양념처럼 섞인 영어로 거의 동시에 질문을 퍼부어 댔다. 왜 부코비나에 왔어요? 미국은 어떤 곳이에요? 마말리가를 더 줄까요?

배가 채워지자 대화 주제는 내가 혼자 여행하는 이유로 넘어갔다. 그들은 내가 지리적으로 길을 잃었을 뿐만 아니라 남편도 잃었을 것이라 확신했다. 그렇지 않으면 어떤 이유로 여자가 혼자 여행하겠는가? (그렇다고 여행할 때는 이성 친구나 동반자가 있어야 한다는 뜻은 아니다.) 그런 확신은 판단이 아니라, 걱정이 약간 더해진 순수한 호기심이었다.

'이 여자는 뭔가를 잃었어. 그러니까 우리가 도와줘야 해!'

루마니아 시골에서 혼자 여행한다는 것은 듣도 보도 못한 일이었다. 그렇다고 그 가족이 내가 혼자 여행할 수 있다는 걸 믿지 않았다는 건 아니다. 오히려 그들은 내가 혼자 여행하는 이유를 듣고는 당혹스런 표정을 감추지 못했다. 내 삶의 방식이 그들의 각본에는 맞아떨어지지 않았다. 그들은 러시아로부터 독립하려고 힘들게 싸웠고, 독립의 후유증과도 싸워야 했다. 그러나 개인의 독립은 여전히 공동체를 중심으로 맴돌았기 때문에 방랑벽은 그들에게 아주 낯선 개념이었다.

길에서 "남편은 어디 있어요?" 같은 질문을 받을 때마다 나는 짜증스레 반응했고, "나 혼자 여행할 수 없다고 속단하지 마세요!"라고 속으로 중얼거렸다. 그러나 그날의 식사는 나에게 다른 것을 가르쳐주었다. 플럭스 이론에 대해, 또 다수의 각본이 동시에 진화할 수 있다는 걸 가르쳐주었다.

그 가족은 내가 전혀 마음에 두지 않은 이유로 내 안위를 걱정했다. 내가 걱정하던 것은 그들의 생각과 거리가 멀었다. 길을 잃는 현상에 대한 우리의 생각은 완전히 달랐지만, 똑같은 정도로 타당했다.

우리는 뿌리가 달랐고, 성향도 달랐다. 우리는 옛 각본에서도 크게 달랐고, 새 각본을 향한 각자의 여정에서도 다른 지점에 있었다. 하지만 상대의 관점을 공유하며, 상대의 방법에서 배울 수 있었다. 그 과정에서 나는 나를 나답게 만드는 것의 새로운 조각을 발견했다.

우리는 집에서 담은 '투이카tuica'(자두 술)를 마지막 방울까지 마셨다. 그리고 그 집 아들이 나를 기차역까지 데려다주었다. 그는 나를 배웅하는 데 그치지 않고 매표소까지 안내했고, 내 승차권을 대신 구매했다. 게다가 나와 함께 기차에 올라타서는 내 좌석이 마음에 드는지 확인했고, 옆자리 사람에게 나를 잘 보살펴달라고 부탁했다.

나는 조금도 짜증스럽지 않았다. 오히려 매 순간을 즐겼다. 길을 잃는다는 것은 새로운 길을 발견하는 것이다.

FLUX POWER
: 길을 잃어라

변화의 풍경에서는 길을 잃어야 당신만의 길을 찾을 수 있다. 길을 잃는다는 것과 인간의 관계는 복잡하다. 비록 많은 사람들이 길을 잃는 것이 삶의 즐거움의 절반을 차지한다는 말에 동의하겠지만, 과거의 각본은 길을 잃은 상태를 실패로 규정한다. 길을 잃은 상태는 뭔가를 상실한 상태로 인식되는 골칫거리였다. 내가 뭔가를 잘못하면, 그래서 더듬거리면 삶이 어떤 이유로든 과거보다 추락할 것이라고 보았기 때문이다.

그러나 매일 새로운 변화가 일어나는 뒤집어진 세계에서, 길을 잃는다는 것은 새 각본의 일부다. 익숙한 것이 변화의 물결에 휩싸인 세계에서 우리는 뿌리가 뽑히고 방향을 잃어, 갈피를 잡지 못하고 끝없이 표류한다. 어떤 나침반을 사용하더라도 제대로 기능하지 않는다. 더구나 변화가 만들어낸 새 풍경은 당신과 나, 누구나 반드시 선택해야 하는 것이 아니다. 플럭스만이 있을 뿐이다.

플럭스 사고방식을 갖는 순간, 길을 잃은 상태는 장점이 된다. 플럭스 사고방식은 길을 잃어버린 상태를 포용할 뿐만 아니라 낯선 것을 능동적으로 추구하며 안전지대를 넘어가는 비밀 무기다. 뜻밖의 통찰을 얻을 수도 있다. 길을 잃은 상태가 방향성을 상실하고 멍청해졌다는 뜻은 아니다. 그런 해석은 옛 각본이 다시 준동한 결과에 불과하다. 정확히 말하면, 길을 잃은 상태는 우리가 모르는 것, 어쩌면 영원히 모를 수 있는 것을 편안히 받아들인다는 뜻이다.

기본적으로 이 플럭스 파워는 다음의 질문에 대한 대답으로 귀결된다. 길을 잃으면 편하게 느껴지는가, 짜증스러운가? 호기심이 당기는가, 불안해지는가? 안전한 길을 벗어날 수 있는가? 안전한 구역 너머까지 여행할 수 있는가?

나는 다양한 형태로 길을 잃은 상태를 경험했다. 부모를 잃은 뒤에 새로운 인간관계를 구축했고, 다양한 직업에 종사하는 과정에서 길을 잃고 다시 찾았으며, 희망을 잃은 뒤에 의미를 찾았다. 이 모든 것이 부코비나에서 볼리비아로, 다시 발리로 이어진 모험과 관계가 있다. 이때의 경험은 내가 변화의 렌즈를 다시 조절하는 데 도움을 주었고, 길을 잃어버리는 게 선물이라는 깨달음을 얻는 데도 일조했다. 길을 잃지 않으면 결코 자신만의 길을 찾아낼 수 없고, 새 각본도 완전히 빛날 수 없다.

앞으로 더 많은 변화가 닥치면, 그 세계에서 우리는 길을 잃고 말 것이다. 우리 모두가 길을 잃을 것이고, 그런 상태를 고맙게 생각해야 한다. 이쯤에서 당신은 그 이유를 짐작할 것이다. 옛 각본이 찢어진다는 뜻이기 때문이다. 옛 각본은 더 이상 적합하지 않다.

플럭스 사고방식이 열리면, 누구나 최선의 방향으로 길을 잃는 방법을 배울 수 있다. 어떻게 하면 불편한 상황에서도 편안하게 느끼고, 낯선 것들에서 익숙한 것을 찾아내며, 우리가 실제로 찾던 것을 만날 수 있을까? 그리고 궁극적으로는 이 모든 것을 엮어 새 각본을 짤 수 있을까?

잃어버린 세계

길을 잃는 방법은 사람 수만큼이나 많다. 길을 잃는다는 것은 그저 방향을 잘못 든 게 아니다.

- 자연환경에서, 예컨대 황무지나 바다에서 길을 잃을 수 있다.

- 인위적인 환경에서 길을 잃을 수 있다. 예를 들면 주소나 길을 착각할 수 있다.
- 디지털 환경에서 길을 잃을 수 있다. 새로 개발된 애플리케이션과 첨단 기술을 제대로 사용하지 못하는 경우다. 그 디지털 장치가 우리의 여정을 도와주는 것이라면 더더욱 얄궂다.
- 시간 속에서 길을 잃을 수 있다.
- 여러 생각에 파묻혀 길을 잃을 수 있다.
- 어떤 아이디어에서 길을 잃을 수 있다.
- 책에서 길을 잃을 수 있다.
- 여러 감정에 사로잡혀 길을 잃을 수 있다.
- 새로운 것을 배울 때 길을 잃을 수 있다.
- 다른 사람들에게 길을 잃으라고 말할 수 있다.
- 다양한 사람과 조직이 우리가 길을 잃도록 도와줄 수 있다.(이에 대해서 4장을 참조하라.)

길을 잃고, 자신을 발견하라

당신이 길을 잃었을 때, 혹은 방향감각을 상실했을 때를 기억해 보라. 외국이나 주차장일 수 있고, 심지어 당신의 집일 수도 있다. 너무 어렵게 생각하지 마라. 길을 잃었을 때 어떻게 반응했는지 기억을 떠올려보라. 그때 어떤 기분이 밀려왔는가? 두렵고 낙담했는가, 아니면 호기심과 모험심이 불타올랐는가?

길을 잃을 때 어떻게 반응하고 싶은지 생각해 보라. 그리고 길을 잃었던 때로 다시 돌아가, 이렇게 물어보라. 그때의 대응이 옛 각본에 따른 것이었나, 새 각본을 따른 것이었나? 희망과 발견이란 관점에서 다시 말할 수 있겠는가?

길을 잃어버리면 때때로 긍정적인 결과로 이어진다. 새로운 것을 발견하고, 주변 환경에 더 큰 관심을 갖게 된다. 또 나침반을 재조정할 수 있다. 더 많은 것을 더 생생하게 보고 경험할 수도 있다. 새로운 기술이나 재주를 배우고 시야가 넓어져서 결국에는 우리 자신이 근본적으로 바뀌게 된다. 길을 잃으면 무엇보다 삶의 활력을 얻는다.

하지만 길을 잃어버린 상태가 낙담과 위험으로 이어지는 경우도 적지 않다. 과거에는 길이나 해안을 시야에서 놓치면 큰 위험을 뜻했다. 오늘날에도 방향 상실은 많은 사람에게 불안과 두려움을 촉발한다. 과거의 각본에 따르면, 기업계에서도 길을 잃는 상태는 피해야 할 것이고, 비판거리가 된다. 효율성과 생산성을 위태롭게 하는 요인으로 여겨지기 때문이다.

우리가 효율성으로 최적화해야 한다면, 길을 잃은 상태는 궁극적으로 비효율적인 상태다. 그러나 효율성만을 고집하면 중요하지 않은 창의력은 무시되고, 앞에 놓인 길이 실제로는 전혀 분명하지 않은데도 분명하다는 잘못된 신호가 보내지기 십상이다. 하지만 우리 목표가 진정으로 혁신적인 해결책과 참신한 생각이고, 회복 탄력성을 갖추는 것이라면 길을 잃는 게 필수적이다.

길을 잃는다는 것은
손해나 실패가 아니다

그렇다면 많은 사람이 길을 잃지 않으려고 고심하는 이유가 무엇일까? 길을 잃는 것은 무엇인가를 상실한 것과 같다고 생각하기 때문이다. 나도 이런 생각에 공감한다. 부모님이 자동차 사고로 급작스레 세상을 떠났을 때 내 상실감은 말로 표현하기 힘들 정도였다. 발판을 잃어버렸고, 건설적인 비판자와 내가 성장한 공간도 잃어버렸다. 나를 떠받치던 발판이 갈라지며 사라졌다. 나는 언니마저 곧 잃을까 봐 걱정했고, 내 건강과 호기심도 사라질까 봐 걱정했다.

그러나 무엇인가를 잃는 것과 길을 잃는 것은 다르다. 둘 다 실패를 뜻하지는 않는다. 하지만 옛 각본은 우리에게 정반대로 믿도록 장황하게 쓰여 있다. 부모를 잃은 뒤에 내 삶이 분명히 달라졌지만, 불운한 쪽으로 변했다고 단정 지을 수는 없었다. 부모님이 곁에 있었더라면 내가 상상했을 만한 삶과는 현격히 달라진 건 사실이지만, 그건 새로운 세상을 향해 가라는 초대이기도 했다. 나는 많은 것을 잃었고, 그 이후에도 내 의도와는 상관없이 더 많은 것을 잃었다. 그리고 그 과정에서 나만의 새로운 각본을 쓸 수 있었다. 길을 잃은 까닭에 나는 온갖 모험을 할 수 있었다. 새로운 문이 열렸고, 새로운 플럭스 파워를 얻었다. 적어도 내 경험에 따르면, 길을 잃는다는 것은 실패의 반대일 뿐만 아니라 최상의 결과이기도 했다.

균형과 결핍

옛 각본의 특징인 '균형'과 '결핍'이란 사고방식 때문에도 많은 사람이 길을 잃지 않으려고 고심한다. '균형'이라는 사고방식에 따르면, 내가 승리할 수 있는 유일한 방법은 다른 사람들이 패하는 경우다. 물론 그 반대도 성립해서, 당신이 승리하면 나는 패할 수밖에 없다. 한편 '결핍'이란 사고방식은 아무리 많아도 충분하지 않다는 믿음에서 비롯된다. 두 경우 모두에서 '길을 잃음 → 손해 → 실패'라는 악순환이 되풀이된다.

그러나 잠깐! 그 말이 정말로 맞는 건가?

균형과 결핍에 대한 사고방식은 최상의 시기에도 문제가 된다. 이 사고방식에서 비롯되는 문제는 끊임없이 변화하는 세계에서 더욱 악화된다. 근본적으로 달라진 세계에도 전통적인 기준, 즉 옛 각본을 적용하기 때문이다. 그 문제는 실직이나 뒤엉킨 일정표로 인한 '상실감'까지도 훌쩍 넘어선다.

오늘날에는 연령과 빈부, 정치적 신념과 관계없이 세계 전역에서 모두가 삶의 한 부분을 상실한 채 지낸다. 전 세계적으로, 모두의 발아래에서 지축이 흔들린다. 어느 곳도 안정적이지 않다. 사랑하는 사람을 잃을 수 있고, 소득원이나 좋아하던 식당, 휴가 계획, 미래를 향한 희망을 잃을 수도 있다. 정상적인 상태의 상실은 흔한 현상이지만(최악의 상황조차 적어도 친숙하게는 느껴진다.), 많은 사람에게 중대한 의미를 갖는다. 이런 상황에서 "궤도에서 벗어나지 말라."는 각본은 터무니없이 들린다. 지금은 길을 잃어버릴 때다.

안전지대를
넘어서는 성장

내가 어렸을 때 아버지는 지리 교사이자 내게 최고의 친구였다. 우리 가족은 물리적으로는 부자가 아니었지만, 호기심에서 아버지는 누구에게도 뒤지지 않았다. 많은 어린아이들이 식탁에서 경험했을 테지만, 우리 집 식탁에도 식기 밑에 까는 깔개가 있었다. 내 깔개에는 세계 지도가 그려져 있었다.

아침마다 아버지와 나는 식사를 하면서 '수도 놀이'라는 걸 했다. 아버지가 나라 이름을 말하면 내가 그 나라의 수도를 말하는 놀이였다. 시간이 지나면서 나는 많은 수도를 알게 되었다. 아디스아바바, 울란바토르, 와가두구 등과 같은 명칭들은 입에 올릴 때마다 마법적인 분위기를 풍겼고, 나는 언젠가 그곳을 찾아가겠다는 꿈을 꾸기 시작했다. 내가 시리얼을 아삭아삭 씹으며 세계의 구석구석을 탐색할 때, 아버지는 내 머릿속에 세 가지를 철저히 심어주었다.

첫째, "세계는 우리 집 뒷마당보다 넓다. 세계를 돌아다니며 탐험해라. 그러면 네가 집에서 품은 의문들의 답을 조금이나마 찾을 수 있을 것이다."

둘째, "세계는 너를 섬기려고 존재하는 게 아니다. 네가 학교를 다니는 것도 무척 운이 좋은 거다. 너에게는 그런 행운을 누린 만큼, 세상에 돌려줘야 할 책무가 있다."

셋째, "꼭 기억해라. 너와 다르게 보이는 사람에게는 알아내야 할 흥미로운 게 많다. 너와 비슷하게 생기고, 너와 비슷하게 말하며, 너와 똑같은 걸 먹는 사람들과 어울려야 할 이유가 있느냐? 아빠 생각에는 너무 따분할 것 같구나. 자, 이제 학교에 가자."

어렸을 때 나는 모든 아이가 아침에 그런 공부를 할 거라고 생각했다. 나중에야 그렇지 않다는 걸 알게 되었고, 그 결과는 자연스레 다음과 같은 궁금증으로 이어졌다. 아버지가 내 머릿속에 심어준 가르침은 어린 시절 이후에도 유효할까? 안전지대를 넘어감으로써 길을 잃으면, 현실 세계에서 유의미한 차이를 만들어낼 수 있을까?

이 궁금증에 대한 대답은 단호히 '그렇다!'이다. 게다가 모든 과목에서 A학점을 받거나 많은 돈을 벌어야, 또 먼 거리를 여행한 뒤에야 이 질문에 대답할 수 있는 것도 아니다. 이 대답은 무엇보다 상식에 근거한 것이다.

다양성은 여러 선택 가능성과 의견, 여러 생각과 관점을 고려하게 한다. 아울러 상상력과 창의력 및 호기심을 키워준다. 다양성은 우리에게 상호의존성을 강조하며, 우리를 더 강하게 만들어준다. 다양한 구성원으로 이루어진 팀과 이사회와 조직은 장기적으로 더 높은 혁신성과 회복 탄력성 및 수익률을 보여준다.[55]

그러나 그게 전부가 아니다. 큰 변화의 시대에는 그런 일상적 이익을 넘어 새로운 시각들을 요구한다. 달리 말하면, 더 다양한 세계를 경험한 개인들, 더 다양한 구성원들로 이루어진 팀이 끊임없이 변화하는 세계에 대처할 수 있다는 뜻이다.

90%의 사람들이 충분히 멀리 간 적이 없기 때문에 길을 잃는다.

- 익명

길을 잃은 게 아니라 일시적으로
잘못된 곳에 있을 뿐이다

인간은 낯선 곳을 탐험하는 일련의 놀라운 접근법을 꾸준히 개발해 왔다. 문화권과 대륙의 차이를 막론하고, "우리는 길을 잃은 게 아니라 일시적으로 잘못된 곳에 있는 것일 뿐"이란 말을 귀가 따갑도록 들었다.

삶에서 중요한 것은 길을 잃지 않는 게 아니라 자신의 위치를 파악하며 성장하는 것이다. 그래야 발밑이 흔들릴 때도 균형을 잃지 않고 자신의 위치를 다시 확인할 수 있다.

다른 방식으로 삶을 살아가는 사람들은 '길을 잃었을 때' 그 상황을 어떤 관점에서 어떻게 대처할까? 다음은 그들이 보여주는 관점과 도구를 선별한 것이다. 어떤 사람은 여행 중에 길을 잃었을 때를 말하고, 어떤 사람은 생각하는 과정에서 길을 잃었을 때에 대해 말한다. 하지만 삶에서 길을 잃었다고 말하는 사람도 있다. 한편 문화 전반에서 길을 잃었을 때, 특정한 국가나 지역 혹은 조직 내에서 길을 잃었을 때 대처하는 방법에 대해 언급하는 사람도 있다. 어떤 경우든 길을 잃는 현상의 다양성을 분명히 보여주고, "무엇이 당신을 당신으로 만드는가?"라는 의문을 규명하는 데 도움을 준다. 어떤 경우가 당신의 새 각본에 밝은 빛을 비추어줄 수 있을까?

'웨이지'와 '와비사비'

서구에서 '위기crisis'라는 단어는 불운과 파멸이란 이미지를 떠오르게 한다. 불편함을 야기하는 정도로 끝나면 그나마 다행이고, 최악의 경우에는 아마겟돈을 각오해야 한다. crisis는 '심판'이나 '결정'을 뜻하는 그리스어 krísis에서 파생한 단어다. 이런 관점에서 보면 끊임없이 변하는 세계는 크나큰 위기다. 디스토피아가 이미 도래했다. 따라서 우리가 패배를 인정하고 항복하는 편이 더 나을지도 모르겠다.

중국에서는 위기가 다른 식으로 인식된다. 위기를 가리키는 중국어는 '웨이지危机'다. 웨이지는 두 글자로 이루어진다. 하나는 '위험'을 뜻하는 '웨이危'이고, 다른 하나는 '갈림길', 즉 변환점을 뜻하는 '지机'이다. 위기는 시험대이지만, 각성을 요구하고 호기심을 자극하며 가능성을 열어주는 시험대다. 수천 년 동안 인간에 불안감을 안겨주었던 현상을 완전히 다른 식으로 설명하는 두 각본이 있는 셈이다. 더 많은 곳에서 더 많은 사람이 '웨이지'에 대해 알게 되면 어떻게 될까? 물론 그렇게 한다고 위기가 원천적으로 사라지지는 않겠지만, 우리가 변화에 대응하는 태도는 달라질 수 있을 것이다. 희망의 불씨를 얻어 두려움을 누그러뜨릴 수 있을 테니까.

그리스에서는 동쪽으로, 중국에서는 서쪽으로 여행하면 티베트와 인도를 만난다. 두 곳 모두 '중유中有'의 땅이다. 중유는 상상의 공간, 즉 두 세계 사이의 틈이다. 변화와 전환이 일어나는 곳이다.[56] 두려움과 경외감을 불러일으키는 초자연적인 공간이어서, 그런 곳에 있게 되면 자신만이 아니라 꿈과 사회, 미래 등 모든 것을 다시 생각할 수밖에 없을 듯하다.

불교에서 중유는 죽음과 환생 사이의 중간 상태, 즉 경계 상태다. 달리 말하면, 존재의 상태가 달라지는 중간 단계다. 중유에서 죽음은 육체의 죽음만을 뜻하지는 않는다. 과거의 생활 방식, 질병, 마음 상태가 끝났다는 걸 뜻할 수도 있다.

이런 중유의 개념을 염두에 두고, '종말apocalypse'이란 단어를 생각해 보자. apocalypse는 그리스어 apokálypsis에서 파생한 까닭에, 원래 의미는 '재앙'이 아니라 '계시', '폭로'다. 따라서 종말의 시간은 진실이 밝혀지는 변화의 시간이다.

이번에는 중유와 종말에 대한 각본들을 요즘 세계에 연결해 보자. 지금 우리는 새로운 미지의 세계를 향해하는 동시에 존재론적 위협을 받고 있기 때문에 인류 전체가 집단적 중유에 있다고 말할 수 있을 듯하다. 하지만 중유의 관점에서 보면 현재는 두려워해야 할 시험대가 아니라, 새롭고 더 나은 세계를 펼쳐갈 기회다.

더 많은 곳에서 더 많은 사람이 중유에 대해 알게 되면, 또 종말이 실제로 뜻하는 걸 알게 되면 어떻게 될까? 그렇다고 불확실성이 마법적으로 사라지지는 않겠지만, 우리가 변화의 중간 단계에서 번성할 가능성은 크게 향상될 것이다.

중국에서 동쪽으로 좀 더 여행하면 일본을 만난다. 일본은 변화와 덧없음에 대한 미학으로도 유명하다. '와비사비ゎびさび'와 '긴츠키金継ぎ'는 그 힘을 노골적으로 찬양하는 개념이다.

'와비사비'는 쉽게 발음되는 음절이다. 만물의 불완전하고 덧없는 속성을 좋아한다는 뜻이 담긴 단어인데, 일본에서는 지혜와 성공의 길을 상징하는 데도 쓰인다. 달리 말하면, 끝없이 늙어가는 자아, 끊임없이 변하는 세계와 화합한다는 뜻이다.[57] '와비사비'는 사물을 그 상태로 두려는 것도 아니고, 일이 계획대로 진행되지 않는다고 잘못된 것이라고 버리는 것도 아니다.

'황금으로 연결하다'라는 뜻인 '긴츠키'는 깨진 것에서 아름다움을 찾으려는 일본 철학이다. '긴츠키'는 깨진 도자기를 수선하는 기술로 널리 알려져 있다. 깨진 조각들을 접합한 이음매가 원작품보다 더 아름답게 보인다고 한다.[58] '긴츠키'와 '와비사비'는 변화를 건강하고 긍정적인 것, 심지어 꿈을 심어주는 것으로 인식하게 하며, 사람들에게 용기를 북돋워 준다. 그렇다. 변화는 어지럽다. 그러나 우리가 불완전하고 어려운 상황을 감추거나 위장하려고 하지 않고, 서로 격려하며 그 상황을 헤쳐나간다면 변화로 인해 더 좋은 세상이 되지 않을까? 변화는 모르는 척 외면할 수 없는 것이다.

서구 언어에는 '와비사비'와 '긴츠키'에 해당하는 단어가 없다. 따라서 비교할 만한 각본도 없다. 언어적 차이가 분명히 존재하지만, 그 때문에 우리가 새 각본을 쓸 수 없는 것은 아니다. 그 개념들을 통합하면 어떻게 될까? 그럼 더 많은 곳에서 더 많은 사람이 그 개념들이 상징하는 것으로부터 위안을 얻고 사회를 위한 새 각본이 쓰이지 않을까?

헛간이 불에 탄 덕분에 이제 달을 볼 수 있다.

- 마츠다 마시히테水田正秀

빌둥의 힘

변화라는 개념이 문화권마다 다르다는 것만을 우리가 배울 수 있는 것은 아니다. 때로는 진보적인 문화에서도 사람들이 거대한 변화를 받아들이는 걸 돕기 위해 '제도structure'를 구축했다. 쉽게 말하면 길을 잃은 때에 도움이 되는 공간, 새 각본을 쓰는 데 도움이 되는 공간을 만든 것이라 생각하면 된다.

19세기 말, 노르웨이와 스웨덴, 핀란드와 덴마크 등 북유럽 국가들은 제1차 산업혁명에서 초래된 광범위한 변화에 적응하는 데 실패했다. 제1차 산업혁명은 당시 그 자체로 새 각본이었다. 정부와 공동체의 지도자들은 새로이 산업화된 세계에서 번창하려면 엄격한 의무교육 제도를 채택하는 이상의 조치가 필요하다는 걸 인정했다. 다시 말하면, 삶에 영향을 주는 인간관계망과 내면의 세계, 가치관에 대한 더 깊은 이해가 필요하다는 합의가 있었다.

따라서 그들은 '빌둥bildung'을 고안해 냈다. '빌둥'은 '와비사비'와 '긴츠키'처럼 영어에는 해당하는 단어가 없는 독일어다. 구성원들이 내면세계와 가치관 및 관계망을 개발하고, 개인적인 성장을 모색하도록 도움을 주는 교육 생태계를 가리킨다. 이 기관들은 내적으로 불안한 기반에 서 있는 시민들을 위한 발판을 제공했다. 대략 10%의 국민이 무료로 6개월까지 빌둥 과정을 취했다. 그 정도의 사용자라면, 빌둥 정신이 사회 전반에 폭넓게 확산되기에 충분했다.[59]

빌둥은 교육과정만이 아니라, 전 연령층의 학생들이 어떻게 세계를 관찰하고, 길을 잃은 상태나 그런 느낌을 어떻게 생각해야 하는지를 재고하는 계기다. 빌둥은 우리가 새 각본을 쓰고 해석하는 걸 도와주고, 진정한 경청과 회복 탄력성의 중요성을 일깨워 준다. 빌둥에서 교육은 복잡하고 변화무쌍한 세계에서 길을 찾는 능력을 함양하는 수단으로 여겨진다.

빌둥 네트워크가 21세기에 적합하게 범세계적으로 갱신되면 어떤 긍정적인 결과를 빚어낼 수 있을지 상상해 보라!

불확실성의
다른 이름

불확실한 어떤 것으로 당신이 정말로 혼란스러웠던 때를 생각해 보자. 그때 당신은 가까운 것부터 조사하며 답을 찾기 시작했을 것이다. 다시 말하면, 이미 알고 있는 것에 의지했을 것이고, 익숙한 용어들로 구글링한 결과를 여기에 더했을 것이다. 그러나 당신이 거의 모르는 것, 혹은 전혀 모르는 것을 다루는 어떤 학문이 당신에게 뭔가를 가르쳐줄 수 있을지 생각해 보기 위해 멈춰 본 적이 있는가? 물론 당신이 무엇을 모르는지 모르기 때문에 닭이 먼저냐 달걀이 먼저냐 하는 상황일 수 있지만, 시험 삼아 시도해 볼 만한 가치는 있다. 불확실한 것이어야 한다고, 꼭 당신이 모르는 것이어야만 할 필요는 없다.

예컨대 전혀 무관한 분야의 전문가라면 끊임없는 변화에 대해 무엇이라 말할까? 생물학자라면, 진화가 끊임없이 진행되는 변화라고 지적하며, 종의 적응이 곧 플럭스 파워라고 말할 것이다. 언어학자라면 어원에 초점을 맞추며, uncertainty(불확실성)가 라틴어에서 '자신을 나머지와 구분하고 식별하다'라는 뜻을 지닌 동사 cernere(케르네레)에서 파생된 단어라고 설명할 것이다. 불확실성을 다루는 우리 능력은 뭐가 뭔지를 구분하는 능력, 즉 그것들이 어떤 관계가 있는지를 식별하는 능력에서 비롯된 것이다.[60] 미지의 것으로 가득한 별과 은하를 연구하는 천문학자는 불확실한 것을 '추정'하는 더 나은 방법을 개발하는 데 목표를 둔다. 인류학자도 천문학적 접근법을 이용할 수 있을 듯하다. 인류의 역사에서 여러 문화권이 우리 세계관을 형성하는 이야기와 은유와 의식을 어떻게 발전시켰고, 우리가 어떻게 새로운 환경에 순응해 왔으며, 변화를 두려워하는지 혹은 포용하는지를 연구하는 학문이 인류학이기 때문이다.

역사학자, 신경과학자, 심리학자와 사회학자는 말할 것도 없고, 생물학자와 언어학자, 천문학자와 인류학자를 비롯해 많은 분야의 학자가 변화와 실랑이하고, 변화를 연구하며 변화에 대한 다양한 관점을 개진해 왔다. 학자들은 변화에서 여러 형태로 항상 길을 잃는다. 하나의 대답이나 해결책은 없지만, 각 학문의 각본은 빈틈을 메우고, 미지의 것에 대한 두려움을 극복하는 데 도움이 된다.

전문 분야는 변화에 대해 나름대로의 독특한 견해를 제시한다. 다양한 전문 분야가 당신이 딛고 서서 출발점으로 삼은 터전을 풍요롭게 해준다고 생각하라. 다른 사람에게 가까이 다가가면, 요컨대 그가 조심스레 작성한 각본을 손에 쥐고 그의 관점에서 변화를 경험하면, 더 큰 그림을 더 정확히 이해할 수 있다. 또 당신이 변화를 헤쳐나가는 데 겪는 문제가 어디에서 비롯되고, 어떻게 해야 그 문제를 받아들일 수 있는지도 더 정확히 알게 된다. 결국 다른 분야를 공부한다는 것은 당신의 기반을 강화하는 동시에, 길을 잃어도 편안하게 생각하는 훈련을 하는 것이다.

아미타브 고시Amitav Ghosh는 시간과 공간과 문화를 아우르는 소설들로 유명한 인도계 베스트셀러 작가다. 어떤 사람은 변화를 두려워하는 반면에 어떤 사람은 그렇지 않은 이유에 대한 그의 견해는 상당한 설득력이 있다. 고시는 "나는 미래의 세계를 장밋빛으로 전망하지 않는 곳에서 태어나 자랐다. 우리는 많은 격변이 앞으로도 있으리라는 걸 알았고, 그런 격변을 두 눈으로 직접 목격했다. 따라서 안정된 미래를 약속하는 서구인들의 생각에 나는 공감하지 않았다."라고 덧붙여 말했다.

"철학을 공부하는 한 친구는 '미래에 대한 모든 예상은 근본적으로 힘과 관련된 예상'이라 말한다. 이런 이유에서 미래를 예상하는 사람은 거의 언제나 백인 남성이다. 그들이 미래에는 힘이 사라질 것이라 예상한다. 하지만 나는 미래에 대해 아무것도 모른다."[61]

이 짤막한 인용글에서 고시는 우리와 변화의 복잡한 관계에 대해 많은 것을 말한다. 어떤 문화는 변화를 번질나게 목격하거나 겪은 까닭에, 즉 다양한 형태로 길을 잃은 까닭에 변화를 당연하게 받아들인다. 이런 문화에서 끊임없는 변화는 그 자체가 각본이다. 플럭스가 규칙이고, 정체停滯가 예외다. 유목 문화는 이런 예의 극단적인 형태라 할 수 있다. 평생 동안 매년 서너 번씩 터전을 옮기고 다시 짓는다면, 모든 것이 덧없다는 마음가짐이 저절로 생기지 않겠는가. 이런 문화에서 변화는 규범이다.

정반대 편의 문화, 즉 오랜 기간 동안 안정을 유지한 문화는 변화를 두려워하는 경향을 띠기 마련이다. 이 문화에서는 두려움이 각본에 구워진다. 게다가 GPS부터 예산 추적 애플리케이션까지 길을 잃는 걸 예방하는 도구가 많아지면 그 두려움이 더 쉽게 묻히고 감춰진다. 그렇다고 그 두려움이 사라지는 것은 아니다. 오히려 곪아 터지기 십상이다. 마음속 깊은 곳에서 우리는 여전히 불확실한 것과 미래를 통제할 수 있다고 믿는다. 하지만 앞에서 보았듯이 그런 생각이 우리를 곤경에 몰아넣는다.

플럭스 사고방식을 가지고 길을 잃은 상태를 반기는 방법을 배운다면, 그렇게 반기는 마음이 새 각본의 한 조각이 된다. 그때까지는 길을 잃으면 괴로워할지 모른다. 그 때문에 현명한 결정을 내리지 못하고, 새로운 가능성에 열린 마음으로 다가가지 못하며 충만한 자신이 되지 못한다.

GPS가 있든 없든, 길을 잃는 걸 당연시하는 문화가 끊임없이 변화하는 세계에서는 훨씬 더 유리하다. 그렇다고 유목 생활이 쉽다고 말하는 건 아니다. 격변을 미리 경험하면 두려움을 잘 견뎌낼 수 있다고 말하는 것도 아니다. 전혀 그렇지 않다. 정확히 말하면 끊임없는 변화를 예외보다 규칙으로 받아들이고, 변화를 각본에 녹여낸 문화는 통제보다 적응하는 마음가짐을 만들어갈 수 있다. 그런 문화라면 변화에 얼마나 유연하게 대처하겠는가?

코디웜플,
특정한 목적지 없이 여행하라

여행하고 싶었지만 어디로 가야 할지 몰랐던 경우가 있는가? 새로운 뭔가를 하고 싶었지만 딱히 무엇인지 몰랐던 경우가 있는가? 계획이 있어야 한다는 말에 짜증을 낸 적이 있는가? 삶에서 성공하는 것보다 더 중요한 게 있다고 생각해 본 적이 있는가? 어떤 분야의 성공인지 명확히 규정한 적이 있는가? 이 중 하나라도 그랬던 적이 있다면, '코디웜플Coddiwomple'의 세계에 들어온 걸 환영한다.

코디웜플! 그럴듯하게 발음하면 당신 얼굴이 빨갛게 변할 수 있는 재밌는 단어다. 코디웜플은 플럭스 사고방식 어휘 목록에서 필수 단어이지만, 대부분의 사전이 대체로 옛 각본을 따르고 있어, 아직까지는 많은 사전에 등재되지 않아 찾아보기 힘든 단어다. 코디웜플은 "목적은 분명하지만 특별히 정해지지 않은 목적지를 향해 여행하다."를 뜻하는 동사다.[62]

코디웜플은 처음부터 의도적으로 길을 잃은 상태, 또 방향을 잃은 상태를 보여주는 전형적인 예가 된다. 예컨대 당신이 존재하는지도 몰랐던 꿈의 직업을 향해 코디웜플할 수 있다.(이 부분이 궁금하면 포트폴리오 경력을 다룬 6장으로 곧장 넘어가라.) 또 일생일대의 모험을 치르는 과정을 코디웜플할 수도 있다. 코디웜플의 원동력은 목적의식과 용기와 진정성이다. 그러나 코디웜플은 전통과 결별하며, "성공은 확고한 이정표이고, 성취는 미리 결정된 목적지"라는 옛 각본의 일반 원칙을 포기하고 있다.[63] 코디웜플의 세계에서는 목적지가 끊임없이 변하고 달라진다. 그런 변덕이 삶의 본질이다.

코디웜플하는 사람은 자신이 어떤 존재가 '되기를' 바라지 않고, 다른 일이 일어나기를 기다리지도 않기 때문에 마음이 평안하다. 그는 옛 각본을 길가에 버리고, 자기만의 길을 만들어간다. 길을 잃어버려도 당황하지 않고 편안하게 받아들인다. 진정으로 가치 있는 기회가 그런 상황에 있다는 걸 알기 때문이다. 또 그는 옛 각본에 쓰인 것을 기준으로 자신을 과소평가하지 않고, 실제로 존재하는 것과 존재 가능성이 있는 것에 대한 새로운 정보를 자신의 각본에 계속 녹여낸다. 코디웜플하는 사람은 플럭스의 화신이다.

아가씨, 길을 잃었습니까?

어느 날이든 누구나 어떤 식으로든 길을 잃는다. 하지만 변화가 닥치면, 길을 잃었다는 느낌은 디딤돌이 사라진 불안감으로 변할 수 있다. 이때 플럭스 사고방식을 열면 방향감각을 되찾으면서도, 길을 잃은 상태에서 생겨나는 힘을 이용할 수 있다.

이미 널리 알려진 방법이 아니더라도 일상의 삶에서 능동적으로 길을 잃을 수 있는 방법은 많다. 길을 잃는 플럭스 파워를 개발하는 데 도움이 되는 것으로 유효성이 입증된 몇 가지 방법을 소개하면 다음과 같다.

- 여행자의 마음가짐을 가져라. 당신의 모험이 방구석, 뒷마당, 동네 등 좁은 공간에 국한되더라도 여행자의 마음가짐으로 모험하라. 무엇을 가져가는가? 당신이 실제로 아는 것은 무엇인가? 안다고 생각하는 것이나, 알았으면 좋겠다고 바라는 것은 엄연히 다르다. 또 당신이 지금은 모르지만 이익을 얻기 위해 배우거나 탐험해야 할 것은 무엇인가?
- 예측하지 못한 변화가 닥칠 때 밀려오는 첫 감정을 눈여겨보라. 위기라고 생각하는가, 좋은 기회라고 생각하는가? 재앙을 보는가, 중유를 보는가? 이런 감정을 간직하고 약간의 시간을 보내라. 그리고 그런 감정이 우선적으로 밀려온 이유에 대해 생각해보라. 다른 감정을 가져보려 한다면 어떻게 될까?
- 코디웜플하는 사람처럼 생각해 보라. 분명한 목적은 있지만 아직 정해지지 않은 목적지를 향해 여행하는 게 어떤 모습일까?
- GPS를 꺼라. 주변 환경을 통해 당신의 위치를 파악하라.
- 눈을 가려라. 눈을 가린 채 집안이나 뒷마당을 돌아다녀 보라. 불을 켜지 말고, 어둠 속에서 식사를 해보라. 천천히 움직이고 자주 멈추며, 온 신경을 집중해서 귀를 기울여라. 당신의 움직임을 머릿속에 지도로 그리고, 나중에는 당신의 정확성을 시험하라.

길을 잃는 플럭스 파워는 다른 모든 플럭스 파워와 겹쳐진다. 이 점은 뒤에서 살펴보기로 하고, 지금 기억해야 할 것은, 길을 잃는다는 것은 다시 발견되는 기회이고, 불편한 것에서 편안함을 구하고 낯선 것에 익숙해지는 기회라는 것이다. 길을 잃는 상태는 끊임없이 변화하는 세계에서 당신만의 고유한 삶의 여정에 근거해 다시 쓰이는 각본의 일부다.

1. 방향감각을 잃으면 낙담하고 두려워하는가, 아니면 호기심이 불타오르는가?

   _____

2. 둘러가는 길을 귀찮게 생각하는가, 모험의 기회라 생각하는가?

   _____

3. 어렸을 때 당신과 비슷한 사람들과 어울리라고 배웠는가, 당신과 다른 사람들과 어울리라고 배웠는가? 그들은 어떤 사람들이었는가? 그들과 어울리며 무엇을 배웠는가?

   _____

4. 불확실한 것에 부딪칠 때 누가 혹은 무엇이 당신의 디딤돌이 되고, 당신만의 길을 찾는 데 도움을 주는가?

   _____

5. 다른 문화나 전통이 당신의 세계관에 어느 정도까지 영향을 미쳤는가? 다른 문화의 각본은 당신의 각본과 어떻게 다른가? 다른 문화로부터 무엇을 배웠는가?

   _____

계속 관찰하고, 계속 관심을 가져라. 또 새롭게 깨달은 것을 새 각본에 계속 녹여내라.

CHAPTER 4

신뢰로
시작하라

누군가를 신뢰할 수 있는지 알아내는
최선의 방법은
먼저 그를 신뢰하는 것이다.
- 어니스트 헤밍웨이Ernest Hemingway

오늘날 '신뢰의 위기'라는 표현은 자주 머리기사에 등장하는 까닭에 이제 거의 상투적인 문구가 되었다. 세계의 신뢰 지표가 역사상 최저 수준까지 떨어졌다.[64] 기업과 정부, 언론과 학계에 대한 우리의 신뢰도 기본적으로는 깨진 듯하다. 더구나 우리끼리의 불신도 깊어지는 추세다. 이런 불신이 흔히 어떻게 나타나는지를 생각해 보자.

- 우리는 정부 지도자와 기업의 최고경영자가 윤리적이라고 믿지 않는다.
- 우리는 언론이 진실을 보도한다고 믿지 않는다.
- 우리는 기업이 사회의 요구를 이번 사분기 수익보다 중요하게

생각한다고 믿지 않는다.

- 우리는 우리와 다르게 생긴 사람, 다른 음식을 먹는 사람, 다른 옷을 입는 사람을 믿지 않는다.
- 우리는 직원들이 정각에 출근하고, 지식재산권을 훔치지 않는다고 믿지 않는다.
- 우리는 이웃이 우리의 조용한 삶과 사생활을 존중한다고 믿지 않는다.
- 우리는 아이들이 혼자서도 배울 수 있거나 안전하게 놀 수 있다고 믿지 않는다.
- 우리는 은행이 우리를 계좌 잔고 이상으로 생각한다고 믿지 않는다.
- 우리는 교육제도가 다음 세대에게 미래를 대비하도록 가르친다고 믿지 않는다.
- 우리는 식품의 원산지를 믿지 않고 식품을 생산하는 기업도 신뢰하지 않는다.
- 우리는 어떤 것도 신뢰하지 않는다. 그래서 법적 계약과 소송으로 우리 불신을 슬그머니 가린다.
- 우리는 당신이 자신에게 무엇이 최선인 걸 안다고 믿지 않는다.
- 지금까지 나열한 불신으로도 충분하지 않아, 지금도 신뢰를 적극적으로 좀먹는 짓이 진행 중이다. 사회를 무자비하게 파괴하고 쪼개려는 개인과 조직이 여기에 기름을 붓는다.

무수한 법과 규제가 있고 그 법을 집행하는 감독 기관이 있지만, 우리 인간은 모든 차원에서 신뢰와 싸우고 있다. 우리는 많은 기관, 리더와 정책 입안자, 동료와 또래, 이웃, (다행히 적기는 하지만) 심지어 자신까지 불신한다.[65] 개인적으로나 사회적으로, 또 조직 내에서 신뢰를 우리의 북극성으로 화급히 재설정할 필요가 있다. 신뢰가 회복되지 않으면 미래는 암울함을 넘어설 것이다. 그나마 위안이 있다면 신뢰와의 씨름이 요즘에야 시작된 게 아니라는 것이다. 신뢰는 유사 이래로 항상 도전 과제였다. 신뢰 전문가로 《신뢰 이동》을 쓴 레이철 보츠먼Rachel Botsman은 '사랑'을 포함해 사회학적 개념에서 '신뢰'만큼 학문적으로 많이 다루어진 개념은 없다고 말한다.[66]

보츠먼은 신뢰를 "미지의 것과 전적으로 확신하는 관계"로 정의한다.[67] 여러 사전에서는 "어떤 사람이나 사물의 특징과 능력과 진실성에 대한 확실한 신임", "미래의 것, 혹은 불확정적인 것에 대한 믿음 또는 희망"이라 정의된다. 확신, 희망, 불확실성이 신뢰의 정의에서 주된 역할을 하는 것은 분명하다. 결국 이런 정의는 '시야 선호Horizon Preference'라 일컬어지며, 우리가 세계를 인식하는 방법에 영향을 미친다. 예컨대 우리 자신과 주변 및 미래에 대한 확신 수준이 높으면 신뢰하기가 더 쉽다. 반면에 이런 것들에 대한 확신 수준이 낮으면 우리의 신뢰도 흔들리기 마련이고, 희망이 두려움으로 변한다.

하지만 신뢰는 굳은 믿음과 희망하고만 관련된 것이 아니다.

의도와도 관계가 있다. 충분히 표현된 신뢰는 관계를 회복하고 강화하려는 초대장이며, 상대에게도 믿고 의지할 만한 근거 및 진정성과 가치를 표현하라 요구하는 청구서다. '나를 신뢰하라'는 요구가 내 개인적인 이익을 앞당겨 줄 사람의 환심을 사거나, 그로부터 뭔가를 얻어내기 위한 도구로 사용되면, 의심을 불러일으키며 역효과를 낳을 수 있다. 신뢰와 사리사욕은 상반 관계에 있다. 모든 조건이 동일할 때, 사사로운 이익을 추구하지 않고 타인을 도우려는 의도가 진실할수록 신뢰성은 높아진다. 그리고 믿을 만한 사람이라 평가받는 '이익'도 커진다.

이 책은 신뢰에 대한 기록이다. 이 장에는 부모님이 세상을 떠난 뒤로 급박해졌고, 한층 더 길어진 신뢰를 향한 내 여정이 담겨 있다. 갑자기 나는 신뢰해야 했다. 다시 일어서고, 살아남기 위해서라도 신뢰해야 했다. 내가 신뢰하던 세계가 내 눈앞에서 녹아 없어진 바로 그때, 나는 그렇게 해야 했다.

나는 다른 사람들이 나를 올바른 길로 인도해 줄 거라고 믿어야 했다. 일면식도 없던 사람도 믿어야 했다. 슬픔에 잠긴 내 마음과 내면의 목소리가 나를 잘못된 방향으로 이끌지 않을 거라고 믿어야 했다. 어쩌면 신뢰하는 법을 배운다는 건 무엇보다도 사랑을 신뢰한다는 뜻인 듯했다. 그렇다고 누군가를 사랑한다고, 그 사람이 느닷없이 죽어야 한다는 뜻은 아니다.

신뢰를 향한 내 여정은 순탄하지도, 빠르지도 않았다. 그 과정에서 많은 사람을 만났고, 그들 중에는 나와 내 슬픔을 이용한 사람도 적잖게 있었다. 그러나 그런 못된 사람이 예외이고 규칙이 아니라는 걸 점차 알게 되었다. 대부분의 사람은 기본적으로 선했다. 그들은 삶 자체를 선의로 받아들였다. 그런 사실을 떠올릴 때마다 내가 딛고 서 있는 디딤돌이 단단해졌다. 따라서 변화가 닥치더라도 불안감을 떨쳐내고 더 자신 있고 더 유효하게 대처할 수 있었다. 게다가 불신과 두려움으로 가득하고, 항상 경계하라고 강조하는 옛 각본은 내가 다시 서는 데도 도움이 되지 않지만, 인류 전체에는 오히려 해롭고 역효과를 낳는다는 걸 깨닫기 시작하는 데도 오랜 시간이 걸리지 않았다.

시간이 지나자, 여러 겹의 신뢰층이 형성되었다. 수년 동안 혼자 여행하며, 나는 일상의 차원에서 신뢰하는 새로운 방법들을 터득하게 되었다. 예컨대 어디에서 머물고, 누구에게 말을 걸어야 하며, 얼마를 지불하고, 초대에 응해야 하느냐, 거절해야 하느냐를 판단할 수 있게 되었다. 그렇게 나는 신뢰와 취약성을 원칙으로 삼아 '선택적 가족'을 다시 구축하기 시작했다. 그 구성원들은 믿음과 신뢰에서 큰 도약을 이루어냈다. 따라서 시간이 지나면서 우리는 뿌리까지 하나가 되었다.

오늘날 미래학자로서 나는 신뢰에 관련해서 무엇이 코앞에 임박했는지를 끊임없이 경계하며 세심하게 살핀다. 한쪽에서는 새로운 첨단 기술 덕분에 우리가 서로 연결하는 능력이 크게 향상되었고, 그 과정에서 다른 상황이었다면 결코 알지 못했을 사람들과 신뢰를 구축하는 범위도 크게 확장되었다. 반대편에서는 많은 기업과 조직이 자신들을 신뢰해도 괜찮다고 은밀하게 우리를 설득했다. 하지만 그런 설득을 맹신하면 개인적으로나 집단적으로 우리가 위험에 빠진다는 걸 이제는 경험적으로 안다. 기업이 "우리를 믿어라. 우리가 해냈다!"라고 큰소리칠수록 그 기업에 대한 신뢰는 실질적으로 줄어든다.

신뢰는 사람과 사회를 하나로 만들어주는 접착제와 같은 것이다. 신뢰는 인류애를 기반으로 더 안전하고 더 현명한 세계를 만들어가는 주역이다. 그렇지만 신뢰를 얻는 데는 오랜 시간이 걸리고, 신뢰를 잃는 것은 순식간이다. 우리는 언제 신뢰가 존재하는지 알지만, 사람이나 가구를 가리키듯이 구체적으로 보여줄 수 없다. 많은 사람이 신뢰를 주려고 애쓰지만, 신뢰는 얻을 수 있을 뿐이지 줄 수 있는 게 아니다.

이런저런 방식으로 우리 인간은 불신이란 미끄러운 비탈을 굴러떨어지지만, 그런 일이 있었다는 것조차 인식하지 못하는 경우가 비일비재하다. 그러나 이래서는 안 된다. 어떻게 해야 신뢰의 길을 되찾을 수 있을까?

FLUX POWER
: 신뢰로 시작하라

신뢰가 깨진 듯하더라도 상대의 의도는 선하다고 생각하라. 성장 과정에서 대부분의 아이는 "낯선 사람에게 말을 걸지 말라."

고 배운다. 또 "학교에서 종이 울리면, 그때 뭔가에 완전히 몰입해 있었더라도 즉시 중단하고 수업 준비를 해야 한다."라고 배운다. 어느덧 성장해서 직업인이 된 우리는 '기밀 유지 협약서'에 서명하고, 시간기록계에 로그인하고 로그아웃하라는 요구를 받는다. 새로운 기술이 우리가 누르는 자판만이 아니라 얼굴 표정까지 추적한다.

이 장을 시작하며 길게 나열한 예들을 다시 보자. 어떻게 우리가 살고 일하며, 가족을 부양하고 미래에 대해 생각하는지를 보여주는 다양한 활동들이 언급된 목록이다. 요약하면, 인간은 신뢰할 수 없다는 가정은 당연한 것이고, 그 가정이 우리에게 내재화되었다는 뜻이다. 그렇다고 우리가 모두를 자동적으로 불신한다는 것은 아니다. 정확히 말하면 "평균적인 개인은 신뢰할 수 없다."라는 게 많은 사람에게 기본값이다. 그 과정에서 불신은 우리 일상에 영향을 미칠 뿐만 아니라 개개인의 꿈과 집단의 꿈에 보이지 않지만 광범위한 제약을 가하게 된다.

당신은 정말 이렇게 불신으로 팽배한 삶을 살고 싶은 것인가, 아니면 다른 사람들에게 그렇게 보여지기를 바라는 것일 뿐인가? 신뢰에 관한 한 옛 각본은 수없이 난도질된 죽음과 같다. 허구한 날 우리는 "사람은 원체 신뢰할 수 없는 동물"이란 말을 귀가 따갑도록 듣는다. 우리는 서로 신뢰할 수 없고, 신뢰해서도 안 된다. 모든 조건이 같다면 당신은 나를 신뢰할 수 없고, 신뢰해서도 안 된다. 물론 나도 당신을 신뢰할 수 없고, 신뢰해서도 안 된다.

그러나 잠깐! 그렇다면 우리가 진짜로 무슨 짓을 하고 있는 건가? 그렇다. 우리는 전에는 신뢰로 짜였던 공동체와 연결된 끈을 싹둑 잘라내고 있는 것이다. 불신을 당연시하며, 우리를 연결해 주던 끈을 끊고, 심지어 자신에서도 멀어진다. 따라서 전에는 비옥하던 땅이 바싹 말라붙어 삶과 신뢰가 뿌리를 내려 번성하는 게 불가능해진다.

더구나 그게 전부가 아니다. 호기심이 말살되고 불평등이 심화된다. 또 현 체제를 유지하기 위해 터무니없이 많은 시간과 돈과 에너지가 허비된다. 그러나 이런 현상은 옛 각본에 따른 것일 뿐이다. 끊임없이 변화하는 세계를 맞아 이런 현상이 우리 눈앞에서 허물어지고 있다.

끊임없이 변화하는 세계에서는 신뢰가 다양한 관계와 조직과 문화를 묶어주는 접착제라는 게 확연히 드러난다. 세계가 뒤집어질 때 신뢰는 우리가 중심을 잡고 정상으로 돌아가는 기준이 된다. 인간관계에 신뢰가 있으면 변화의 급류를 자신 있게 타는 데 도움이 된다. 반면에 불신은 우리에게 두려움을 안기며, 우리를 다른 사람들로부터 떼어놓는다.

신뢰로 시작하라는 게 순진해지라는 뜻은 아니다.(이런 잘못된 등식도 옛 각본에 따른 것이다.) 우리 사회에 다른 사람에게 악영향을 주는 암적인 존재가 없다는 뜻도 아니다. 신뢰로 시작하라는 플럭스 파워를 개발하는 방법은 간단하다. 신뢰할 수 없는 상태를 규범이 아니라 예외로 보면 된다. 이렇게 비틀 때 얻는 효과는 놀랍기 그지없다.

신뢰에 관한 한, 새 각본은 전혀 새로운 게 아니다. 신뢰의 중요성은 시공간을 초월한다. 수천 년 동안 전해 내려온 보편적인 인간 의식과 전통적인 지혜의 산물이 신뢰다. 그러나 경제가 산업화되고, 세계가 근대화되며 소비를 촉진하려는 매스마케팅 전략에 돈을 쏟아붓자 각본도 바뀌었고, 과거의 지혜가 집단의식에서 점차 사라졌다. 그러나 '새 각본'은 언제나 그 자리에 있었다. 이제 그 각본을 되찾아야 할 시간이다. 변질된 각본을 원래의 위치로 되돌려야 할 시간이다. 그 시작을 위해서는 다음과 같은 기본적인 깨달음이 전제되어야 한다.

- 인간은 원래 창의적이고 호기심이 많고 신뢰할 만한 존재다.
- 쳇바퀴는 인간을 위해 고안된 게 아닐 뿐만 아니라 인간에게 해롭다.
- 자연 자원의 약탈적 남용은 바람직하지 않다.
- 신뢰는 마케팅 전략으로 생기는 게 아니다. 우리가 서로 배려하고 보살피며 칭찬을 주고받을 때 신뢰가 형성된다.

모든 플럭스 파워가 그렇듯이, 플럭스 사고방식을 먼저 갖추어야 신뢰로 시작하며 이와 관련된 새 각본을 받아들이는 게 가능하다. 과거의 각본에서는 상대의 의도를 선하다고 생각하는 접근법을 멍청한 짓이라 생각한다. 이런 낡은 사고방식에서는 얄궂지만, 상대를 신뢰하는 것은 결국 당신의 성격 결함으로 여겨진다. 그러나 당신이 새 각본을 믿고, 더 인간적인 미래를 만들어가고 싶다면, 그래서 가능한 범위 내에서 신뢰로 시작한다면, 가장 강력한 플러스 파워가 작동한다는 증거일 수 있다.

신뢰에 대한 당신의 생각을 점검하라
- 사람들이 선천적으로 선하다고 생각하는가? 아니면 선천적으로 악하다고 생각하는가?
- 당신은 그런 추정을 어디에서 얻었다고 생각하는가?
- 그 추정이 당신의 삶에서 어떻게 작용하는가?
- 정반대의 경우를 생각해 볼 수 있겠는가? 그렇다면 어떤 결과가 예상되는가?
- 배우자의 신뢰는 조직의 신뢰와 어떻게 다른가?
- 기술은 당신이 더 많이 신뢰하도록 도움을 주는가, 아니면 그 반대인가?
- 사람들에게 '당신을 신뢰하라'고 요구할 때 어떤 기분인가?

너 자신을 신뢰하는 순간, 어떻게 살아야 하는지를 깨닫게 될 것이다.

- 요한 볼프강 폰 괴테

불신이
천재를 죽인다

팀의 난상토론에 참가했지만 "원칙에서 벗어나지 말라"는 충
고를 받아, 제시된 주제를 벗어나 생각할 수 없었던 때를 떠올려
보라. 게다가 '멍청한 질문'을 했다는 질책을 받았거나, 다른 부서
의 동료들로부터 무엇을 말하는지 모르겠다는 말을 들은 경우를
생각해 보라. 이 모든 사례에서 불신의 씨가 뿌려진다.

불신이 팽배한 시스템은 우리의 호기심을 억누르고, 우리를 담
안에 가두며 서로 연결하는 끈을 끊어버린다. 그리하여 다른 상황
이었다면 우리의 총기를 번뜩이게 해주는 것을 죽여버린다.

불신에 싸여 조직을 설계하면 조직 안의 천재를 말살하기 십상
이다.[68] 경직된 직책과 관리 구조가 여기에 해당한다. 의무교육도
마찬가지다. 아이들의 호기심은 전혀 고려하지 않은 채 엄격한 규
격에 맞추어 가르치지 않는가. (아침 8시에 역사! 9시에 수학! 선 밖은
색칠하지 마라! 방정식을 풀어야 할 때는 시를 쓰지 마라!) 똑똑하기 그
지없는 아이들이 학교생활에 어려움을 겪는 건 조금도 놀랍지 않
다. 물론 사회가 기본적인 수준의 지식을 보장하려고 노력하는 건
맞는 방향이다. (오늘날의 교육제도에 내재한 문제점에 대한 논의는 이
책의 범위를 벗어난다.) 그러나 더 중요한 것은, "우리는 너를 신뢰
할 수 없어!"라는 생각을 아이들의 뇌리에 심어주며 아이들의 호
기심과 창의력을 매일 조금씩 밟아 뭉개고 있다는 것이다.

왜 우리는 이런 멍청한 짓을 하는 것일까? 왜 우리는 어린이와 어른, 직업인과 부모, 혁신가와 선동가 등 모두가 창의력을 발휘하고, 플러스 파워를 개발하는 방향으로 사회를 설계하지 않는 것일까? 그 이유를 따져보고, 이 문제를 해결하려면 무엇을 해야 하는지도 생각해 보자.

시대에 뒤떨어진 설계와
신뢰의 배신

변호사로 일할 때 나는 신뢰와 불신의 쓰디쓴 맛을 가장 처절하게 경험했다. 목표가 더 포용적인 금융이든 더 지속가능한 사업이든, 아니면 구성원들이 업무에서 각자의 몫을 훌륭히 해내게 지원하는 것이든 간에 그 목표를 위해 선택되는 도구들(계약서, 책임과 관련한 난해한 법률 용어, 소송)은 똑같았다. 내 기억에 신뢰받는 당사자들 간의 계약이 어떤 것인지 생각해 보는 여유를 잠시라도 가졌던 때는 단 한 번도 없었다. 기본값은 불신이었다. 법적 소송의 위협이 가혹할수록 합의 가능성이 높았다. 나는 아연실색했고 점점 겁이 났다. 대체 인간 조건은 어디 있단 말인가? 나는 사람들에게 힘을 보태주고 싶어 로스쿨에 진학했었다. 하지만 현장의 법률가들은 사람들을 갈라놓고, 사람들에게 불신의 씨를 뿌리려고 존재하는 듯했다.

내가 말하려는 요점은, 계약과 법적 규범이 중요하지 않다는 게 아니다. 오히려 정반대다. 법치와 그것을 유지하는 능력보다 중요한 게 많다는 것이다. 내가 말하려는 것은, 기본적인 인간관계가 난해한 법률 용어로 뒤덮인 까닭에, 사회를 하나로 융합하는 관계들이 싹둑싹둑 잘려 나갔다는 것이다.

하지만 법률 회사는 불신의 씨를 뿌리는 거대한 움직임의 시작에 불과하다. 더 깊이 파헤치면 신뢰의 배신을 어디에서나 찾아낼 수 있다. 대부분의 사람이 믿을 만하지 않아서가 아니다! 오히려 "평균적인 개인은 신뢰할 수 없다."라는 전제에서 많은 것이 설계되어, 진정으로 신뢰할 만한 것이 나타날 공간이 사라졌기 때문이다.[69] 이와 관련된 사례는 얼마든지 나열할 수 있지만 대표적인 경우만을 예로 들어보자.

- 경영자의 과도한 연봉은 신뢰의 배신이다.
- 광고가 신뢰를 배신하는 경우는 비일비재하다. 마케팅 전략은 "우리를 신뢰하라!"라고 주장하지만 자료를 투명하게 제시하지는 않는다. 기업들은 소비자를 뒤쫓으며 괴롭히고 감시한다.[70] 또 더 많은 물건을 팔려고 소비자에 대한 정보를 캐내지만, 그들이 실제로 어떤 짓을 하고 있는지에 대해서는 소비자에게 전혀 알리지 않는다.
- 스트레스의 증가, 제작해 판매하는 상품에 의한 환경 파괴, 장기적인 복지보다 단기적인 이익을 우선시하는 결정 등 기업의 실

질적인 행위에 따른 부정적인 영향을 얼버무리고 넘어가는 수법의 일환으로 직원들에게 제공되는 인센티브와 보상도 신뢰의 배신이다.

· 투자 회사들이 이런 행위를 서슴지 않는 기업들에 투자하는 것도, 그들에게 주어진 신뢰의 배신이다.

불평등이
불신을 낳는다

당신이라면 연봉이 직원들과 비슷한 최고경영자를 더 신뢰하겠는가, 직원들보다 월등하게 많은 연봉을 받는 최고경영자를 더 신뢰하겠는가? 그 이유는 무엇인가? 당신이라면 직원들과 이익을 공유하고, 회계장부를 대중에게 공개하는 기업을 더 신뢰하겠는가, 세세한 내용을 감추는 기업을 더 신뢰하겠는가? 당신이라면 부자를 더 신뢰하겠는가, 가난한 사람을 더 신뢰하겠는가? 그 이유는 무엇인가? 불평등과 불신은 상관관계가 있다. 조직과 사회, 국가와 문화권 내에서 불평등이 심할수록 불신도 더 크다.

1958년 미국에서 최고경영자의 평균 연봉은 일반 노동자의 연봉보다 8배가 많았다. 1965년에는 그 비율이 21배, 1989년에는 61배, 2018년에는 293배, 2019년에는 320배로 급상승했다.[71] 달리 말하면, 최고경영자는 보통 직원보다 320배 많이 벌고, 그런 대우에 크게 만족한다는 뜻이다.

하지만 노동자의 관점에서 이런 격차를 생각해 보자. 신뢰 형성이 가능하겠는가? 최고경영자가 그렇게 많은 연봉을 직접 요구했다면, 직원들에게 신뢰를 얻을 마음은 없었던 게 분명하다. 게다가 이런 임금 구조를 승인함으로써 회사와 이사진은 불신 문화를 조장하고 있는 셈이다. 이런 격차는 회복 탄력성과 지속가능성을 목표로 하는 다른 노력들까지 방해할 수 있다.(이에 대해서는 5장을 참조하기 바란다.) 문제는 여기에서 그치지 않는다. 임금 불평등이 심한 기업은 관리하기도 어렵다.[72]

불신과 불평등의 관련성은 미국만의 문제가 아니다. 전 세계에 내려진 천벌이지만, 역사적으로 식민지였던 곳의 타격이 더 크다. 식민주의는 원주민과 식민지 개척자, 지역민과 외래인 사이에 불신의 벽을 쌓는 폐해를 남겼고, 그 폐해는 지금도 계속되고 있다. 신뢰가 깨지면 '우리 대 그들'이란 대립적 사고방식이 형성될 뿐만 아니라, 구조적 불평등이 정당화된다. 이런 시스템은 오래전부터 불신의 씨를 뿌렸다. 오늘날 경영자의 과도한 연봉은 지금도 계속 자라는 많은 잡초 중 하나다.

인센티브에 근거한 보상은 강력하고 유용한 도구다. 이 보상 방법은 세계 전역에서 성공적으로 사용된다. 그러나 과유불급이어서, 무엇이든 지나치면 유해할 수 있다. 현재 세계에는 약 2,100명의 억만장자가 있다. 그들이 소유한 금융 재산이 46억 명의 빈민이 소유한 금융 재산을 모두 합한 액수보다 많은 세계에서 우리는 살고 있다.[73] 따라서 현재의 시스템이 실패했다는 걸 인정하지 않을 이유가 없다.

고대의 지혜와
시간을 초월하는 신뢰

불신의 비탈에서 끝없이 떨어지기 전에 우리 앞에 닥친 것을 정확히 이해하고 더 밝은 미래를 향해 나아가기 위해 잠깐 역사를 되짚어 보자.

요즘 만연한 불신과의 싸움에서 우리는 고대의 전통적인 지혜로부터 많은 것을 배울 수 있다. 그 지혜가 오늘날에도 여전히 유효할 뿐 아니라, 변화에 유연하게 대처하는 방법을 알아낼 수 있는 단서가 담겨 있기 때문이다.

전통적인 지혜는 신뢰와 관계에 뿌리를 두고 있다. 사람과 환경, 계절과 활동, 일과 삶, 과거와 현재와 미래의 관계다. 인류의 역사에서 인간은 자연을 관찰하며 하루하루를 보냈고, 점차 자연을 이해하게 되었다. 물고기는 언제 강을 거슬러 올라가는가? 계절은 언제 바뀌는가? 새는 어디에 알을 낳는가? 별들은 어떻게 움직이는가? 또 인류의 역사에서 우리 인간은 공동체를 형성해 함께 살았다.[74] 우리는 공동의 자원, 물과 땅, 식량과 거주지 등을 공유 재산이라 생각하며 관리했다. 누구도 자원을 독점하지 않았고,

누구도 자원에의 접근을 거부당하지 않았다. 또한 우리는 장래를 생각하라고 배웠다. 예컨대 둥지에서 새알을 발견하면 모든 새알을 훔치지 말라고 배웠다. 그래야 이듬해에도 새가 그곳에 알을 낳을 거라고!

전통적인 지혜는 어렵게 얻은 것이었다. 수천 년 동안의 인내와 근면, 집중과 신뢰가 필요했다. 오스트레일리아 선주민先住民부터 캐나다 원주민, 안데스 지역의 케추아족 및 세계 전역의 수많은 부족까지, 이 고대의 지혜는 지금까지 이어지며 인류의 이야기를 지탱하고 있다.

하지만 이 모든 것이 식민지화와 소비지상주의라는 두 힘에 의해 산산조각 났다. 고대의 지혜가 두 힘의 목표에 중대한 위협을 가했기 때문이다. 식민주의와 소비지상주의는 전통적인 공동체의 관행에 '이단'이란 딱지를 붙였다. 식민주의자들은 원주민들의 지혜를 '원시적'이라 폄하하고 비난했다. 매스마케팅 광고는 소비를 부추기며, 세월이 흘러도 변하지 않는 수법으로 우리 눈을 가리려 한다.(2장에서 언급한 '소비자 대 시민'이란 대립 구조를 기억하는가? 오늘날 신뢰의 위기를 맞은 주된 이유가 여기에도 있다.) 우리는 이런 잘못된 평가를 지극히 정상이라 믿을 정도로 눈이 가려졌다.

기업이 우리에게 사진을 공유하게 해주는 대가로 우리의 은밀한 정보를 판매한다는 걸 알고 있는가? 최고경영자가 일반 직원보다 1,000배나 많은 연봉을 받고 있다는 걸 아는가? 이런 잘못된 관행과 균형은 우리가 동의한 것일 수 있다. 여하튼 그런 관행은 신뢰에 대한 배신이다.

게다가 이런 현실은 조직에 대한 우리의 신뢰만이 아니라, 상호 간의 신뢰마저 좀먹는다. 불신은 슬금슬금 우리 마음속에 파고드는 감정이다. 불신이 당연시되는 순간, 불신이 있다는 것조차 인식하지 못하게 된다.

그러나 한 걸음쯤 뒤로 물러나 지식재산권을 지나치게 보호하고, 감시 자본주의를 통해 우리가 지금까지 어떻게 행동했는지 돌이켜 본다면[75] 실로 섬뜩할 것이다. 자식이 정글짐을 올라가는 것조차 두려워하지 않았던가. 상식적으로 판단해도 우리는 지금보다 훨씬 더 잘해낼 수 있다. 전통적인 지혜도 우리에게 그렇게 해낼 수 있다고 가르친다.

21세기에 들어 신뢰를 다시 회복하려는 우리에게 고대의 지혜는 목표 성취에 필요한 열쇠가 될 수 있다. 고대의 지혜는 실제로는 옛 각본보다 먼저 존재한 '새 각본'의 일부다. 따라서 우리가 굳이 새로운 해결책을 찾아 나설 필요는 없다. 방향감각을 되찾고, 자신과 주변 사람들과 다시 교감하며, 우리가 예부터 알았던 것을 다시 찾아내면 된다.

신뢰와 진실, 그리고 고대 문화들

대략 3,000년 전 인도의 현인들은 산스크리트어로 많은 문헌을 작성했고, 그 문헌들이 오늘날 인도 전통의 근간을 이룬다. 그 문헌 중 하나가 현인 파탄잘리의 《요가 수트라》였다.[76] 이 책에서 파탄잘리는 '야마 yama'와 '니야마niyama'로 알려진 일련의 보편적인 윤리 기준과 계율을 간략하게 제시한다. 야마의 두 번째 단계로 알려진 '사티야satya'는 자신과 타인에게 진실한 단계다. 그 어근 '사트sat'는 "진수 혹은 진정한 본성"으로 번역된다.

사티야에 따르면, 신뢰는 진실해야만 가능할 수 있다. 사티야를 수련하려면 진실에 전적으로 충실해야 한다. 달리 말하면, 자신과 다른 사람에게 진실해야 한다. 또한 말과 행동 및 의도에서 진실해야 한다. 진실하지 않으면 자신의 높은 자아와 단절된다. 마음이 혼란스러워지고, 자신을 신뢰하지 못하게 된다. 사티야에 이르러야 우리는 내면의 지혜와 끊임없이 변하는 세계를 비롯해 외부 세계를 신뢰할 수 있다.

그로부터 약 1,000년 뒤, 역시 인도에서 '차크라chakra' 시스템이 《베다 Vedas》라는 고대 문헌에 기록되었다.[77] 차크라는 인체 내에 위치한 일곱 곳의 에너지 중심점이며, 등뼈를 따라 오르내리는 '회전하는 원반'이나 '바퀴'로 표현된다. 차크라의 건강 상태는 우리 마음과 몸과 영혼의 건강 상태와 직결된다. 뿌리에 해당하는 '물라다라' 차크라는 우리 근간을 이루며, 안정감을 지배한다. 성기의 에너지 센터에 해당하는 두 번째 차크라는 '스와디스타나'다. 스와디스타나는 '자아가 거주하는 곳'이란 뜻이고, 우리 감정을 관리하는 곳이다. 신뢰하지 못하면 느낄 수 없다.

신뢰는 우리를 경험하고 참여하며 배우는 세계, 즉 우리에게 살아 있다는 느낌을 주는 세계로 인도하는 감정이다. 느끼지 못하면 우리 시스템 내에 있는 모든 것, 예컨대 개인적인 권한과 정체성, 확신과 연민, 목소리와 인식, 직관 등이 차단되고, 더 나아가 완전히 단절될 수 있다. 신뢰는 우리의 잠재력이 돌아가는 받침점이다.

약 2,000년 뒤, 반대편 세계에서는 메소아메리카의 톨텍족이 신뢰에 대한 우리의 이해 수준을 끌어올렸다. 돈 미겔 루이스Don Miguel Ruiz의 《네 가지 약속》으로 널리 알려졌듯이, 톨텍족은 진실과 신뢰가 모든 것의 중심에 있다고 주장했다.[78] 톨텍족이 말하는 네 가지 약속 중 첫 번째 약속은 "말의 죄를 짓지 마라."이다. 말의 죄를 짓지 않으려면, 진실하고 신뢰를 주는 것 이외에 다른 방법이 있겠는가?

신뢰로 설계하라

불신에 싸인 옛 각본은 수천 번 난도질되어 죽은 것과 다를 바가 없고, 다수의 칼질은 우리가 직접 목격하기도 했다. 한편 신뢰를 강조하는 새 각본은 플럭스 사고방식을 받아들이는 사람들에게 엄청난 기회, 정확히 말하면 하나의 플럭스 파워를 안긴다. 신뢰로 책임감 있게 시작할 때 우리는 여유로운 세계, 다수와의 연결 및 연대를 이루어낼 수 있다. 다음의 예를 생각해 보라.

- 위키피디아는 세계 방방곡곡에서 누구나 작성하고 편집할 수 있는 온라인 백과사전이다.[79]
- 넷플릭스가 직원들에게 요구하는 비용 정책은 "넷플릭스에 가장 이로운 방향으로 행동하라."[80]는 것이 전부다. 화려한 인사 정책 안내서도 없고, 일일 경비 보고서도 없고, 서명해야 할 서식도 없다. 그 말이 전부다.
- 블라블라카BlaBlaCar는 유럽과 아시아와 라틴아메리카에서 운영하는 도시 간 차량 공유 플랫폼이다. 같은 방향으로 향하는 여행객들이 이 플랫폼을 통해 차량을 함께 이용할 수 있다. 그들은 전혀 모르는 사이지만 급속도로 가까워진다. 현재 유럽에서 블라블라카는 철도망 전체보다 네 배 이상의 여행자를 실어 나르며, 기업 가치는 10억 달러가 넘는다.
- 소액금융은 경제활동을 하지만 담보가 없는 가난한 사람들에게 소액을 대출해 주는 제도다. 전통적인 은행은 그런 고객을 '대출 불가 고객'으로 평가하지만, 소액금융을 이용하는 고객의 상환율은 일반적인 대출의 상환율과 비슷하거나 더 높다.
- 아르헨티나의 초기 원주민들은 '도마 인디아doma india'로 알려진 '말을 다루는 기술'에서 뛰어났다.[81] 그들이 보기에 말을 '때려' 길들이는 전통적인 관습은 잔혹할 뿐만 아니라 뛰어난 말을 키워낼 수 없었다. 안타깝게도 유럽인이 남아메리카에 도래한 뒤에 '말을 때려 길들이는 방법'이 시작되었다.
- 케냐 나이로비에 위치한 도심 빈민가 키베라를 비롯해 세계 전

역의 빈민가 주민들은 먹을 것을 서로 나눈다. 어떤 집은 소금을 내놓고 어떤 집은 밀가루를 내놓는다. 서로 교환하면서도 거래 내역이나 차용증을 쓰지는 않는다. '교환되는 것'이 찬장에 국한되지 않고, 공동체 전체로 확대된다.

· 오픈 소스 소프트웨어는 누구나 사용할 수 있고, 연구해서 수정하고 공유할 수 있는 소프트웨어다. 이런 소프트웨어는 공개적인 공동 작업을 통해 개발된다. 달리 말하면, 편협한 법률가들이 집요하게 지키려는 지식재산권의 반대편에 있는 것이다. 오늘날 강력하고 대중적인 많은 프로그램이 오픈 소스다. 이제 '오픈 소스'라는 개념은 소프트웨어에 국한되지 않고, 거의 모든 영역에 존재한다. 개방적인 교환, 투명성과 공동 참여라는 원칙에 기반한 오픈 소스 프로젝트, 오픈 소스 생산, 오픈 소스 계획 등이 대표적인 예다.

온라인 백과사전, 차량 공유, 인사 관리, 소프트웨어 개발, 금융 서비스는 그 자체로 확연히 다른 예들이다. 하지만 이 예들에서 찾아지는 공통분모가 무엇일까?

모두 신뢰를 기반으로 설계된 것이다.[82] 달리 말하면, 신뢰는 새 각본에서 반드시 필요한 요소다. 위에서 언급한 시스템과 모형, 생산과 서비스는, 대부분의 인간은 대체로 신뢰할 수 있고, 선의를 지니며, 서로 관계를 맺어야 한다는 기본적인 믿음에서 비롯된 것이다. 모든 인간이 아니고 대부분이라고 분명히 말했다![83]

신뢰를 기반으로 설계한다는 것은 나쁜 사과가 존재한다는 걸 인정하지만, 나쁜 사과를 규칙이 아니라 예외로 취급한다는 뜻이다.

신뢰를 기반으로 설계할 때 불신이 억누르며 파괴하려던 창의성이 되살아난다. 오픈 소스 소프트웨어와 넷플릭스 인사 관리 규범의 기초는 사람을 신뢰하고, 사람들이 협력해 새로운 것을 만들어낼 것이란 믿음에 있다. 이렇게 신뢰가 밑바탕에 있으면 결핍의 두려움이 풍요로 바뀐다.

얼핏 생각하면 이런 예들은 반직관적이다. 미처 의식하지도 못한 채 불신의 골에 깊이 빠진 적이 있었던 때를 떠올리며 난처했을 수도 있다. 그러나 불신의 골을 이겨내고, 위의 예들이 실제로 어떤 결과를 낳았는지 생각해 보면, 더 많은 것을 원하게 된다. 당신이 그 운동에 참여하고 신뢰의 전도사가 된다. 더 많은 신뢰를 갈망하게 된다. 다른 사람을 신뢰하고 다른 사람에게 신뢰받으며, 신뢰를 기반으로 설계된 세계에서 살 수 있기를 바란다. 상상만 해도 신나지 않은가?

신뢰를 기반으로 한 설계의 가능성을 내가 처음 알게 된 것은 제리 미찰스키Jerry Michalski 덕분이었다. 1990년대에 제리는 테크놀로지 트렌드 분석가였다. 그는 여러 기업을 조사하는 과정에서 우리 삶을 옥죄는 소비지상주의에 큰 충격을 받았다. 그리고 수년 동안 우리가 시민과 창조자와 협력자, 간단히 말해서 '인간'이 아니라 '소비자'로 어떻게 취급되는지를 지켜본 끝에, 신뢰의 배신이 여러 형태로 끼어든다는 걸 알게 되었다. 나중에는 이런 통찰들을 다듬어 '신뢰를 기반으로 설계하라Design from Trust'는 개념을 만들었다.[84] 나는 제리를 신뢰하게 되었다. 더 나아가, 그가 생각하는 방법까지 신뢰하며 결국에는 그와 결혼하게 되었다.

신뢰로 이끌어라

이쯤에서 당신이 "무슨 말인지 알겠다. 하지만 현장의 리더로서 말하자면 신뢰로 시작하고, 신뢰를 기반으로 설계하는 게 어떤 건지 그림이 구체적으로 그려지지 않는다."라고 푸념하는 소리가 내 귀에 들리는 듯하다. 그 푸념도 풀어줄 겸 무엇을 하고, 어디에서 시작하며, 장기적으로 무엇을 목표로 해야 하는지 간략하게 설명해 주겠다.

불신은 모든 것을 빨아들여 감춘다
앞에서 언급했듯이 기업들이 하는 짓을 보면 신뢰와 담을 쌓은 듯하다. 그런 현상을 직접 경험한 게 한두 번이 아니다. 이렇게 불신이 설계의 기본이 되면 직원들과 소비자에게, 또 친구들에게도 정보를 감춰야 한다. 심지어 당신이 회유하고 달래려는 사람들, 쉽게 말하면 당신이 끌어들이려는 사람들에게도 정보를 감춰야 한다. 과도한 보상 체계를 운영하면, 신뢰에 기반한 솔직하고 개방적인 대화를 원천적으로 배제하는 것과 같다. 마케팅 전략으로

'우리를 신뢰하라!'를 외칠 수 있지만, 그런 외침은 직원과 소비자 모두를 신뢰하지 않는다는 명백한 신호다.

당신 기업이 신뢰할 만한가를 판단하는 좋은 기준이 있다.

- 임금 정보를 투명하게 공유할 수 없는가?
- 마케팅 전략이 소비자에게 자율권을 주는 쪽보다 소비자를 설득하는 쪽으로 설계되어 있는가?
- 직원들이 규율을 엄격히 지켜야 하는가?

이 질문들에 '그렇다'라고 대답하면, 당신 기업은 신뢰할 수 없는 범주에 속할 가능성이 크다. 이런 장벽을 넘어 진정으로 신뢰받는 조직이 되려면 상당한 노력과 인내가 필요하다. 그래도 그렇게 해낼 수 있는 방법이 무수히 많다는 게 천만다행이다.

'신뢰 감사trust audit'를 실시하는 것부터 시작하는 게 좋다. 신뢰가 높은 곳과 낮은 곳, 아예 신뢰가 없는 곳을 빠짐없이 조사한다. 이런 신뢰 지도를 그릴 수 있겠는가? 불신이 어떻게 끼어들었는지 짐작하겠는가? 불신에 기반해 설계한 정책을 동료들에게 적용하고 있는가?

먼저 지나치다 싶을 정도로 개방하라. 발가벗는다고 생각하며, 예산과 임금 및 평가 기준 등을 모든 직원에게 공개하라.

한 걸음 더 나아가라. 직원들에게 함께 머리를 맞대고 상의해서 임금과 상여금을 결정하게 해보라. 당신이 권한을 위임하며 충분한 정보를 제공하면, 직원들이 일을 잘해낼 거라고 믿어야 한다. 또 직원들이 당신에게 신뢰로 화답할 거라고도 믿어라. 그렇게 하면 직원들이 마음껏 창의력을 발휘하며, 결핍을 풍요로 바꿔 갈 것이다. 우리 인간은 신뢰받는다고 생각하면 창의력을 발휘하는 데 그치지 않고, 더욱더 긍정적인 방향으로 움직인다.

이런 신뢰의 길을 계속 유지하라. 말한 것을 실천하고, 업무 현장의 민주주의를 권장하라. 모든 직원에게 회사 주식을 나눠주고, 당신 업무 중 일부에라도 협력 구조를 적용해 보라.

언뜻 떠오른, 답을 고민해 볼 만한 의문들을 추가로 정리하면 다음과 같다.

- 평가 기준이 있어야 하겠지만 모든 것이 숫자로 평가되지는 않는다. 당신이라면 신뢰도를 어떤 방법으로 평가하겠는가?
- 조직의 문화와 지속가능성이 기본적으로 사람과 관계에 뿌리를 두고 있다면, 그 건강성을 어떤 방법으로 측정하겠는가?
- 모두가 선의로 말하고 행동한다고 생각하는가? 그렇지 않다면, 직원을 고용할 때 무엇을 우선적으로 생각하는가?

취약성과 신뢰의 패러독스

당신이 어떤 조직의 최고경영자라고 해보자. '취약성vulnerability' 이란 단어가 당신에게는 무엇을 뜻하는가? 또 이 단어가 동료들에게는 무엇을 뜻하는가?

당신과 배우자가 '취약성'에 대해 이야기를 나눈다고 해보자. 그때 그 단어가 당신에게 뜻하는 것은 무엇인가? 당신 배우자에게는 무엇을 뜻하는가?

두 경우에서 당신의 대답은 완전히 상반될 수 있다. 기업에서 취약성은 흔히 약점으로 비춰진다. 하지만 개인적인 환경에서 취약성은 우리 인간이 지닌 가장 소중한 자질 중 하나다. 취약성 덕분에 우리가 사랑하고 사랑받으며 자신을 온전히 드러낼 수 있는 것이다.

옛 각본에서 취약성은 시스템에 어울리지 않게 설계된 골칫거리였다. 그러나 새 각본과 끊임없이 변하는 세계에서 우리에게 필요한 것은, 회복 탄력성을 실질적으로 북돋우고, 변화와 진화를 허용하며, 올바르게 생각하고 행동하려는 인간성을 일깨우는 방향으로 취약성이 시스템 내에 편입되도록 설계하는 것이다.

새 각본에서 취약성은 우리의 자산이지 부채가 아니다. 변호사들은 걱정 어린 표정으로 우리에게 어떤 차원에서도 취약해서는 안 되며, 취약한 모습을 보이면 불행한 결말을 맞을 수밖에 없다고 말한다.

하지만 이런 감언이설에 속아서는 안 된다. 변호사들이 정말 걱정하는 것은 수수료의 일부가 사라질지 모른다는 것이다. 내가 전직 변호사로서 말하는 것이니, 부디 내 말을 믿길 바란다.

신뢰로
차별화하라

내 말이 당신에게 반직관적이고, 모순되고, 거북하고, 심지어 무섭게 느껴질 수 있을 것이다. 하지만 당신만 그런 느낌을 받는 건 아니다. 옛 각본을 버리고 오랫동안 의지하던 사고방식을 포기하기는 쉽지 않다. 옛 각본이 이제 실효성을 상실했다는 걸 인정하고 싶지 않을 것이다. 그러나 옛 각본은 수정되는 데 그치지 않고 완전히 바뀌어야 한다. 이 과정은 당신의 리더십 여정에서 가장 흥분되고 보람 있으며 성취감을 만끽하는 시간이 될 것이다.

신뢰가 바닥에 떨어진 시대에는 높은 신뢰를 주는 리더와 조직이 훨씬 더 매력적이다. 끊임없이 변하는 세계에서 신뢰는 우리의 도덕성을 판단하는 나침반이다. 신뢰성은 여전히 '정상 영업 중'인 옛 각본으로부터 당신을 차별화해 주는 것이다. 신뢰는 마케팅 비용을 쓰지 않고도 고객의 발길을 되돌리고, 당신의 수명을 늘리는 비결이다. 오늘날 신뢰로 당신을 차별화하는 것이 무엇보다 중요하다.

명심해야 할 것이 또 있다. 개인만이 신뢰로 시작할 수 있다는 것은 아니다! 집단 지성의 힘, 유의미한 공동 작업의 힘, 우리가 신뢰를 깔고 '집단적으로' 무언가를 시작할 때 기대되는 힘을 생각해 보라. 어떻게 하면 다른 사람들과 함께 신뢰로 시작할 수 있을지, 또 무엇을 함께 만들어갈 수 있을지 생각해 보라. 일하고 살아가며, 협력해 만들어가고, 이해하고 학습하며, 조직원을 이끌어가고, 충만한 자아로 존재하는 새로운 방법들, 그러면서도 영원히 변하지 않을 방법을 생각해 보라!

끊임없이 변화하는 세상에서 신뢰란 어떤 것일까

끊임없이 변화하는 세상에서 불신 문화는 좌절감을 주는 데 그치지 않고 비효율적이고 불공정하기도 하다. 끊임없이 변하는 환경에서 구성원들 사이에 신뢰가 없다면 사회는 분열되기 시작한다. 신뢰가 없이 지속적인 불확실성을 관리한다는 건 불가능하다. 그것은 개인과 집단의 생존이 나침반과 구명조끼에 있다는 걸 뻔히 알면서도, 그 둘을 배 밖으로 던져버린 채 폭풍 속을 항해하는 것과 같다.

우리는 배가 폭풍을 맞아 뒤집히는 초기 단계에 있다. 당신이 누구에게 묻느냐에 따라 다르겠지만, 선체에 구멍이 났다는 소문이 흉흉하다. 구멍에 가장 큰 위협을 느낄 사람도 구멍을 직접 보았을 가능성은 극히 낮고, 불신 문화에 길들여진 사람이기 십상이다. 이 때문에 불확실성이 더욱 복잡하게 뒤얽힌다. 어떻게 하면 의견을 하나로 수렴할 수 있을까?

하지만 레너드 코언Leonard Cohen, 1934~2016의 귀에 익은 표현을 빌리면, 구멍은 빛이 들어오면서 더 밝은 미래의 가능성을 보여주는 징조일 수 있다. 오늘날의 현실은 전환의 시대를 알리는 경종인 동시에, 전환의 시대에 들어선 입구다. 따라서 우리가 일하고 살아가는 방법, 서로 관계를 맺고 바라보는 방법을 다시 생각하며 설계해야 하는 출발점이기도 하다. 우리는 다시 생각하고, 과거에 배운 것을 잊고 다시 배우며, 다시 시작할 수 있고, 그래야만 한다. 신뢰를 기반으로!

1. 보통 사람이 신뢰받을 수 있을까? 그렇다면 그 이유가 무엇이고, 그렇지 않다면 그 이유가 무엇인가? 무엇이 당신의 대답에 영향을 주었는가?

   _____

2. 일반적으로 당신은 누군가를 신뢰할 수 있는가를 신속하게 판단하는가?

   _____

3. 당신은 자신을 신뢰하는가? 언제 자신에 대한 신뢰가 가장 흔들리는가?

   _____

4. 측정될 수 없는 것도 당신의 세계에는 존재하는 것인가?

   _____

5. 누군가에게 '나를 신뢰하십시오!'라고 말할 때 어떤 기분인가?

   _____

CHAPTER 5

당신의
충분함을
알라

탐욕은 충분함보다 조금 더 많은 것이다.

– 토바 베타Toba Beta, 인도네시아 시인

F L U X

나는 아직도 그날을 기억한다. 그때 나는 일곱 살이었고, 아버지가 부엌 식탁 아래에 만든 빈 공간에 앉아 있었다. 햇살이 어른대는 공간에서 나는 턱만 식탁 위에 살짝 올려놓았고, 어머니가 대화를 끌어갔다.

"에이프릴, 덧셈과 뺄셈, 곱셈과 나눗셈을 어떻게 하는지 배웠지? 넌 숫자를 좋아하잖니. 그래서 네가 더 많은 걸 배울 수 있게 해주는 좋은 생각이 떠올랐다. 오늘부터 네가 직접 네 예산을 짜는 거야."

그때 나는 어머니의 의도를 정확히 이해하지 못했다. 내 용돈을 어떻게 하라는 걸까? 용돈을 어떻게 쓸 건지 예산을 짜라는 걸까, 아니면 '모든 것'에 대한 예산을 짜라는 걸까? 나중에야 알았지만, 어머니는 진지했다. 그래서 모든 것은 아니었지만, 학용품부터 속옷과 '순전히 재미를 위해 쓰는 돈fun money'까지 거의 모든 것에 대해 책임져야 했다. 나는 원하는 만큼 벌 수 있었지만, 일곱 살짜리의 노동 가치가 특별히 높을 수는 없었다. 게다가 내 부모는 공립학교 교사였던 까닭에 우리는 돈에 쪼들리는 때가 잦았다.

내가 일찍부터 기업가 정신을 발휘하고, 상황에 대처하는 능력을 키워간 것은 당연했다. 나는 수지를 맞추려고 내가 지닌 온갖 재주를 사용하기 시작했다. 바느질하는 법을 배운 뒤에 간단한 옷을 만들어 팔았다. 또 자동차를 세차했고, 이웃집을 청소하고 잔디를 깎기도 했다. 예산 짜는 법을 배웠고, 대출과 복리가 무엇인지를 배웠으며, 나중에는 금융시장이 어떻게 돌아가는지도 알게 되었다.

그렇게 법석을 떨며 많은 것을 배웠지만, 내가 충분히 가졌는지는 어떻게 판단해야 할지 몰랐다. 부모님과 합의한 조건에 따라, 내가 수지를 맞추지 못해도 부모님에게 어떤 도움도 청할 수 없었다. 어머니가 매일 입버릇처럼 외치는 만트라는 '자급자족'과 '독립심'이었다. 하지만 겨우 일곱 살이던 내 자아는 구명선도 없이 깊은 바다에 내던져진 것처럼, 때로는 버림받은 기분이었다.

대학에 진학해서 나는 친구들이 부모에게 용돈을 받아 쓰는 것을 보고 충격을 받았다. 그때 내 친구들은 열여덟 살이었지만 한 번도 예산을 세워본 적이 없다고 했다. 나는 놀라기도 했지만 조금 부럽기도 했다.

그러다 부모님이 갑작스레 세상을 떠났다. 그리고 그 직후 나는 이렇게 물었다. '충분하다enough'라는 게 대체 무슨 뜻일까?

- 살아남을 만큼 충분히 사랑하는가?
- 안전하다고 느낄 만큼 보안 상태는 충분한가?
- 나 자신을 돌볼 수 있을 만큼 돈은 충분한가?
- 삶에서 좋은 시절로 기억할 만큼 충분히 즐기는가?
- 더 나은 내일을 볼 수 있을 만큼 충분히 인내하는가?
- 다음 조치를 취할 수 있을 만큼 용기가 충분한가?

이렇게 처음 생각하게 된 이후로 '충분하다'라는 개념은 더욱 복잡하게 변해갈 뿐이었다. 국제개발과 관련된 일을 시작하고, 프런티어 마켓frontier markets(전반적인 경제 규모와 주식시장의 시가총액이 상대적으로 작은 국가들 — 옮긴이)을 돌아다니며, 다음과 같은 의문을 품게 되었다. 직설적인 까닭에 대체로 거북한 질문들이다.

- 인류를 향한 연민은 충분한가?
- 그들을 가난에서 구해낼 수 있을 만큼 충분한 돈이 있는가?
- 번창할 수 있을 만큼 충분한 식량과 물과 주택 및 보건 시설이 있는가?
- 곤경에 빠진 사람들이 어디에 있든지 그들을 도우려는 충분한 열의가 있는가?

소비를 중시하는 요즘 세계에서 우리는 "많은 것이 좋은 것"이라 주장하며, 충분히 일하지도 않고 충분히 벌지도 않는다고 손가락질하는 낡은 각본에 여전히 시달리고 있다. 그 낡은 각본은 시대에 뒤처지고 억압적이지만 여전히 건재하다. 옛 각본에서 가장 널리 알려진 대사는 "너는 …을 충분히 갖지 못할 것"이다.

- 차이를 만들 만큼의 충분한 힘을 갖지 못할 것이다.
- 중요한 존재로 자부할 만큼의 충분한 권위를 갖지 못할 것이다.
- 부자가 될 만큼의 충분한 돈을 갖지 못할 것이다.
- 만족할 만큼 충분히 선택하지 못할 것이다.
- 또래들과 이웃들에게 자랑할 만큼의 충분한 장난감을 갖지 못할 것이다.
- 충분히 성공하지 못할 것이다. 끝!

또 우리는 더 많은 것을 얻으려고 정신없이 경쟁하느라, 정말 중요한 것은 언급조차 하지 않는다.

- 어느 정도가 충분한 평등인가?
- 어느 정도가 충분한 성실인가?
- 어느 정도가 충분한 행복인가?

결론적으로 많은 사람이 "나는 충분한가?"라는 질문에 대답해 보려고 애쓴다. 그러나 정신을 차려라. 대체로 이 모든 것은 당신 귓가에서 맴도는 옛 각본의 메아리다. 당신이 '충분함'에 중심을 두고 새 각본을 쓰기 시작하면 메아리가 흩어지기 시작한다. 그 각본은 지속가능하고 영감을 주며 인간 중심적이다. 따라서 당신이 성공 기준을 재규정하고, 만족을 얻는 데 도움을 준다. 또 당신이 가진 것, 당신이 행하는 것, 더 나아가 당신이 되고 싶은 것에 대해 생각하는 방향을 바꾸는 데도 도움이 된다.

FLUX POWER
: 당신의 충분함을 알라

더 많은 것을 얻으려고 치열하게 경쟁하는 세계에서는 당신의 '충분함enough'을 알아야 한다. enough의 어원은 고대 그리스어에서 "가지고 다니다to carry"를 뜻하던 동사 enenkeîn이었다. 인류의 역사에서 한 사람이 가지고 다닐 수 있는 양이 enough였다. 이 개념은 인간의 기준에 뿌리를 둔 것이다. 라틴어부터 고대 영어와 알바니아어까지 다른 고대 언어들에서도 enough에 해당하는 단어들은 충분한 양과 만족스런 양을 가리켰다. 달리 말하면, enough는 넘치지도 않고 부족하지도 않은 정도로 인간의 욕구에 도달하고 부합했다는 뜻이다.

오늘날 enough는 형용사와 부사로 쓰인다. 양과 질과 범위 등무엇에서든 enough는 여전히 넘치지도 않고 부족하지도 않은 정도, 즉 충분하고 만족스런 정도에 초점을 맞춘다. 하지만 이런 명확한 정의에도 불구하고, 어느 시점엔가 변화가 있었다. 정신적으로나 정서적으로, 또 실질적으로, 상당한 비율의 인간이 '만족할 정도의 충분함'에 대한 규범을 내던지고, 영원히 채워지지 않는 결핍과 탐욕, 즉 '전혀 충분하지 않은 미흡함'이란 새로운 껍질을 뒤집어썼다.

이런 변화의 상당 부분은 현대 소비지상주의의 도래가 주된 원인일 수 있다. 소비지상주의에 사로잡힌 각본이 "더 많은 게 더 좋은 것"이란 생각을 개인과 사회 전체에 심어주는 데 성공한 셈이다. 더 많이 소유할수록 우리의 '가치'가 올라간다. 더 많이 벌수록 우리의 '중요성'이 높아진다. 추종자가 많으면 많을수록 좋다.

정말일까?

이 각본은 우리를 집단적으로 쳇바퀴에 올려놓았다. 따라서 우리는 목적지가 어딘지도 모른 채 점점 더 빨리 달린다. 따라서 많은 성취를 이루고 많은 포상을 받은 사람들도 여전히 '더 많은 것'을 갈망한다.

'더 많은 것'을 갈망하는 마음은 숫자와 상대적인 능력으로 측정된다. 따라서 "당신이 측정하는 것이 바로 당신이다.", "측정되지 않는 것은 존재하지 않는 것이다."라는 말이 성립한다. 당신은 잭보다 많이 번다. 당신은 올리비아만큼은 성공하지 못했다. 당신의 집이 프랭크의 집보다 크다. 당신의 지능지수가 줄리아의 지능지수보다 낮다. 하지만 이런 말이 당신에 대해 실제로 말하는 것은 무엇일까? 또 이런 측정 기준 뒤에 감추어진 가치는 무엇일까?

'더 많은 것을 얻으려는 순환'과, 그 순환을 뒷받침하는 각본은 신속히 뿌리를 내려 포기하는 게 무척 힘들 수 있다. 분명히 말하지만, 물리적인 것은 아무리 많아도 내적인 자존감을 대신할 수 없다. 그러나 물리적인 것은 우리를 쉽게 파산시키고, 그 과정에서 환경을 해칠 수 있다. 하지만 옛 각본은 정반대라고 우리를 꼬드긴다. 오늘날의 소비지상주의가 설계된 방식을 보면, '더 많은 것'을 추구하는 목표는 결코 충족될 수 없다. 따라서 우리는 쳇바퀴를 떠나지 못한 채 광고를 클릭해 물건을 구입하지만 우리 욕망은 결코 채워지지 않는다.

그러나 각본이라 하지만, 많은 사람이 실제로 잠시 멈추고 그 각본에 대해 생각한다면 결코 선택하지 않을 각본이다. 다른 사람들이 설정한 도달할 수 없는 목표, 기력을 빼앗고 비용도 많이 드는 목표, 즐거움보다 질투를 자극하는 목표를 위해 살고 싶은 사람이 어디에 있겠는가?

새 각본은 '더 많은 것'이라는 신기루를 꿰뚫어 보고, "더는 안 돼!"라고 말한다. 플럭스 사고방식을 가지면 기준을 재설정하고 새 각본을 쓸 수 있다. 더 많은 것을 향한 끝없는 추구에서 충분함에 대한 명확한 이해로의 이동에는 간단하지만 엄청난 변화가 뒤따른다.

충분함을 안다는 것이 인색하고 몰인정하며, 부족한 상태로 살아간다는 뜻은 아니다. 이렇게 해석하고, 그래서 그렇게 될까 두려워한다면, 이 플럭스 파워를 완전히 잘못 이해한 것이다. 오히려 정반대다. 당신의 충분함을 알게 되면, 너그러움을 베푸는 여지가 생긴다.[85] (더 많은 것에 초점을 맞춘 세계에서 우리는 결코 충분한 정도를 알 수 없다. 하지만 충분함에 초점을 맞춘 세계에서는 더 많은 것의 수준을 금방 알아낼 수 있다. 정말 얄궂지 않은가?) 충분함을 알면 정말 중요한 것이 분명히 드러난다. 불안감이 줄어들고, 번창할 가능성도 크게 높아진다. 이 플럭스 파워를 갈고닦으면 당신의 잠재력을 세상에 완전히 펼쳐 보일 수 있다. 충분함을 알게 되면 비교의 무익함을 꿰뚫어 볼 수 있다. 또 내적인 만족과 의미, 관계와 회복 탄력성, 발견과 봉사 등에 뿌리를 두고, '충분함'의 기준을 세울 수 있다. 그런 기준은 가격표를 초월한다. 또 우리가 각자의 충분함에 대해 명확히 안다면, 내가 상대보다 '더 많은 것'을 성취한 것이 아니고, 상대가 나보다 '더 많은 것'을 성취한 것이 아니기 때문에 상대의 성공을 깎아내릴 필요가 없다.

끊임없이 변하는 세계에서 변화가 당신을 뒤집어 버릴 정도로 충격을 줄 때 당신의 '충분함'이 정말 중요하다. 당신이 쳇바퀴를 열심히 돌리느라 충분함에 대해 명확히 모른다면, 변화가 닥칠 때 고통의 세계를 감내할 수밖에 없다. 쳇바퀴에서 떨어지지만 어디로 가야 할지 모르기 때문에 고통스럽고, 당신이 선택하지는 않았지만 사회적 기준을 맞추지 못한다는 생각에 불안하다. 게다가 '더 많은 것'을 추구하는 삶을 지속하는 불편과 위험을 감수해야 한다. 다른 식으로 말하면, 변화가 닥칠 때 더 많은 것이 필요할수록, 즉 당신의 충분함이 멀리 떨어져 있을수록 적응력과 융통성은 떨어진다.

그러나 항상 이렇게 살아야 할 필요는 없다. 이제부터 개인과 조직과 문화 등이 세계 전역에서 이런 현상을 어떻게 이해하고 있는지 차근차근 살펴보기로 하자.

오늘날의 갈등:
지나치게 많다 vs 충분하지 않다

물론 충분한 수준 이상을 지닌 사람과 기본적인 욕구도 충족하지 못하는 사람 사이에는 큰 차이가 있다. 다른 식으로 말하면, 큰 갈등이 있다. 삶을 단순화하고 싶은 사람과 가족 부양을 걱정하고 비바람을 피할 집을 걱정하는 사람과의 대화는 완전히 다르다.

2장에서 보았듯이, 특권에 길들여지면 완전한 그림을 보기가 어렵다. 특권이 각본을 제약하는 경향을 띠기 때문이다. 또 각본에 있는 내용을 인식하고, 그 각본이 어떤 변화를 가져올 수 있을까 생각하는 데도 특권이 방해하기 때문이다. 따라서 당신이 소유한 정도가 '충분한 수준 이상more than enough'이냐, '충분하지 않은 수준not enough'이냐는 판단은 어느 정도 특권과 상관관계가 있을 수밖에 없다. 그 특권을 개인적인 노력이나 인간관계 혹은 순전한 운 등 어떻게 얻었느냐는 상관이 없다.

이 책을 읽는 특권을 당신에게 빼앗는 건 불가능하지만, 이 플럭스 파워를 확실히 개발하려면 처음에 당신의 특권을 점검하는 게 반드시 필요하다. 당신이 어떤 특권을 지녔든 간에 다음의 질문들에 대답하며, 당신이 가진 특권을 찾아보라.

- 돈은 충분한 수준 이상으로 있지만 인간미는 충분한 수준 이하라는 것은 무슨 뜻인가?
- 옷은 넘칠 정도로 많지만 맑은 공기는 충분히 호흡하지 못한다는 것은 무슨 뜻인가?
- 해야 할 일이 산더미처럼 많지만 생각하는 시간은 충분하지 않다는 것은 무슨 뜻인가?

충분한 수준보다 많은 것은 지나치게 많은 것이다. 충분하지 않으면 불안정하다. 어느 쪽도 플럭스에는 적합하지 않다. 충분함을 안다는 것은 초과된 부분을 깎아내는 동시에 궁핍한 사람을 안아 올린다는 뜻이다. 이는 사회에 규정되는 충분함에 따라 개인의 충분함이 결정된다는 뜻이기도 하다. 예를 들어 설명해 보자.

세계 전역에서 많은 사람이 노동의 자동화가 미칠 파장을 걱정한다. 내 일자리가 사라지지 않을까? 내가 지금까지 갈고닦은 천직이 더는 쓸모가 없어지면 어떤 일을 해야 할까? 경력이 끊임없이 변하고, 기대치도 끊임없이 변하며, 노동의 미래도 끝없이 달라진다. '충분한' 사람이 '충분히' 괜찮은 생활수준을 누릴 수 있을 만큼 '충분한' 소득을 거두는 '충분한' 일이 있을까?

스웨덴 정부의 전략은 "국민을 보호하는 것이지 일자리를 지키는 것이 아니다."라고 한다. 따라서 스웨덴 정부는 누구에게도 일자리가 보장되지 않는다는 걸 분명히 천명했다. 새로운 테크놀로지나 팬데믹, 변하는 기호嗜好 등 수많은 요인으로 당신의 일자리가 쓸모없어질 수 있다. 하지만 그 때문에 당신의 생계가 위태로워지면, 정부가 당신의 안녕을 보장한다. 그런 보장은 소득 지원과 재훈련을 통해 이루어지고, 그 비용은 세금으로 충당한다.[86]

당신의 충분함은 무엇인가

- 당신은 '충분함'을 어떻게 정의하는가? 당신에게 적용되느냐, 다른 사람에게 적용되느냐에 따라 그 정의가 달라지는가? 그렇다면 그 이유는 무엇인가?
- 당신의 자존감을 어떻게 규정하는가? 당신이 특별히 사용하는 기준이 있는가?
- 오늘 '충분한 수준 이상'으로 가진 것이 무엇인가?
- 오늘 '충분하지 못한 정도'로 가진 것이 무엇인가?
- '충분함'에 대해 생각할 때 일반적으로 어떤 감정이 생기는가? 좌절

감, 자극, 기대감, 두려움, 즐거움 중 어느 것인가? 여기에서 언급되지 않은 다른 감정인가?
- 당신이 더 나은 세계를 만들어가려는 데 도움이 되는 당신의 '충분함'은 무엇인가?

위의 질문에 대한 대답을 항상 옆에 두고 이 책을 계속 읽어가라.

책을 읽는 걸 잠시 멈추고, 스웨덴 정부 정책에 함축된 의미를 생각해 보자. 실직의 충격을 견디기는 결코 쉽지 않다. 특히 변화와 불확실성이 지배하는 시기에는 더더욱 그렇다. 우리 뇌가 위기 모드에 들어가 창의력을 발휘하기 힘들고, 눈앞에서 벌어지는 현상조차 인정하기를 거부하거나 아예 기능이 정지할 수도 있다. 실직하면 직업인으로서의 정체성을 상실하고(6장 참조), 옛 각본의 한 조각도 잃어버린다.

하지만 당신이 기대했듯이 승진으로 '더 많은' 권위를 얻지 못하고, 또 팀의 최고참으로 '더 많은' 소득을 거두지 못하더라도 미래로 전진하기에 충분한 권위와 소득을 이미 얻고 있다는 걸 알면 어떻게 될까? 이때 당신의 뇌는 더 이상 현재의 상황을 걱정하지 않고, 미래에 다가올 것에 초점을 맞출 것이다.

이 책이 공공 정책의 잘잘못을 평가하려는 책은 아니지만, '충분함'에 접근하는 정책에 함축된 의미는 주목할 만하다. 그 정책적 함의는 생산성, 미래에 대한 대비, 조직 문화, 사회 안정, 개인과 집단의 행복에 영향을 미친다. 제한적이거나 비탄력적인 노동정책을 시행하는 국가에서 사람들이 자동화를 두려워하는 건 당연하다. 기본소득과 의료보험, 미래 지향적인 재훈련 프로그램이 없는 사회에서 사회로부터 요구받은 모든 역할을 하면서도 '충분하지 않은 상태'로 미끄러지는 걸 상상하는 건 그다지 어렵지 않다.

충분함으로
이끌어라

당신과 내가 지금 실시간으로 대화하고 있다면 이쯤에서 리더십에 대해 한두 가지 의문이 생길 수 있다. 당신이 리더이자 지혜를 구하는 사람이라면, 충분함의 세계에서 리더는 어떤 모습이어야 할까?

프롤로그에서 보았듯이 과거의 각본은 리더십을 좁게 정의한다. 그러나 플럭스 사고방식과 새 각본에서 리더십은 새로이 넓게 정의된다. 끊임없이 변하는 세계에서는 위대한 리더를 만들어내는 요인도 진화하기 때문이다.

'충분함'으로 이끄는 리더들의 모습은, 자칭 리더십 전문가들이 옛 각본에 사로잡혀 떠벌리는 모습과 무척 다르다. 이 플럭스 파워는 계급 구조를 해체하거나, '다양성, 형평성, 포용성' 계획을 수립하는 수준을 훌쩍 뛰어넘는다. 이것은 책임지는 리더십과 지속 가능성, 신뢰에도 커다란 영향을 미친다. 물론 뜻밖의 효과도 빚어낸다.

먼저 신뢰에 대한 것으로 시작해 보자. 4장에서는 조직과 사회 내에서 불평등 격차가 클수록 불신의 벽도 높아진다고 말했다. 리더라는 이유로 당신의 연봉이 직원들의 연봉에 비해 턱없이 높으면, 안타깝게도 당신은 불신 문화를 조장하며 '충분함'으로 멀찌감치 떨어져 있는 것이다.

먼저 당신 자신에게, 다음에는 동료들에게 물어보라. 당신이라면 팀원들과 동등한 연봉을 받는 최고경영자를 신뢰하겠는가, 아니면 터무니없이 많은 연봉을 받는 최고경영자를 신뢰하겠는가? 그 이유는 무엇인가? 이번에는 당신이 남기려는 유산을 생각해 보자. 당신은 무엇으로 기억되고 싶은가? 왜 당신은 지금 하는 일을 하는 건가?

당신이 옛 각본을 손에 쥔 리더라면, '더 많이'를 기준으로 이 질문에 대답할 것이다. 예컨대 이익을 극대화하고, 회사를 더 키우며, 더 큰 집을 사고, 큰 요트를 가지려고 일을 하는 거라고 대답할 것이다. 그러나 안타깝게도 이런 목표는 성취하는 게 요원할 수 있다.

> **당신의 '충분한' 성격 점검**
>
> 깊이 생각하지 말고 아래의 질문에 대답하며 창의력의 불꽃을 당겨보라.
>
> - 보트를 사겠는가, 보트를 가진 친구를 사귀겠는가?
> - 당신에게 '충분한' 시간이 있다면 무엇을 하겠는가?
> - 누군가에게 뭔가를 거저 준다면 당신에게 손해일까, 이익일까?
> - 초과해서 남는 것으로 무엇을 하겠는가?
> - '충분함'의 전형적인 예가 되는 누군가를 생각해 보라. 그를 머릿속에 떠올린 이유가 무엇인가?

그러나 새 각본과 플럭스 사고방식으로 무장한 리더라면, 모두에게 '충분히' 보상하고, 안전하고 소중하다고 느끼게 해주며, 다른 사람을 부하가 아니라 동료로 대우하는 방향으로 대답할 것이다. 다시 당신이 남기려는 유산으로 돌아가 보자. 당신이 죽으면 누구도 당신을 '더 많이' 가졌던 사람으로 기억하지 않을 것이다. 당신이 그들을 어떻게 대했는지로 기억할 것이다.

2018년, 예지력을 지닌 건축가 케빈 캐버노프Kevin Cavenaugh는 '얼마나 있어야 충분한가?'라는 제목으로 TED 강연을 했다.[87] 이 강연에서 캐버노프는 밀턴 프리드먼Milton Friedman, 1912~2006이 "탐욕은 좋은 것"이라는 개념을 옹호한 이유로 1976년 노벨경제학상을 받았다고 말했다. 하지만 인도네시아 시인 토바 베타의 관점("탐욕은 충분함보다 조금 더 많은 것이다.")을 지닌 리더가 그때 노벨상을 받았다면 어떻게 되었을지 궁금하다며, "그랬더라면 혁신과 테크놀로지를 중요시하면서도 '충분함'으로 함께 일어서는 경제를 구축하며 지난 40년 이상을 보내지 않았을까?"라고 물었다.

40년이 지난 지금, 우리는 이런 근시안의 혹독한 결과를 목격하고 있다. 성장과 이익, 효율성과 '더 많은 상태'의 추구가 인간관계와 불공정과 불평등에 미친 영향을 깨닫지 못했거나, 보지 않으려고 애썼다. 또 우리는 마케팅 부서를 혹사시키고, 수익 보고서의 수지를 맞추며, 소비자(더 정확히 말하면, 인간)를 등쳐 먹었다.

캐버노프의 표현을 함께 들여다보자.

"부동산 개발업자가 평당 임대료를 되도록 많이 받는 걸 목표로 삼을 수 있다. 나는 이런 부동산을 '탐욕스런 건물'이라 칭한다. 한편 모두에게 주택을 보장해 주는 목표를 지닌 부동산 개발업자가 있다 치자. 그의 목표는 인간이 거주하고 싶고, 기본적인 욕구를 충족하는 아름답고 쾌적한 건물을 짓는 것이다. 내가 남기고 싶은 유산이 그런 것이다."[88]

그렇다고 캐버노프가 돈이나 수익성을 고려하지 않는 것은 아니다. 정반대다. 다만 그가 세상을 보는 렌즈가 '충분함'에 뿌리를 둔 까닭에 큰 차이를 만들어내는 것이다.

캐버노프와 나의 경험에 비추어 볼 때, "충분함에 대해 대화하지 않는다는 것은, (돈을 포함해) 가치를 전혀 고려하지 않는 것"이다. 그 이유가 무엇일까?

'더 많은 상태'에 대한 대화는 거래에 초점을 맞추는 경향을 띤다. 따라서 더 많이 매매하는 방법, 더 많은 상호작용에서 수익을 창출하는 방법, 더 많은 돈을 버는 방법에 대한 대화가 거의 전부다. 프로젝트를 계획하고 실행하는 데 소요되는 시간이 짧아진다. 돈을 버는 속도가 빨라질수록 현금 지출도 빨라진다. 이 세계에서 사람은 곧 소비자다. 사람은 수익 창출이란 목적을 위한 수단에 불과하다. 따라서 소비하고 지출하는 사람의 능력만이 중요할 뿐, 사람의 행복은 고민해야 할 걱정거리가 아니다.

그러나 '충분함'에 대한 대화는 관계에 초점을 맞춘다. 따라서 오랜 우정을 쌓아가는 방법, 지속가능하고 인간 중심적인 기업을 만들어가는 방법, 지구를 아름답게 가꾸는 방법 등이 대화의 주된 주제가 된다. 당연히 프로젝트를 계획하고 실행하는 데 소요되는 시간이 길다. 평생 리더십, 상록수 같은 유산, 인간애가 중심에 있는 프로젝트 등이 대표적인 예다.

옛 각본을 손에 쥐고, '더 많은 것'을 추구하는 리더는 인간관계를 일종의 거래로 생각한다. 인간관계를 소득 창출의 수단으로 삼는 것은 인간관계를 죽이는 첩경일 수 있다. 좋게 끝나더라도 그 좋은 의미가 상실되게 마련이다. '충분함'으로 이끈다는 것은 인간관계를 무엇보다 중요시한다는 뜻이다. 돈 때문이 아니라 인간관계에 내재한 무궁무진한 가치 때문에 중요시한다는 뜻이다. 인간관계는 지속되고 오래가지만, 거래는 끝나면 선반에 올려진다. 당신이라면 어떤 이유로 기억되고 싶은가?

더 많은 것을
추구하는 경제

자본주의와 소비지상주의, 현대의 매스마케팅이 인간 행동에 미친 영향을 전체적으로 평가하려면 한 권의 책으로는 부족할 것이다. 이 책은 그 문제를 다루는 데 목적이 있지 않다. 그러나 경제적 상황을 간략히 살펴보고, '충분함'을 향한 우리 여정을 인도할 핵심적인 몇몇 이정표를 찾아보자.

2,000년 전으로 되돌아가 보자. economy(경제)라는 단어의 어근이 산업도 아니고, 사분기 수익률도 아니라는 걸 알고 있는가? economy의 어근은 그리스어에서 '가정'과 '가계'를 뜻하는 oikos다. 그리스어에서 oikonomia(경제)는 '풍요'를 뜻한다.[89]

이번에는 1980년대 이전까지 역사를 빨리 돌려보자. 그때까지는 기업이 이익을 노동자들과 함께 나누는 게 일반적인 관례였다. 또 당시에는 상점 점원이나 공장 노동자는 안정된 고용과 두둑한 퇴직금을 기대할 수 있었다. 물론 국가와 문화권, 기업의 규모에 따라 차이가 있었지만, 대체로 선진국은 이런 구조를 유지했다. 모든 노동자에게 가족을 부양하고 미래를 계획할 수 있도록 '충분한 정도'를 보장하는 구조는 영리하고 책임지는 기업으로 여겨졌다.

하지만 1980년대 이후로 이 구조는 옆으로 밀려났다. 1980년대는 효율성과 생산성 및 손익계산이란 이름으로 원가절감과 아웃소싱과 자동차 산업이 시작된 시기였다. 그와 동시에 모든 노동자에게 '충분한 정도'를 보장하던 각본이 "투자자와 시장 분석가들에게 충분한 사분기 수익률이 요구되는 상황에 굳이 다른 사람에게도 충분한 정도를 보장해야 할 이유가 있는가?"로 달라졌다. 옛 각본을 이런 식으로 수정한 결과는 충격과 불안을 동시에 안겼다. 1980년대 이후로 평직원과의 이익 공유는 거의 사라졌다. 특히 대기업에서는 완전히 사라졌다. 역설적이게도 이제는 경영진과의 이익 공유가 시작된 시대다.[90] 반면에 노동자의 몫은 과거에 비하면 아주 작은 부분으로 쪼그라들었다. 그 이후로 기업계는 '더 많은 것'을 추구하는 밴드 왜건에 뛰어올라 뒤를 돌아보지 않았다.

다시 역사를 현재까지 빨리 돌려보자. 오늘날 2,153명의 억만장자가 세계 인구의 60%를 차지하는 46억 명보다 더 많은 부를 소유하고 있다. 또 세계에서 가장 부유한 22명의 남자가 소유한 부가 아프리카 여성 모두가 소유한 부보다 크다.[91] 더 많은 것을 추구하는 추세에 세계의 불평등이 완전히 미쳐버렸다.

그러나 불평등이 국제개발 현황에서만 나타나는 게 아니다. 모든 국가, 모든 도시, 모든 동네, 심지어 뒷마당에도 불평등 현상이 도사리고 있다. 이른바 파급효과ripple effect가 끝없이 일어나는 셈이다.

4장에서 보았듯이 불평등은 불신을 낳는다. 게다가 조직적인 불평등이 '더 많은 것'을 추구하는 사고방식을 당연시하며, '충분한 정도'를 갖지 못한 사람들을 보이지 않게 만든다. 이런 불균형이 심화되면, 우리는 결국 한계점에 이른다. 지금 많은 사람이 그 한계점이 눈앞에 다가오고 있다고 말한다.

물론 자본주의에 근본적으로 결함이 있다고 말하는 것은 아니다. 자본주의는 책임감 있게 사용되면 강력하고 유용한 도구다. 그러나 문제는 옛 각본에 규정된 자본주의는 독성으로 가득하다는 것이다. 달리 말하면, 옛 각본에 충실한 자본주의는 더 많은 것에 중독되고, 충분함에는 알레르기 반응을 보인다는 것이다.

과거의 각본은 우리에게 눈을 화면에서 떼지 말고, 지갑을 텅 비우라고 말한다. '충분함'에 만족하지 말고, 더 많이 물건을 구입하고, 더 많이 소비하는 게 우리 역할이라고 말한다. 하지만 잠깐 숨을 돌리며 생각해 보자. 누가 그 각본을 썼는가? 그 각본이 정말 맞다고 믿는가? 내면의 목소리에게 그 각본에 대해 물어본 적이 있는가?

나도 옛 각본을 오랫동안 당연한 것으로 받아들였다. 그도 그럴 것이 내가 학교에서 배운 내용이었고, 하버드대학교에서 수강한 자본시장에 대한 강의도 다를 바가 없었다. 그러나 그 각본을 현실 세계에 적용하려 했을 때 맞아떨어지지 않았다. 국내외에서 내가 관찰하고 경험한 현실과 옛 각본은 일치하지 않았다.

물론 투자자들은 금전적 수익을 극대화하는 데 열중하고, 변호사들은 세금을 낮추는 구조를 찾는 데 필사적이다. 또 경제학자들은 '탈성장Degrowth' 전망에 혼비백산이다. 그러나 그들은 시대에 뒤처지고 낡은 각본과 싸우고 있는 것일 뿐이다.

그 시기에 나는 인도의 일부 지역과 신흥 경제국에서는 25~100

달러면 극소기업micro-enterprise을 시작하기에 충분한 자금이라는 걸 직접 목격했다. 또 차량 공유가 효율적으로 시행되면 자동차 한 대를 예닐곱 명이 충분히 이용할 수 있고, 동네 사람들이 옷장과 찬장을 공개하면 한 동네에 나눠 쓰기에 충분한 자원이 있다는 것도 직접 경험했다. 도넛 경제학Doughnut Economics(영국 경제학자 케이트 레이워스가 고안한 경제모델로, 도넛의 안쪽 고리는 사회적 기초, 도넛의 바깥쪽 고리는 생태적인 한계로 정의해 둘 사이가 균형을 이루는 경제를 추구하자는 이론—옮긴이) 같은 개념들이 이런 아이디어를 제시하며, 사회 전반에서 장기적인 지속가능성을 실질적으로 추구하고 있다.[92]

'더 많은 것'을 추구하는 경제는 이제 적합하지 않다. 그렇지만 아직도 사회의 많은 부분이 고유한 기대치와 옛 각본에 속박된 상태다. 우리가 oikos를 실천하고 새 각본을 쓴다면 진정한 풍요를 만끽하며 '충분함'의 혜택을 누릴 수 있을 것이다.

더 많은 것을
추구하는 심리

베스트셀러《드라이브: 창조적인 사람들을 움직이는 자발적 동기부여의 힘》의 저자 대니얼 핑크Daniel Pink는 '더 많은 것'을 추구하는 심리를 연구하고 실험한 첫 세대였고, 흥미로운 결과를 찾아냈다.[93] 대부분이 자주성과 통제력과 목적의식에서 동기를 부여받는다. 또 스스로 방향을 결정하고, 하루하루 나아지며 올바른 일을 하고 싶어 한다. 따라서 이런 결과를 더 많이 얻으면 동기를 부여받는다. 하지만 대부분은 더 많은 돈에 동기를 얻지 않는다. 충분한 대가를 주는 게 중요하지만, 충분한 수준을 넘어서면 그 효과는 미미하다.

우리가 어떻게 보상 원칙을 구조화하고, 기준을 개발하는지 생각해 보자. 우리는 더 많은 돈을 버는 걸 자랑한다. 그러나 임금보다 자기 결정이나 비금전적 만족을 자랑하는 경우는 무척 드물다. 임금만이 아니다. 우리는 성공에도 중독되어 있다. 1장에서 보았듯이 불안은 우리를 더 빨리 달리게 한다. 더 많은 역할을 맡을수록 쳇바퀴에서 내려오기가 힘들다. 더 많은 것을 꽉 움켜잡는다. 더 높은 지위, 더 많은 부, 더 확실한 것을 얻으려 한다. 얄궂게도 우리가 성공한 사람으로 비추어질수록 '충분함'에 대한 우리의 걱정은 더 커진다.

하지만 그 목표는 결코 충족될 수 없다. 그 때문에 '쾌락의 쳇바퀴Hedonic Treadmill'(한 개인의 경제적 기대치나 욕구는 소득 증가에 비례하여 상승하나, 만족감이나 행복감으로는 연결되지 않는 경향을 가리키는 신조어 ― 옮긴이)에 감사해야 할 지경이다.[94] 쾌락의 쳇바퀴에 올라서면, 내가 성공에서 얻는 만족감은 마약 효과처럼 급격히 사라진다. 다람쥐 쳇바퀴 옆에 쾌락의 쳇바퀴가 다소곳이 놓인 모습을 상상해 보라. 재밌지 않은가? 여하튼 쳇바퀴에서 떨어지지 않고, '충분하지 않다'라는 감정에 빠지지 않으려고 나는 다음 보상을 향해 맹렬히 달려야 한다. 성공의 길을 달리고 있다는 기분을 유지하려면, 과로하고 혹사하며 개인적인 행복을 희생할 수 있어야 한다.

투자자이자 《돈의 심리학》을 쓴 모건 하우절Morgan Housel은 "충분함이란 정반대의 것, 즉 더 많은 것을 향한 채워지지 않는 욕망은 우리를 후회할 지경까지 몰아붙인다는 걸 깨닫는 것"이라 말했다.[95] 당신이 성취감을 마지막으로 마음껏 만끽했던 때를 기억해 보라. 그 느낌이 얼마나 오랫동안 지속되었는가? 정말 이상한 것은, 더할 나위 없이 성공한 사람도 자신보다 더 성공한 것처럼 보이는 사람을 부러워한다는 사실이다. 그 이유가 무엇일까? '더 많음'은 준거집단에 속한 다른 사람과 비교해 결정되기 때문이다. 준거집단은 백만장자, 교사, 전업주부 등 무엇이든 될 수 있다.[96] 달리 말하면, 더 많은 것의 추구는 덧없는 짓이다. 목표점이 계속 변할 것이기 때문에 결코 목표에 도달할 수 없다.

당신이 병에 걸려 쓰러지거나, 황금 수갑을 차거나, 죽음을 맞을 때까지 목표점은 끝없이 변할 것이다. 그 지경에 이르러서야, 더 많은 것의 추구가 삶에서 중요하지도 않고, 삶에 의미를 부여하지도 않는다는 걸 깨닫게 된다. 겉으로 당신의 삶은 충만하게 보이겠지만 내적으로 당신의 영혼은 파산한 기분이다. 따라서 "대체 이유가 뭐지?"라는 의문이 생긴다.

세계가 뒤집어지면 어떤 이유로든 이런 의문을 갖기가 쉽다.

그래서 "대체 이유가 뭐지?"라는 의문을 갖는 순간, 플럭스 사고 방식이 열린다. 결국 '충분함'을 안다는 것은 내적으로 명료한 기준이 있다는 뜻이다. 이 플럭스 파워를 갖출 때 우리는 주변에서 충분하지 않다고 우리를 조롱하는 소음을 잠재우고, 우리라는 존재 자체를 받아들일 수 있다.

기준과 가치

기준은 우리가 소중하게 생각하는 것을 평가한다. 우리가 시간을 어떻게 사용하느냐는, 우리의 사랑을 어떻게 사용하느냐와 같다.

- 당신은 누구를 더 동경하는가? 계급 사다리의 꼭대기에 올라가는 데 시간을 사용하는 사람인가, 다른 사람이 꿈을 실현하도록 도와주는 사람인가? 당신은 시간을 어떻게 사용하는가?
- 당신이 어떤 기준을 더 중요하게 생각하는가? 시간을 사용하는 방법인가, 돈을 쓰는 방법인가?
- 당신은 무엇을 소중하게 생각하는가? 그 생각에 당신의 가치관이 어떻게 반영되어 있는가?

'더 많음'에서
'충분함'으로

옛 각본을 찢어버리고 오늘날 현실을 찬찬히 살펴볼 때 당신을 위한 새 각본이 나타나기 시작한다. 새 각본에서 강조하는 내용은 다음과 같다.

- '지나치게 많음'과 '충분하지 않음'은 크게 다르다.
- 충분함은 풍요와 결핍에 대한 각자의 세계관에 따라 달라진다.
- 현재의 시스템은 우리에게 더 많은 것을 계속 열망하도록 설계되었다. 따라서 우리가 충분한 수준에서 받아들여지기를 원하더라도 거기에서 멈출 수 없다.
- 요즘 사회에는 충분함을 대신 채우려는 위험한 가짜들이 많다. 돈을 써서라도 사랑과 성취감을 얻으려고 할수록 외로움과 부족함을 느낄 가능성이 크다.
- 불평등과 기본적인 욕구(소득, 식량, 주택, 건강)의 보장은 '충분함'에 이르는 촉매다.
- 그러나 사랑과 연민과 인간애에서는 '지나침'이란 것이 없다.

플럭스 사고방식을 가지면, 이 각본을 받아들일 수 있다. 세계가 뒤집어지고 미래가 불확실하더라도 자신의 '충분함'을 알면, 변화에 유연하게 대처할 준비가 된 것이다.

이번에는 '더 많음'에서 '충분함'으로 쉽게 옮겨갈 수 있는 방법에 대해 살펴보자. '충분'하면 그것으로 충분한 것이다!

더하기 전에 빼라

더 많은 것을 추구하는 사고방식은 슬금슬금 몰래 스며드는 경향을 띤다. 이 사고방식은 더 많은 성공을 갈망하는 수준에 그치지 않는다. 이런 사고방식을 가지면 우리는 삶의 모든 면이 덧셈이 되고 더 나아질 거라고 생각한다. 새 친구, 새 자동차, 새 역할, 새집, 새 옷, 새 장난감, 새로운 여행, 새로운 통찰 등 이런 모든 것이 우리 삶을 더 낫고 더 행복하게 해주어야 한다. 또 더 큰 성취감을 느끼게 해주어야 한다. 맞는 말인가?

그렇지 않다. 틀려도 너무 틀렸다.

새로운 아이디어, 새로운 관계, 새로운 헤어스타일이 우리의 사기를 북돋워 주고, 심지어 우리 삶까지 바꿔놓을 수 있다. 그러나 새로운 것들이 더해지면 할 일의 목록이 길어지고, 유한한 시간을 요구하는 항목도 증가한다. '더 많은 수준'에 이르기 위해 덧셈을 하지 말고, 뺄셈을 시도해서 '충분한 수준'을 찾아내면 어떻게 될까? 뺄셈을 하는 방법은 거의 무한하다. 작게 시작해 보자. 자주 사용되는 방법을 소개하면 다음과 같다.

- 소식지 하나의 구독을 해제하라.
- 휴대폰에서 애플리케이션 하나를 삭제하라.

- 부정적인 관계 하나를 점잖게 끝내라.
- 초대 하나를 정중하게 거절하라.
- 가입된 커뮤니티 하나를 탈퇴하라.
- 어떤 의무 하나에 충실하지 못하다는 죄책감을 버려라.
- 매주 하루쯤은 회의를 하지 마라.
- 거의 10년 동안 사용한 적이 없는 실내 자전거를 팔아라.
- 오랫동안 입지 않던 옷을 기증하라.
- 더는 영감을 주지 않는 동호회나 단체에서 탈퇴하라.
- 텔레비전을 꺼라. 모든 배경음을 없애라.
- 컵을 채우는 대신 비워라.
- 당신을 옭아매는 사고방식을 버려라.
- 피곤하면 쉬어라.

뺄셈은 우리 삶을 단순화하는 데 그치지 않는다. 뺄셈을 시작하면 진정으로 중요한 것에 초점을 맞출 수 있는 새로운 시간과 공간과 자원이 생긴다. 따라서 성취감과 성공을 거둘 기회가 실질적으로 증가한다.

너그럽게 나누어주라

너그러움은 듬뿍 주는 마음이다. 너그럽다는 것은 다른 사람들에게 주는 즐거움을 안다는 뜻이다. 진실한 너그러움은 대차대조표에 기록되지 않는다. 진실한 너그러움은 대가로 어떤 것도 바라지 않는다.

옛 각본에 따르면, '더 많은 것'을 추구하는 사람은 너그러움을 '줄어드는 원인'으로 생각한다. 따라서 "내 목표가 다른 사람보다 더 많이 갖는 거라면, 왜 내 것을 거저 나눠줘야 하는가?"라는 의문을 제기한다.

그러나 끊임없이 변하는 세계에서 과거의 각본은 무용지물이다. 플럭스 사고방식과 새 각본으로 무장할 때, 너그러움은 플럭스 파워를 가능하게 해주는 원동력이다,

애덤 그랜트Adam Grant가 그의 저서《주는 사람이 성공한다》에서 보여주었듯이, 가장 성공한 사람은 가장 너그러운 사람이고, 언제 어떻게 도움을 구해야 하는지를 아는 사람이다.[97] 너그러운 리더라면, 자신의 대부분을 내주지만 자신을 위해 대부분을 구하지 않을 때 세상에 큰 영향을 미칠 수 있다는 걸 알고 있다. 더 많이 가지려면 더 많이 주어야 한다.

요가와 뺄셈

요가 철학에서 브라마차리아brahmacharya는 '지나치지 않음'이란 원칙이었다.[98] 역사적으로 보면, 브라마차리아의 수련에는 성행위를 삼가는 것도 포함되었다.(성적 에너지를 아껴두었다가 요가를 수행하는 데 사용하라는 뜻이다.) 하지만 이 원칙은 현대까지 이어지지 않았고, 오늘날 브라마차리아는 절제하는 삶을 뜻한다.

> 확실히 우리 자신이 아닌 모든 부분을 떨쳐내고, 진정한 자아를 경험할
> 기회를 방해하는 모든 것을 벗겨내면, 진정한 자아를 더 많이 활성화할
> 수 있다. 요컨대 당신이 아닌 부분을 빼내면 진정한 당신만이 남는다.

포틀래치potlatch는 캐나다 원주민을 비롯해 북아메리카의 다른 원주민들이 구성원들에게 선물을 주는 풍습이다. 포틀래치는 치누크 자곤Chinook Jargon(치누크어와 영어·프랑스어가 뒤섞인 언어—옮긴이)에서 파생된 단어로, '거저 주다', '선물'을 뜻한다.[99] 포틀래치 행사에서 지도자들은 자신의 부를 구성원들에게 나눠준다. '부'는 공동체 내의 다른 구성원들에게 분배함으로써 표출되는 것이다. 포틀래치는 자신의 몫으로 수백만 달러를 챙겨두고 수천 달러를 나눠주거나, 형식적으로 기증하는 걸 말하는 게 아니다. 우리의 생명을 유지해 주는 자원 자체를 나누는 걸 뜻한다.

포틀래치 풍습은 한 가족이 재산을 크게 축적하는 걸 예방하고, 그 과정에서 인간관계와 조화로운 사회를 강력하게 구축한다. 하지만 더 깊이 들여다보자. 포틀래치의 관점에서 보면 더 많이 나눌수록, 즉 취약함을 더 많이 드러낼수록 더 많은 존경을 받고 더 강력해진다.

옛 각본에 길들여진 사람에게는 포틀래치가 불합리하게 여겨질 수 있다. 그러나 플럭스 사고방식을 열고, 새 각본으로 무장한

사람에게 포틀래치는 말로 표현할 수 없는 지혜를 가리킨다. 요컨대 포틀래치는 시공간을 초월하는 가치를 지닌 고대의 전통이다. 이는 우리에게 부에 대한 관점을 다시 생각하게 만든다. 부는 개인이 소유하는 것이 아니라 공동체가 공유해야 하는 것이다. 지도자가 포틀래치 행사에서 나눠주는 물건들의 가치는 없어지는 게 아니라 그저 분배되는 것일 뿐이다. 궁극적으로 그 가치는 몇 번이고 다시 되돌려진다.

거대한 변화의 시대를 맞아 세계가 끊임없이 변할 때, 우리는 여느 때보다 서로에게 필요하다. 상대의 도움과 인도, 지혜와 존재 자체가 필요하다. 때로는 하소연을 들어주고, 너그러운 포용력을 보여줄 상대가 필요하다.

당신의 '충분함'을 안다는 것은, 당신이 더 많이 베풀수록 상대의 삶이 더 나아진다는 걸 안다는 뜻이다. 당신의 배려로 다른 사람들의 삶이 더 나아지면, 그들이 세상에 더 많이 기여할 수 있다. 그들이 세상에 더 많이 기여하면 당신의 삶이 나아진다. 이런 선순환이 계속된다. 당신의 개인적인 포틀래치는 무엇인가?

잘못된 FIRE의 위험

최근 들어 '재무적 자립, 조기 은퇴Financial Independence, Retire Early; FIRE' 운동이 정말 들불처럼 번졌다.[100] 세계 전역에서 많은 사람이 검소하게 살며 공격적으로 저축함으로써, 아무런 영감도 주지 못하는 일자리를

비롯해 쳇바퀴를 벗어나는 방법을 배우고 있다.[101]

FIRE는 궁극적인 '충분함'으로 여겨질 수 있다. 달리 말하면, '더 많은 것'에 대한 일종의 과민 반응이라 할 수 있다. 하지만 FIRE가 슬그머니 얼버무리는 것, 즉 의미와 동기부여 때문에 FIRE에 대한 비판이 거세지는 추세다.[102] 애초부터 당신에게 삶의 목표가 없었다면, 조기에 은퇴한다고 삶의 목표가 생기지는 않을 것이다. 오히려 모든 게 부족하다는 불만이 심해질 수 있다. 게다가 생계마저 부족하면 거대한 변화에 휘말려 들어갈 수 있다.

그래도 FIRE를 통해 '충분한 정도'를 다시 생각하고, 선택 가능성을 신중하게 확대할 수 있다면, FIRE는 긍정적 변화의 요인이 될 수 있다. 그러나 잘못된 FIRE의 위험을 경계하고 조심해야 한다. 의미와 동기부여가 없다면 FIRE에 대한 당신의 좋은 의도는 연기처럼 사라질 것이다.

행복과 만족을 구분하라

고대 문화와 원주민 문화는 "별일 없이 지낸다."라는 뜻으로는 '행복happiness'이라는 단어를 거의 사용하지 않는다. 그런 경우에는 '만족contentment'이라는 단어를 주로 사용한다. 그 이유가 무엇일까?

먼저 무엇이 우리를 행복하게 해주는지를 생각해 보자. 사랑하는 사람을 만나고, 화창한 날씨를 맞이하거나 반가운 소식을 들으면 행복하다. 결국 내가 어찌할 수 없는 것, 즉 외적인 환경과 사건, 내가 아닌 다른 사람에게 내 행복을 결정하는 요인이 있는 듯하다.

이번에는 당신을 만족스럽게 해주는 것을 생각해 보자.(만족과 행복을 동일시한다면, 당신이 더 배워야 한다는 증거일 수 있다.) 만족은 전적으로 내면에서 비롯되는 감정이다.

달리 말하면, 우리를 '행복'하게 해주는 것은 항상 우리 통제권 밖에 있다. 게다가 행복감은 오래 지속되지 않는다. 우리가 행복에 도달하자마자 사라진다. (행복이 영원히 지속되던 때나 장소, 혹은 그런 상황을 기억에 떠올릴 수 있겠는가? '절대 없을 것'이다.) 따라서 우리는 다시 행복을 추구하게 된다. 요컨대 행복을 찾는 순환이 반복된다. 그렇다고 행복해지려고 노력할 필요가 없다는 뜻은 아니다. 그저 그 한계를 알고 있으라는 뜻이다.

반면에 만족은 전적으로 우리 권한 내에 있다. 게다가 만족이 어디에서 오고, 어떻게 만족을 이용할 수 있느냐를 알아내면 항구적으로 만족하며 지낼 수 있다. contentment(만족)는 라틴어에서 '일관되다', '포함하다'를 뜻하는 contentus에서 파생된 단어다. 이 단어는 처음에 그릇을 묘사하는 데 사용되었고, 나중에는 사람도 묘사하게 되었다. 사람이 만족하면, 내적으로 완전해지고 단단해진 느낌을 받는다. 달리 말하면, 만족은 외부에서 어떤 일이 벌어지고 있든 간에 '무조건적으로 완전한 상태'를 가리킨다.[103]

만족과 충분함이 중첩된다는 걸 알겠는가? 둘 다 내적인 흡족함과 자족감에 뿌리를 두고 있다. (복습하는 뜻에서 이 장의 첫 부분으로 돌아가 '충분함'에 해당하는 그리스어 enenkeîn에 대한 설명을 다시 읽어보라.) 따라서 개인적인 충분함을 알게 되면, 만족을 향해 한 걸음 더 가까이 다가가게 된다. 더 많아야 할 필요가 없고, 그렇다고 부족한 상태가 되는 걸 바라지도 않는다.

부탄 문화에는 이런 마음 상태를 뜻하는 특별한 단어가 있다. "충분함을 아는 상태"로 번역되는 '초크스하이Chokkshay'다. '초크스하이'는 가장 높은 수준으로 성취된 인간 행복으로 여겨지며, "당신이 지금 외적으로 경험하는 것과 상관없이, 지금 여기에서 모든 것이 그 자체로 완전하다"는 걸 뜻한다.[104]

충분함, 만족, 초크스하이는 모두 새 각본의 일부다. 세 가지 개념 모두 끊임없이 변하는 세계에 맞아떨어진다. 변화가 닥치면 충분함과 만족이 우리에게 디딤돌이 되어 안정감과 기본적인 방향을 제공한다. 행복이나 더 많은 것을 추구하는 것보다, 충분함과 만족에 도달하고 유지하는 게 더 쉽다. 충분함과 만족은 우리 자신에 의해 결정되는 것이므로, 우리를 제외한 누구에 의해서도 달라질 수 없다. 충분함과 만족에는 당신을 정확히, 완벽하게 당신으로 만드는 것의 본질이 담겨 있다.

슈퍼히어로 망토를 벗어라

옛 각본은 사람들에게 의식적으로나 무의식적으로 정서적 안정을 물질의 소유에서 얻으라고 가르친다. 충분히 사랑받고 있다고 느끼지 못하는가? 그렇다면 새 스웨터를 사라. 자신감이 충분하지 않은가? 그렇다면 성형수술을 받아라. 충분히 중요한 존재라고 느끼지 못하는가? 그렇다면 멋진 자동차를 구입하라. 그 때문에 빚을 내야 하더라도 걱정할 것은 없다. 그것들은 당신이 부족하다고 느끼는 부분을 감추어주는 망토다.

옛 각본이 요구하는 망토는 당신의 겉모습이나 당신의 소유물에 국한되지 않는다. 당신이 세상에 어떻게 등장하느냐에도 망토가 씌워진다.

나는 글레넌 도일Glennon Doyle의 뛰어난 TED 강연, 〈정신병원에서 배우는 교훈〉에서 '슈퍼히어로 망토Superhero cape'라는 개념을 처음 들었다.[105] 도일은 멋진 자동차나 코 성형수술보다, 인간으로서 감당해야 하는 보편적인 혼란과 불편함에 대해 주로 말했다. 또 수많은 사람이 슈퍼히어로 망토를 뒤집어쓰고 진정한 자아를 감추고 있는 현실에 대해서도 안타까워했다. 우리는 진정한 자아가 아닌 존재가 되려고 자신과 치열하게 싸운다. 우리가 내면에서 느끼는 것보다 '그 이상'의 존재라고 주장한다. 하지만 슈퍼히어로 망토를 쓴다고 우리가 슈퍼히어로처럼 위업을 이루는 것은 아니다. 오히려 슈퍼히어로 망토는 우리를 묻고 덮어버린다. 우리의 진정한 자아와 내면의 목소리를 감추어버린다. 나도 내 삶에서 이런 망토를 뒤집어쓰고 많은 시간을 보냈다.

슈퍼히어로 망토는 완벽한 척하게 해준다. 완벽주의는 주변의 기대를 포기하지 않는다는 뜻이다. 완벽주의는 '충분함'의 적이기도 하다. 특히 '충분히 좋은 수준'에 만족하지 못한다는 뜻이다. 이런 사실을 진정으로 깨달을 때 우리는 슈퍼히어로 망토를 벗어던질 수 있다. 완벽주의를 접고 충분함을 받아들일 수 있다. 무엇보다 놀라운 사실은 그렇게 할 때 '스위트 스폿Sweet spot'도 찾아낼 수 있다는 것이다. 스위트 스폿은 최선의 노력과 완벽함 사이의 어딘가에 있다. 당신이 뭔가를 위해 진정으로 최선의 노력을 다했지만, 그 뭔가가 아직 완벽하지 않다고 여겨지는가? 그래도 상관없다. 그게 인간적인 모습이고, 그것만으로도 훌륭하다. 그것을 세상에 내보이고, 다른 사람들의 도움을 받아 더 낫게 만들어라. 이렇게 함께하면 그것으로 충분하다.

지금의 당신으로
충분하다는 걸 알라

결국 당신의 충분함을 안다는 것은 지금 여기에서 당신이 그 자체로 충분하다는 걸 안다는 뜻이다. ('당신의 충분함your enough'과 '당신은 충분하다you're enough'는 철자의 오류가 아니다.) 플럭스 사고방식은 이런 등식 관계를 직관적으로 이해한다. 당신은 구매하는 물건으로 규정되는 존재가 아니고, 나도 집요하게 항상 더 많은 것을 추구하는 것도 아니다. 우리의 가치는 내면에서 생겨난다.

다른 플럭스 파워들, 특히 '보이지 않는 것을 보는 플럭스 파워'(2장)와 '신뢰로 시작하는 플럭스 파워'(4장)를 이용할 수 있으면, 당신의 충분함을 아는 게 훨씬 쉬워질 것이다. 이 플럭스 파워들이 함께할 때 결핍의 세계가 아니라 풍요의 세계가 드러나고, 본격적으로 활동하는 플럭스 사고방식까지도 보인다.

당신의 충분함을 알면, 변화와 불확실성과 미래를 항해하는 게 훨씬 더 쉽다. 조금이라도 젊어서, 조금이라도 일찍 당신의 충분함을 알고, 지금의 당신으로도 충분하다는 걸 아는 게 중요하다. 다른 사람들이 자신의 충분함을 알아내고 이해하는 걸 도울 때, 당신과 그들은 지속가능하고 인간적이며 끊임없이 변하는 세계에 한 걸음 더 가까이 다가갈 수 있다.

내가 일곱 살이었을 때 이 모든 걸 알았다면 얼마나 좋았을까!

충분한 정도가 어느 정도인지를 아는 사람만이 충분히 갖게 될 것이다.

- 노자

1. 더 많은 것이 정말 더 좋은 것인가? 그렇다면, 혹은 그렇지 않다면 그 이유는 무엇인가?

   _____

2. 누군가에게 선물을 줄 때 당신에게 손해라고 생각하는가, 이익이 라고 생각하는가?

   _____

3. 당신은 지금 '충분함'을 어떻게 정의하는가? 당신에게 해당하는 경우와 다른 사람에게 해당하는 경우를 구분해서 다르게 정의하 는가? 그렇다면, 혹은 그렇지 않다면 그 이유가 무엇인가?

   _____

4. 당신은 당신의 자존감을 어떻게 규정하는가? 이때 사용하는 기준 이 무엇인가?

   _____

5. '충분함'의 전형적인 예가 되는 누군가를 생각해 보라. 그를 머릿 속에 떠올린 이유가 무엇인가?

   _____

CHAPTER 6

포트폴리오
경력을
만들라

당신이 하는 일에 최고가 되기를
바라지 말고,
유일한 존재가 되기를 원하라.
− 제리 가르시아Jerry Garcia

FLUX

　30년 전 고등학교를 졸업한 이후로 거의 4년을 주기로 뭔가가 바뀐다. 시계처럼 정확히 나는 허물을 벗는다. 온몸이 들썩이고 삶에 변화를 주고 싶어진다. 새로운 뿌리를 내리거나 방향을 전환할 태세를 갖춘다. 때로는 커다란 변화가 시도된다. 예컨대 변호사를 그만두거나 대학원을 중퇴하고 도보 여행 안내자가 된다. 어떤 때는 작고 미묘한 변화를 시도한다. 여하튼 내 나침반을 재조정하고, 내 삶의 책에 새 장을 쓸 시간이다.

　일찍이 20대였을 때 나는 이런 삶을 산다는 이유로 사람들에게 온갖 험담을 들어야 했다. 그들은 내 이력서에 일관성이 없다고, 내 미래가 결국에는 추락할 거라고 장담했다. 많은 것에 관심이 있어서 어느 것 하나에만 전념할 수 없었던 까닭에 나에게 중대한 잘못이 있는 것 같았다. 모두가 기업의 계층 사다리를 올라가는 데 몰두하며, 자신의 전문 영역을 명확히 밝혔지만, 나는 한 분야에 집중할 수 없었다. 내가 집중할 만한 한 분야를 어떻게 선택해야 하는지도 몰랐다.

역사의 바퀴를 현재로 빨리 돌려보자. 요즘에는 경력의 폭을 넓히는 게 그다지 이상해 보이지 않는다. 하지만 폭넓게 경력을 개발하기 위한 사회적 기반과 어휘가 아직 크게 부족하다. 세계적으로 보면, 노동정책과 기대치가 '직장job'이라 일컬어지는 일의 단위에 여전히 뿌리를 두고 있다. 여기에는 당신이 다른 누군가를 위해 '오랫동안' 일하며 그 길에서 적어도 자발적으로 벗어나지 않을 거라는 기대가 함축되어 있다.

일하며 경력을 쌓아가는 길은 무수히 많지만, 압도적 다수는 과거의 각본에서 맴돌며 그럭저럭 살아간다. 하지만 이 낡은 각본이 힘을 잃어가고, 그 기대도 현실과 충돌하는 경우가 잦아진다. 일상의 삶에서는 더더욱 그렇다.

지난 수년 동안, 나는 노동의 미래를 주제로 많은 강연을 했다. 독립된 노동자independent worker와 프리랜서의 부상, 원격 근무와 디지털 노마드의 성장, 자동화의 영향, 이 모든 것이 교육과 공동 정책에 미치는 영향 등에 대해 강연했다. 코로나 바이러스의 팬데믹으로 노동의 미래가 미래에 있지 않다는 게 분명해졌다. 노동의 미래는 지금에 있다. 그전까지 원격 근무와 '어디에서나 일하기 Work From Anywhere'가 정착하려면 10년이 걸릴 것이라 예측되었지만,

두 번의 사분기 만에 이루어냈다. 그사이에 전례가 없는 규모로 수백만 명의 노동자가 실업에 내몰려 다음에는 어떤 일을 해야 하나 고민에 빠졌고, 중등학교와 대학교도 부산스레 움직였지만 앞길이 분명히 보이지 않았다.

직업인들은 고민에 빠졌다.

"이 모든 현상이 내 경력에 어떤 의미일까?"

부모들도 궁금해했다.

"이 모든 현상이 내 아이들에게 어떤 의미일까?"

조직의 리더들도 고민에 빠지기는 마찬가지였다.

"이 모든 현상이 우리 팀, 우리 전력과 문화, 또 조직의 미래에 어떤 의미일까?"

이 책을 읽는 당신도 이런 의문을 품었을 것이다. 옛 각본이 이미 바스러지기 시작했지만, 온갖 수단을 동원해 그 흉한 모습을 감추었다. 그런데 팬데믹이 옛 각본에 불을 붙였고, 그때서야 우리는 옛 각본이 시대에 뒤떨어졌다는 걸 깨달았다. 이제 당신과 나, 우리 모두가 경력과 생계 수단과 일의 목적에 대한 새 각본을 써야 한다. 이 책을 지금까지 읽은 당신은 이미 새 각본을 쓰기 시작했을지도 모르겠다. 플럭스 사고방식으로 시작하면 초안이더라도 그에 합당한 관심을 받을 수 있을 것이다.

FLUX POWER
: 포트폴리오 경력을 만들라

끊임없이 변하는 세계에서 성공하고 만족하려면 끈질기게 추구해야 할 하나의 길이 아니라 관리해야 할 포트폴리오로 경력을 쌓아가야 한다. 연쇄 창업자Serial Entrepreneur 로빈 체이스Robin Chase는 경력의 과거와 현재와 미래를 압축해 다음과 같이 요약해 주었다.

"내 아버지는 평생 한 직종에서만 경력을 쌓았다. 나는 평생 여섯 분야에서 경력을 만들 예정이다. 내 아이들은 동시에 여섯 가지 일을 하게 될 것이다."

알렉스 콜Alex Cole은 연예계에서 10년, 마케팅 분야에서 다시 10년, 상담을 하며 다시 10년을 보냈다. 그리고 50대 초반에 아내와 딸과 함께 요가 학원을 시작했다. 그 학원이 얼마 전에 창업 10주년을 맞았다. 그래서 그는 다음에는 어떤 일을 할까 생각 중이다. 다이앤 멀케이Diane Mulcahy는 자신의 사계절을 동사로 생각한다. 요컨대 금융 전문가와 전략가, 강연자와 저자로 각 사분기를 다른 식으로 만들어간다. 또 1년을 둘로 쪼개 미국과 유럽에서 지내며, 두 곳의 시민으로 살아간다.

빈타 브라운Binta Brown은《포춘》선정 100대 기업들에 자문하던 성공한 법률가로서의 삶을 그만두고, 음악 공연자들을 대변하는 회사를 창업했고, 직접 색소폰을 연주하고 때로는 다큐멘터리를 제작한다. 마리 나카마Mari Nakama는 한 과학 연구소의 프로젝트 관리자인 동시에 교육자다. 또 피트니스 강사이고, 자신의 옷을 직접 디자인하며, 반려자와 함께 도자기 작업실을 공동으로 운영한다. 이 역할들 하나하나가 다른 식으로 그녀에게 삶의 기운을 북돋워 준다.

해양 보전학 교수로 일할 때 엔릭 살라Enric Sala는 자신이 "해양 생물의 부고를 쓰는 사람"이란 참담한 생각을 떨칠 수 없었다. 그래서 학교를 떠나 전업 해양 보호가로 변신했다. 연구팀을 이끌고, 여러 정부와 함께 일하며 해양 보호구역을 지정하는 데 힘썼다.

지금까지 예로 제시한 사람들은 하나같이 포트폴리오 경력portfolio career을 지녔다.[106] 그들의 경력을 보면 직선이 아니었다. 뒤틀리고 회전하고 때로는 풀쩍 뛰었다. 그런 전환에 자극이 필요한 때도 있었겠지만 스스로 다른 길을 찾아간 때도 있었다. 그들은 삶의 과정에서 배우고 구축하며 시도할 만한 것이 더 많다는 걸 알아챘고, 그런 기회가 오면 적극적으로 대응했다.

직업인의 새 각본은 하나의 길만을 추구하라고 말하지 않는다. 플럭스 사고방식을 가지면, 미래의 경력이 포트폴리오처럼 보일 거라는 걸 자연스레 알게 된다. 다양한 직업, 회복 탄력성, 각자의 욕구에 따라 다른 이력서가 된다. 현실적으로 말하면, 포트폴리오 경력은 대체로 다음과 같은 현상으로 이어진다.

- 수입원의 다각화로 인하여 하나의 전통적인 직업보다 안정될 수 있다.
- 경력의 주인이 된다. 다른 사람이 제공하는 일자리와 달리, 포트폴리오는 절대로 빼앗기지 않는다.
- 일을 통한 커뮤니티가 확대된다.
- 시간이 지나면서 우리가 하는 일에 의미와 유연성이 더해진다.
- 끊임없이 변화하는 세계에서 직업인으로서 유일하게 진화하고 번영하는 정체성이다.
- 일하는 꼭두각시로 전락하지 않는다.

포트폴리오 경력을 만든다는 게 야망이 부족하다거나, '진짜 직업'을 갖지 않는다는 걸 뜻하지는 않는다. 게다가 현실 세계에서 포트폴리오 경력은 조용하지만 신속하게 모두가 가장 바라는 생계 수단으로 변해가고 있다.

돌이켜 보면, 20대에 나는 포트폴리오 경력에 관심이 있었지만 내 바람대로 다양한 일을 하며 살아갈 방법이 거의 없었다. 감사하게도 이제는 그렇지 않다.

요즘 세계는 개인의 취향을 훌쩍 넘어선다. 직업과 고용, 진로 등에 대한 옛 각본이 우리 눈앞에서 찢어지고, 노동의 미래 자체도 변화의 물결에 휩싸여 불확실하다. 이때 포트폴리오 경력은 우리에게 변화의 바람에 흔들리지 않고, 번영하는 경력을 쌓아가는 주도적인 전략과 회복 탄력성을 제공한다.

포트폴리오가
정확히 무엇인가

포트폴리오라는 단어에서 대부분의 사람들은 대체로 금융 분야나 사업 분야, 미술 분야를 생각할 것이다.

- 투자자는 위험을 분산하기 위해 포트폴리오 접근법을 이용한다. 전통적인 투자 고문은 주식과 채권과 현찰을 골고루 보유하는 포트폴리오를 추천한다.
- 벤처 투자자는 위험 수준을 기준으로 투자 포트폴리오를 구축한다.
- 경영자는 사업 단위, 전략, 미래 예측을 분석하는 데 포트폴리오 이론을 주로 사용한다. 1970년대 보스턴 컨설팅 그룹이 개발한 '제품 포트폴리오 매트릭스Product-portfolio Matrix'가 포트폴리오 이론의 효시다.[107] 경영자가 포트폴리오를 시도하는 목적은 미래의 위험과 수익을 관리하는 데 있다.
- 업무 관리자와 인력 관리자는 조직을 유지하기 위해 포트폴리오를 사용한다.
- 물론 미술가도 정말 자랑스럽게 생각하는 작품들을 선보일 때 포트폴리오를 펼쳐 보인다.

포트폴리오 경력은 이런 다양한 용도에서 영감을 얻는다. 포트폴리오는 순차적(한 번에 한 직업이나 역할)일 수 있고, 동시성(한 번에 여러 역할과 활동)을 띨 수도 있다. 포트폴리오 경력을 추구하는 사람들, 즉 경력을 분산하는 사람들은 일과 생활에서 틈새를 찾아낸다. 그런 삶이 하나의 직업이나 역할에 충실한 것보다 더 완전하고 개성과 융통성이 있어 현대적이고, 개인적으로 보상도 크다.

portfolio는 이탈리아어 portare(가지고 다니다) + foglio(종잇장)의 조합으로 만들어졌다. 달리 말하면, "너는 가장 중요한 서류를 어떻게 갖고 다니느냐?", "네 삶의 책에는 무엇이 담겨 있느냐?"라는 뜻이다.

내 경우에 직업 하나하나는 종잇장 하나, 스케치 하나, 투자 하나에 해당하는 것이다. 내 포트폴리오 경력에는 강연자, 미래학자, 투자 고문, 변호사, 하이킹 안내자, 국제개발 경영자, 투자자, 요가 수련자가 있다. 여기에 곧 작가가 추가될 예정이다. 내 삶의 책에서 대부분의 직업은 4년 이상 지속되지만, 삶의 방향을 재조정하려는 열정은 조금도 수그러들지 않았다.

포트폴리오는 직업 세계에만 국한되지 않는다. 포트폴리오에는 관례상 이력서에는 포함되지 않지만 나를 나로 만드는 능력들이 포함된다. 예컨대 부모를 잃은 고아, 세계 각지를 여행하는 사람, 번질나게 물구나무를 서는 사람,[108] 정신 건강을 중요하게 생각하는 사람 같은 특징들이 포함된다.

당연한 말이겠지만 포트폴리오 경력을 추구하는 사람들은 능력을 개발하는 데도 유능하고 뛰어나다. 내가 하이킹 안내자로 일할 때 적잖은 사람들이 경력을 진지하게 생각하지 않는다며 나를 나무라곤 했다. 그러나 그들이 보지 못한 게 있었다. 당시 나는 동료들 중에서 가장 먼저 일어나서 가장 나중에 잠자리에 들었다. 하루에 열여덟 시간을 일하는 데 그치지 않고, 프로젝트를 관리하고 차이를 수용하는 방법, 예산의 균형을 맞추는 방법, 팀을 구축하고 안전을 보장하는 방법, 뜻밖의 재미를 찾아내는 방법, 평생의 우정을 쌓는 방법, 모두를 재밌게 해주는 방법을 매일 배워가고 있었다. 하이킹 산길은 실질적으로 또 다른 경영대학원 교실이어서 전통적인 교실에서는 배우기 힘든 많은 것을 배웠다.

포트폴리오 경력은 '누구의 지배도 받지 않는 독립된 상태'를 뜻하지는 않는다. 포트폴리오 경력을 만들면 궁극적으로 누구의 지배도 받지 않는 상태가 될 수 있지만, 포트폴리오 자체에는 당신이 맡은 역할들, 책임자의 지휘를 받으며 했던 일, 당신이 싫어한 일, 당신이 옛 각본을 따랐던 일 등이 포함된다. (내 포트폴리오에도 이런 항목들이 있다. 실제로 내가 싫어하던 일은 나에게 많은 것을 가르쳐주었다.) 포트폴리오는 당신이 어디에서 어떻게 배웠든 간에 당신이 지닌 모든 재주와 능력이 뒤섞인 그릇이다.

내가 '관습에 얽매이지 않은' 이력서 때문에 많은 사람에게 비난을 받고 수년이 지나지 않아, 거의 비슷한 이력을 지닌 사람들이 내 레이더에 잡혔다. 지금도 그날을 똑똑히 기억한다. 그날처럼 대화가 다르게 진행되었던 때가 없었으니까. 그들은 "당신이 요즘 뭐 하는지 지켜봅니다. 그러고는 이렇게 다시 생각하게 됩니다. 어떻게 하면 나도 그렇게 할 수 있을까?"라고 말했다.

한길에서
포트폴리오로

　20세기 대부분의 기간 동안, 모범적인 경력의 길은 '사다리'와 '에스컬레이터' 혹은 '화살'과 비슷했다. 옛 각본의 입지는 확고했고, 거기에 담긴 메시지는 분명했다. 사다리를 한 계단씩 차근차근 올라가라는 것이었다. 옛 각본에서 승진은 꼭대기에 오르는 최종적인 목표를 향해 한 단계를 올라간다는 뜻이었다. 화살은 멀리 직선으로 날아가고, 에스컬레이터는 계속 움직인다. 모든 게 원만하게 진행되면 우리 미래는 가족과 사회의 기대 등 외적인 기준에 따라 결정된 과녁의 정중앙에 가까이, 미리 운명 지어질 수 있다.

　그 사다리와 에스컬레이터가 작동하려면, 많은 사람이 계급의 사다리를 성공적으로 오를 수 있다는 믿음이 필요했다. 따라서 경력은 직선적이어야 한다는 관점이 개발되었고, 그 관점은 대략 다음과 같이 요약되었다.

- 열심히 공부하고 좋은 성적을 받아라.
- 대학이나 직업학교에 진학해서 취직이 잘되는 학문이나 기술을 전공하라.

- 직업을 구하라.
- 그렇게 구한 직업을 오랫동안 충실하게 해내라.
- 승진하라.
- 은퇴하라.

이런 직선적인 사고법은 오랫동안 효과를 발휘했다. 충분한 일
자리와 많은 일거리가 있었다. 대부분의 근로자가 매일 똑같은 시
간에 똑같은 사무실이나 장소에 출근했다. 그들은 "한길을 쫓고
우회하지 말라"는 각본을 충실히 따랐다. 대부분이 그 길을 극히
예외적인 경우에만 벗어났고, 경력의 변화는 일반적으로 불행한
사고로 여겼다. 이상한 일탈이 있는 이력서는 바람직하지 않았다.
기업의 계층 사다리는 꼭대기에 오르면 고급 사무실, 멋진 직책,
권위가 보장되는 약속을 거듭하며 확고한 입지를 굳혔다.

그 직선적인 경력에서 개개인은 '하는 일'로 규정되었다. 자존
감은 각자가 사다리에서 차지하는 계단으로 결정되었다. 직장을
구한 뒤에 승진하기 시작한 순간, 사다리가 흔들리거나 무너지면,
혹은 언젠가 더는 이 직장에 있고 싶지 않으면 어떻게 해야 하는
지 생각하는 여유를 갖지 못했다. 하지만 최근 들어 사다리가 눈
에 띄게 흔들리고, 옛 각본은 너덜너덜해졌다. 팬데믹 이전의 통
계를 잠시 살펴보자.

- 2009년 이후로 미국에서 새로 만들어진 일자리의 94%가 정규

직이 아니었다.[109]

- 최근 대학 졸업자의 43%가 학위를 요구하지 않는 일자리를 구한다. 그들 중 3분의 2는 5년 뒤에 실직자다.[110]
- 독립된 노동자와 프리랜서, 즉 하나의 '직업'에 연연하지 않고, 소속을 갖지 않는 사람이 나머지 노동인구에 비해 세 배나 증가했다. 2017년, 밀레니얼 세대의 47%가 이미 프리랜서였다.[111] 2019년에는 (Z세대 53%를 포함해) 미국 전체 노동인구의 35%가 프리랜서였다.[112] 2027년쯤에는 프리랜서 숫자가 정규직을 넘어설 것으로 예측된다. 입에 풀칠하려고 열심히 뛰어다니는 미숙련 노동자만이 아니라, 아이비리그 출신으로 탄력적인 일자리를 원하는 최고경험관리자Chief Experience Efficer; CXO도 프리랜서에 속한다는 사실을 명심해야 한다.
- 전업 프리랜서의 77%가 전통적인 직장에서 일할 때보다 '일과 삶의 균형work-life balance'이 나아졌다고 대답한다.[113] 프리랜서 전체의 86%, 신진 프리랜서의 90%가 프리랜서의 앞날이 밝을 것이라 예상한다.[114]
- 정상에 올라서기는 더 어렵다. 하지만 정상이 정작 자신이 원하는 곳이 아니라는 걸 깨닫는 사람이 증가하는 추세다.

이 통계자료들은 미국에서 조사한 결과이지만, 전반적인 추세는 세계 공통이다. 다른 나라의 프리랜서 증가율은 약간 더 낮지만, 전반적인 증가 속도는 비슷하다. 이런 변화는 기업행동의 기본적인 원칙, 개인들의 자각, 기술혁신에 의해 가속화된다. 역학 관계에서 미는 쪽과 당기는 쪽, 모두가 작동한다는 뜻이다.

- 기업은 비용을 줄이고, 이익과 효율성을 증대하는 데 중점을 둔다. 평균적으로 독립된 노동자보다 정규직이 더 비탄력적이고 비용도 많이 든다.
- 요즘에는 기업 체계가 인력 개발보다 재무적 이익의 극대화를 위해 기본적으로 설계되어 있다는 현실에 눈을 뜨는 개인이 증가하는 추세다. 이제 노동자들은 과로와 노동주의Workism(노동이 삶에 의미와 목적을 준다는 믿음 — 옮긴이), 스트레스만 주는 직장, 저평가된다는 느낌 등에 진저리를 친다.[115] 노동자들은 깨어 있는 시간을 유의미하고 가치 있게 보내고 싶어 한다. 게다가 수명이 늘었다는 것은, 재능 있는 사람은 자의적이든 타의적이든 예전보다 더 오래 일할 수 있다는 뜻이다.
- 테크놀로지는 추진 로켓이다. 테크놀로지 덕분에 재주꾼을 찾고, 돈을 벌고, 새로운 상표를 만들어 알리는 게 더 쉬워졌다. 물론 일자리를 자동화해서 없애기도 더 쉬워졌다.

이 모든 것에 팬데믹이 더해지며 변화의 속도가 한층 빨라졌다.[116] 미증유의 실직 사태가 덮쳤지만, 기계는 아프지도 않고 시위하지도 않는다는 이유로 기업들은 자동화를 더 신속하게 밀어붙인다. 그러나 그런 조치가 인간에게 미칠 영향에 대해서는 깊이 생각하지 않는다.

노동의 미래 전략가 헤더 맥고완Heather McGowan은 "거기가 어디에 있더라도 언젠가 우리는 거기에 도달하겠지만, 함께 도달하는 사람은 더 적을 것이다."라고 말했다. 블루칼라 노동자도 줄어들고, 화이트칼라 전문가도 줄어들 것이다. 또 대학 졸업자도 줄어들고, 정규직도 줄어들 것이다.

그러나 잠깐!

- 지금 존재하는 일자리가 내일 사라지면 끝없는 실업의 악순환을 당신은 어떻게 피하겠는가?
- 당신이 종사하는 직업으로 당신의 정체성이 규정된다면 끊임없이 변하는 경력 때문에, 혹은 단순한 실직으로 촉발되는 정체성의 위기를 당신은 어떻게 피하겠는가?
- 아이들이 무엇을 공부해야 하고, 어떻게 '일자리를 얻어야' 하는지에 대해 조언을 구하면 (이 장을 끝까지 읽은 뒤에) 아이들에게 무엇이라 조언하겠는가?

이 모든 질문에 대해 포트폴리오 경력이 부분적인 대답이 될 수 있다. 포트폴리오 경력을 추구할 때 노동의 오늘과 내일 당신과 당신 아이들의 플럭스 파워가 크게 번창할 것이다.

당신의 직업 정체성을
재규정하라

방문판매원, 농부, 간호사, 군인, 수도자, 학자 등 과거에는 직업으로 결정되는 정체성이 우리 삶 전체에 영향을 미쳤다. 우리 각본에는 우리의 천직이 구체적으로 쓰였다. 따라서 쿠퍼Cooper(통을 만드는 사람), 밀러Miller(제분소 일꾼), 소여Sawyer(톱질하는 사람), 스미스Smith(대장장이) 등 많은 성姓이 직업이다.

최근에는 'I형 인간'(하나의 주제에 깊이 있는 지식을 지닌 인간)에서 'T형 인간'(관계와 지식이 넓고 깊은 인간), 'π형 인간'(한 분야 이상에 깊은 지식을 지닌 인간), 'X형 인간'(깊이와 폭과 다양성 및 새로운 영역에 들어설 역량을 지닌 인간)으로의 진화가 있었다.117 끊임없이 변하는 세계는 π형과 X형 인간들을 위한 세계다. 당신이 이미 이런 변화를 감지했을 수 있고, π형 인간일 수 있지만, 그런 변화를 가리키는 명칭이 있다는 건 몰랐을 수 있다. 분명히 말하지만 당신 혼자만 그런 것은 아니다.

노동의 미래는 확정적이지 않고 유동적이다. 당신이 종사하는 직업의 미래도 유동적이다. 미리 결정된 길은 아니라는 말이다. 또 당신은 더 이상 과거의 각본에 얽매이지 않는다. 더구나 다른 사람이 당신에게 떠넘긴 낡은 각본에는 더욱 구속되지 않는다. 이제는 새 각본의 시대이고, 당신만의 고유한 맞춤형 포트폴리오 경력을 만들어갈 시대다.

당신의
포트폴리오를 만들라

일자리와 고용, 직업의 전개, 노동의 미래 자체가 끊임없이 변할 때는 포트폴리오 경력에서 성공의 가능성이 더 높은 길을 기대할 수 있다. 그러나 그런 새 각본을 실제로 쓰려면 어떻게 해야 할까? 이런 미래에 적합한 정체성은 어떤 모습일까?

포트폴리오 경력의 개발은 '만들기creation'와 '관리curation'라는 두 과정으로 이루어진다. 두 과정을 하나씩 차례로 살펴보자.

Step 1 - 당신의 포트폴리오 경력에 이미 무엇이 있는가

당신이 알고 있든 그렇지 않든 간에 당신은 이미 포트폴리오 경력을 갖고 있다. 물론 전략적으로 그런 경력을 만들었던 것은 아니다. 이번 연습은 당신이 포트폴리오 경력을 시작하는 데 도움이 된다. 시간이 걸리겠지만 충분한 가치가 있는 연습이다.

종이 한 장을 꺼내거나 구글 문서 도구를 열고, 다음의 질문들에 답해보라.

- 유급이든 무급이든 당신이 지금까지 맡은 모든 역할
- 다른 사람에게 도움을 줄 수 있는 모든 재능
- 다른 사람에 비해 더 많이 알고 있는 모든 주제
- 당신에게 있다고 여겨지는 플럭스 파워들

- 다른 사람들이 당신에게 있다고 말하는 플럭스 파워들(놀랍게도 우리는 자신에게 내재한 플럭스 파워를 모르고 지낸다.)
- 지난 6개월 사이에 습득한 새로운 기술들
- '업무'의 일환이든 아니든 간에 당신이 이력서나 링크드인Linkedin 의 개인 정보란에 밝힐 정도로 진정으로 즐기는 활동이나 능력
- 이력서에는 없지만 당신이 현재 위치에 도달하는 데 일조한 능력과 재능 및 경험

이 목록을 작성한 뒤에 한쪽에 치워두라. 하룻밤 자며 생각하고, 이튿날 다시 들여다보며 놓친 것을 찾아 채워라. 그렇게 계속 확대하라. 무급으로 제공한 재능까지 모든 재능이 포함되었는가? 옛 각본이라면 당신의 '전문 영역'이 아니라고 말했을 주제까지 모든 내용이 포함되었는가?

이런 포트폴리오를 두고 각 재능이 나름의 위치를 차지한다면서 도시락 상자에 비유하는 사람들이 있다. 반면에 어떤 사람은 이런 포트폴리오를 사다리보다 정글짐이나 격자창에 비유한다. 나는 꽃에 비유하고 싶다. 수년을 주기로 새로운 재주를 배운 뒤에 새로운 영역에 진출해 그 재주를 활용하며 새로운 꽃잎을 만들어낸다고 생각해 보라. 시간이 지나면 내 포트폴리오 경력의 꽃은 더 커지고 더 다채로워지고 흥미로워지지 않겠는가. 게다가 더 많은 사람들과 공유하면 더 소중해지기도 할 것이다. 나는 이 모든 과정을 되풀이할 때마다 나를 나로 만드는 것에 뿌리를 두고, 계

속 진화하는 사람이 된다.

Step 2 - 유일한 존재가 되라

오늘 당신의 포트폴리오에 있는 것을 빠짐없이 모았다면 이제부터 진짜 재미있는 일이 시작될 것이다. 이후의 단계들은 부분적으로는 개인적인 '이키가이生きがい'(삶의 원동력)이고, 부분적으로는 전문적인 '주짓수柔術'이며, 부분적으로는 책임 있는 위험관리다. 특히 이번 단계는 향후에 당신이 꼭두각시가 되는 걸 예방하기 위한 조치이기도 하다. 따라서 당신만의 고유한 경력 지도를 그려야 한다.

'이키가이'는 일본어에서 온 표현으로, '존재의 이유'를 뜻한다. 삶의 목적이나 의미, 혹은 우리 삶을 가치 있게 해주는 것으로 번역된다.[118] 이 때문에 우리가 매일 아침 침대를 박차고 일어난다. 이키가이는 우리의 가장 큰 소명이기도 하다. 당신의 '이키가이'는 '유일한 당신'이 되는 것이다.

이키가이는 흔히 네 원이 교차한 모습으로 묘사된다.

- 당신이 능숙하게 잘하는 것
- 당신이 사랑하는 것
- 세상에 필요한 것
- 당신이 돈을 받고 해줄 수 있는 것

이런 이유에서 당신의 포트폴리오가 빛날 수 있다. 똑같은 두 사람은 존재하지 않기 때문에 당신과 동일한 '이키가이'를 지닌 사람은 있을 수 없다.

포트폴리오 경력과 긱 경제

포트폴리오 경력은 긱 경제Gig Economy가 아니지만, '긱'은 포트폴리오의 일부일 수 있다. 긱 경제라는 용어에서 흔히 떠올려지는 이미지는 단기적인 일을 저비용으로 신속하게 해내는 플랫폼이다. 온라인을 기반으로 농산물을 배송하는 인스타카트Instacart, 음식을 주문받고 배달하는 서비스를 제공하는 그럽허브Grubhub, 프리랜서를 연결해 주는 파이버Fiverr를 생각해 보라. 긱 경제는 포트폴리오 경력 접근법과 확연히 다르다.

우리는 다양한 재능과 능력으로 채워진 포트폴리오를 의도적으로 만들어갈 수 있다. 그러면 시간이 지나면서 우리의 포트폴리오는 진화하고 성장한다. 어느 시점에 당신 포트폴리오에 포함된 경력이 단기적으로 끝낸 경험이라면 그 경험 자체는 긱 경제의 일부로 여겨질 수 있다. 중요한 것은 당신이 탄력적이고 미래 지향적인 경력의 일부로 그런 경험과 재능 및 기회를 의도적으로 관리하고 있다는 것이다.

이 세계에 진정으로 필요한 것을 찾아내는 게 쉽지는 않다. 그래도 포트폴리오 경력을 쌓아가는 사람은 그것을 찾아내서 현재 자신이 지니고 즐기는 다양한 능력들과 결합해야 한다. 그렇게 결합한 재능으로 끊임없이 적응하고 진화하는 포트폴리오 경력을 만들어가는 것이다.

핵심은 사다리의 '꼭대기'에 올라서는 게 아니다. 길의 끝에 도달하고, 특별한 연봉을 받는 게 아니다. 핵심은 세상에 꾸준히 기여한다는 성취감과 즐거움을 누리는 것이다.

제리 가르시아에게 돌아가 보자.

"최고가 되기를 바라지 말고, 유일한 존재가 되라."

당신의 '유일한 것'이 무엇인가? 여기에서 '유일한 것'은 어떤 한 가지 재능에 대해 묻는 것이 아니다. 재주와 능력, 관심과 꿈이 '당신만의 고유한 방식으로 어떻게 결합되느냐' 하는 것이다. 그 결과가 당신만의 고유한 새 각본이다.

예컨대 당신이 변호사로 일하고 있지만 역사와 요리를 좋아하고, 주말이면 멀리까지 자전거로 여행한다고 해보자. 당신보다 뛰어난 변호사, 역사를 더 많이 아는 역사학자, 더 모험적인 요리사, 자전거를 더 능숙하게 타는 사람은 얼마든지 있다. 그러나 음식과 포도주와 세계사에 초점을 맞춘 사이클 여행을 기획하는 여행사에 당신만큼 법률적 조언을 훌륭하게 해줄 사람이 있을까? 아마도 없을 것이다.

이번에는 당신이 금융 회사에서 일하는 샌님이지만 물리학과 사진을 좋아하고 노부모를 보살핀다고 해보자. 또 공학자이지만 난초 가꾸기와 큼직한 베른 개를 좋아하고, 학생들에게 코딩을 가르친다고 생각해 보라. 구체적일수록 더 좋다. 그 재능들이 조합된 결과와 완벽하게 일치하는 일자리가 반드시 찾아지지는 않겠지만, 당신의 '유일한 것'을 규정하기는 더 쉬워진다.

결국 당신의 '이키가이'는 유일무이하다는 것이다! 그 이키가이는 무수한 방향으로 펼쳐질 수 있고, 그 방향 하나하나가 나름의 고유한 이유로 흥미진진하다. 포트폴리오 경력은 하나를 오랫동안 추진하다가 벽에 부딪치면 방향 전환을 모색하는 것이 아니다. 포트폴리오 경력에는 다수의 가능성과 조합과 기회가 동시에 들어간다.

열정: 의무는 아니지만 적극적으로 권장하고 싶은 것

열정의 역할에 대한 열띤 토론이 가끔 벌어진다. 좋아하는 것을 하면서도 돈을 벌 수 있다는 주장에 의혹을 제기하는 사람이 적지 않다. 한편 좋아하는 것으로 돈을 벌려고 하면 열정이 직업으로 바뀌며, 좋아하는 것과의 관계도 달라질 수 있기 때문에 그런 시도 자체를 원하지 않는 사람들도 있다. '열정 경제Passion Economy'에서 당신이 좋아하는 것은 당신이 반드시 해야 하는 것이 될 수 있다.

그렇지만 당신이 진정으로 무엇을 좋아하는지 아는 것은 황금의 무게만큼의 가치가 있다. 고난의 시기가 명료해지면 열정을 가져야 어떤 고난이든 더 쉽게 이겨낼 수 있다. 따라서 열정을 억누르는 건 잔혹한 짓일 수 있다.

지금 당신에게 어떤 열정도 없더라도 걱정할 것은 없다. 당신의 호기심

을 자극하는 것에 관심을 두고, 주의해서 관찰해 보라. 계속 추적해 보라. 무엇이 나타나는지 눈여겨보라. 그 불씨를 계속 추적해 보라.

지금 당신에게 어떤 열정이 있다면 그 열정을 더 크게 키워라. 그 열정을 다른 사람들과 공유하라. 어떤 경우에도 당신의 열정을 당연한 것이라 생각하지 마라.

Step 3 - 타화수분을 하라

포트폴리오 경력을 갖추면 하나의 길에 머무는 경우가 거의 없다. '타화수분cross-pollination'을 시도하게 된다. 유용한 재능이나 지식을 익힌 뒤에 그 능력을 다른 분야에서, 때로는 전혀 뜻밖의 영역에서 활용하며 기회를 모색한다. 문젯거리, 역할과 팀, 산업을 넘나들며 그 능력을 활용한다. 당신의 나침반이 가리키는 방향에서 새로운 통찰을 얻는다. 그 과정에서 당신은 새로운 가치를 창출하고, 다른 사람에게 용기를 북돋워 주며 각자의 새 각본을 쓰는 걸 도와줄 수도 있다.

옛 각본은 "직업을 구하고, 다른 사람이 당신에게 말하는 대로 수행하라."고 말한다. 그러나 새 각본은 "다양한 역할로 채워진 포트폴리오 경력을 만들고, 누구도 꿈꾸지 않았던 것을 하라."고 말한다. 옛 각본은 "로스쿨에 진학하면 당연히 변호사가 되어야 한다."라고 말한다. 그러나 새 각본은 "법학 학위는 가장 적용성이 뛰어나고 강력한 학위 중 하나다. 따라서 창의력을 자극하므로, 변호사 이외에도 많은 것을 해낼 수 있다."라고 말한다.

내 경우를 예로 들면, 요즘 함께 일하는 동료들 중 다수는 내가 한때 변호사로 일했다는 걸 모른다. 내가 변호사였다는 걸 알게 되더라도 믿기지 않는다는 표정을 지으며 "전혀 변호사처럼 보이지 않아요!"라고 말하는 동료도 적지 않다. 나는 일찍이 법적 지식을 바탕으로 해낼 수 있는 더 큰 그림을 알아냈다. 그래서 변호사로 일하지 않은 건 벌써 수십 년이지만, 아직도 거의 매일 법적 지식을 활용하고 있다. 법학 학위는 내가 타화수분을 시도하는 데 가장 유용한 자원 중 하나였다.

이번에는 로빈 체이스에게 돌아가 보자. 당신도 지금 여섯 분야 이상에서, 그것도 같은 시기에 일하고 있을 수 있다. 타화수분은 개인적인 포트폴리오 내에서도 가능하다. 우리는 타화수분을 시도할 때마다 그 과정에서 새로운 지식을 얻고 통합하게 된다. 그와 동시에 나침반을 다듬고, 뿌리도 강하게 만든다. 모든 것이 원만하게 이루어지면 상향 곡선을 그리며, 우리가 관여하는 모든 것이 더 나아진다.

예컨대 오랫동안 정체되어 새로운 활력이 절실히 필요하던 분야에 새로운 통찰을 제공할 수 있다. 또 다른 사람들이 숲과 나무만이 아니라 숲 너머까지 보도록 돕고, 앞에 펼쳐진 길이 나무에서 찾아지는 게 아니라 나무들 '사이', 즉 우리 바로 앞에 있지만 우리 모두가 제대로 보지 못하는 공간에서 찾아진다는 사실을 그들에게 다시 일깨워줄 수도 있다.

타화수분을 효과적으로 시도하려면 옛 각본의 결함을 정확히 이해하고, 포트폴리오식 사고방식에 대한 저항을 건설적인 방향으로 유도하는 게 필수적이다. 대체로 저항의 원인은 두려움이나 자각의 결여, 혹은 둘 모두에 있다. 낡은 각본과 사고방식에 길들여진 채 일하는 사람들이 포트폴리오 경력을 쌓는 사람을 보고 혼란스러워하는 것은 당연하다. 그들에게 하나하나의 경력은 바닥에서부터 시작하는 걸 뜻한다. 따라서 "도대체 왜 이렇게 일하는 거야?"라는 의문을 품게 된다.

그러나 플럭스 사고방식을 열어두고 새 각본을 쓰는 사람은 포트폴리오 경력을 '진화'로 생각한다. 각각의 경험이 발전이고 덧셈이며, 확장이다. 진화하는 자아에 맞추어 조정된 모험이기도 하다. 이런 자세는 "일단 시작해 보자!"라는 열정으로 이어진다.

Step 4 - 관리하라, 영원히!

포트폴리오가 충분히 갖춰진 뒤에는 관리 모드로 옮겨갈 수 있다. 그래야 항상 푸르고 신선한 경력이 된다. 우리가 호흡하고 생각할 수 있는 한 각본을 계속 써야 한다. 투자자, 경영자, 관리자, 미술가 등 누구의 포트폴리오에 우리가 가장 공감하느냐에 따라 관리 방식은 다른 형태를 띨 수 있다.

- 투자자: 포트폴리오의 균형을 맞추어라.

- 경영자: 포트폴리오를 현대화하라.
- 관리자: 포트폴리오를 정비하고 상향 조정하라.
- 미술가: 포트폴리오를 갱신하고 확대하라.

포트폴리오 관리에서 결코 잊어서는 안 될 것이 있다. 당신이 포트폴리오를 선제적으로 관리하는 한 포트폴리오에 당신의 성장 과정이 드러난다는 것이다. 따라서 끊임없이 변하는 세계에서, 또 노동의 미래에서 관리된 포트폴리오 경력만큼 융통성과 안정성, 기간과 의미가 결합된 이력을 보여주는 것은 없다.

'어떤 일을 합니까?'라는 질문의 진화

일반적으로 '어떤 일을 합니까?'는 우리가 생면부지의 사람을 처음 만날 때 묻는 첫 질문이다. (적어도 과거의 각본에는 그렇게 쓰여 있다.) 우리는 아이들에게 어른이 되면 무엇을 하고 싶은지 묻는다. 물론 목적과 가치, 열정과 꿈에 대해 묻는 것이고, 선의로 묻는 질문이다. 그러나 끊임없이 변화하는 세계에서 이런 질문이 타당할까? 로봇의 등장으로 내 직업이 쓸모없어지고, 직업에서 얻던 내 정체성이 단번에 사라진다면, 그때 나는 무엇을 해야 할까?

'어떤 일을 합니까?'는 기본적으로 잘못된 질문이다. '무엇에서 동기와 영감을 받습니까?'라는 질문이 더 낫다. 하지만 최선의 질문은 각자의 각본을 더 알아가는 데 필요한 질문이다. 예컨대 "세계에 거센 변화가 불어닥친다고 하더라도 당신을 지금의 당신으로 만드는 게 무엇인가?"
라는 질문이다.

다행히 요즘 현상에서 선택할 만한 질문이 상당히 많다. 자주 언급되는
질문을 소개하면 다음과 같다. 당신이 특별히 덧붙이고 싶은 질문이 있
는지 살펴보라.

- 어떻게 오늘 여기에 왔는가?
- 삶의 과정에서 누가 당신에게 가장 큰 영감을 주었는가?
- 당신이 가장 감사하는 게 무엇인가?
- 당신이 가장 자랑스럽게 생각하는 것이 무엇인가?
- 당신이 지금까지 겪은 가장 위대한 선생은 누구인가?
- 산 사람이든 죽은 사람이든 저녁 식사에 여섯 명을 초대한다면, 누
  구를 초대하겠는가?
- 당신의 내면에 있는 나침반을 어떻게 묘사하겠는가?
- 당신의 '이키가이', 즉 존재의 이유는 무엇인가?
- 더 많은 사람이 당신에게 어떤 질문을 해주기를 바라는가?

포트폴리오 경력과 교육의 미래:
평생 학습

대학들은 "졸업생이 일자리를 구하는 걸 지원한다."라는 약속을 지금도 되풀이하고 있다. 하지만 앞에서 보았듯이 최근에는 대학 졸업생의 43%가 학위를 요구하지 않는 일자리를 구하고, 그들 중 거의 3분의 2가 5년 뒤에는 실직자가 된다. 대학의 이런 약속은 대체 어떤 종류의 약속일까?

대학교의 취업 지원 센터는 지금도 고용주를 캠퍼스로 초빙하는 데 주력하고 있다. 하지만 앞에서 보았듯이 밀레니얼 세대의 절반 이상이 봉급생활자가 아니라 독립된 노동자이고, 누구의 지시도 받지 않고 독립적으로 활동하려는 젊은이가 예전보다 많다. 그럼에도 취업 지원 센터 조언자들이 여전히 옛 각본에 집착하는 이유는 무엇일까?

대체로 오늘날 교육기관들은 노동의 미래를 전망한 보고서를 받지 못하고 있다. 만약 받았다면 철저히 읽지 않은 게 분명하다. 요즘 많은 대학과 경영대학원에서 기업가 정신에 대한 강의를 개설하는 것은 사실이다. 그러나 많은 학생들이 직업에 대해 어떻게 생각하는지 그 현실을 파악하는 데는 소홀한 듯하다. 따라서 대학은 학생들이 창업하는 걸 헌신적으로 지원하지 못하고, 포트폴리오 경력이라는 플럭스 파워도 제대로 활용하지 못하는 상황에 봉착하고 말았다. 청년과 부모에게, 대학의 이런 상황은 교육의 미래에 대한 경고 신호로 받아들여진다. 이 때문에도 이 장을 더욱 진지하게 읽어야 한다.

포트폴리오 경력은 모든 연령층에서 가능하다. 따라서 포트폴리오 경력을 만들어가기 위해 플럭스 사고방식을 갖추는 연령이 낮아질수록 대학생과 졸업생, 가족과 직장 및 사회 전체 모두에게 더 긍정적이다.

국경이 없는 포트폴리오

포트폴리오 경력의 관리는 무엇을 어떻게 하는지에만 국한되는 게 아니다. 당신의 포트폴리오가 어디에서 번창할 수 있는지도 중요하다.

얼마 전부터 몇몇 국가에서 포트폴리오 경력을 추구하는 사람들에게 유리한 환경을 조성하는 방법에 대해 고민하기 시작했다. 2014년 에스토니아(유럽연합 회원국)는 전자 시민권e-Residency 제도를 시행했다. 전자 시민권은 당신이 실제로 어디에서 거주하더라도 에스토니아인이면 세계 어디에서나 사업을 시행할 수 있게 해주는 디지털 신분증이다.

전자 시민권은 여권이나 비자가 아니다. 그러나 에스토니아의 전자 시민 증가율은 에스토니아의 출생률을 앞지른다. 나도 2015년 이후로 에스토니아의 전자 시민이다. 이 프로그램은 지금도 무척 잘 운영되고 있다.[119]

최근에는 에스토니아를 비롯해 유럽, 라틴아메리카와 카리브해 지역, 아시아와 아프리카에서 약 25개국이 디지털 노마드 비자Digital Nomad Visa; DNV 프로그램을 시작했다. DNV를 받으면 외국인이 해당 국가에서

12개월(일부의 경우에는 2년)까지 거주하며 일할 수 있다. 그전에는 두 가지 가능성밖에 없었다. 관광객으로 들어와 90일 동안 머무는 경우와 영주권을 신청하는 경우였다. 관광 비자는 일종의 구속복이어서 90일마다 국경을 들락거려야 했다. 따라서 많은 번거로운 상황이 초래되었고, 정책 입안자들에게도 골칫거리였다. 반면에 영주권은 극히 일부의 방문객만이 목표로 삼는 것이었다. 이제 DNV 덕분에 우리는 거주하는 곳 너머에서 일거리를 찾는 게 무척 쉬워졌다. 따라서 포트폴리오 경력을 쌓아가는 범위도 자연스레 세계로 확대된다.

만약 당신이 오늘 스무 살이라면, 당신의 간판을 온라인으로 내걸지 않아야 할 이유가 없다. 이 간판이 당신의 포트폴리오 경력의 첫 줄이 될 수 있다. 당신이 서른 살인데도 아직 간판을 내걸지 않았다면 당장 서둘러 달아야 한다. 쉰 살이어도 마찬가지다. 또 당신에게 스무 살인 아들이 있다면, 이참에 함께 시작하는 걸 고려해 보라.

요점을 정리하면, 독립해서 자기만의 사업을 시작하는 게 지금처럼 쉬운 때가 없다. 이제는 상식이 되었다. 게다가 비용도 많이 들지 않는다. 현재의 직장을 그만두지 않고도 테크놀로지와 상표에 관련된 기본적인 지식을 배우고 사업 감각을 익힐 수 있다. 양육법, 맞춤 티셔츠, Z세대에 대한 전문 지식 등 삶에 필요한 정보를 알려주겠다며 당신의 간판을 내걸면, 그 경험을 통해 어떤 정규 강의보다 많은 것을 배울 수 있을 것이다.

실전을 통해 배워라! 게다가 그 경험은 다른 문도 열어줄 것이다. 그 경험은 결국 당신의 포트폴리오 경력의 일부가 되지만, 당신은 언제든 그 경력을 새롭게 변형해 재창조하고, 장래에는 다른 경험들과 결합할 수 있을 것이다.

포트폴리오 경력은 직업에 대해 생각하는 방식만이 아니라, 학습과 성장에 대해 생각하는 방식도 바꿔놓는다. 헤더 맥고완의 표현을 빌리면, "노동의 미래는 학습이고, 학습의 미래는 일이다." 또 "학습은 새로운 형태의 연금이다. 학습은 당신의 미래 가치를 매일 만들어내는 수단이기도 하다."[120] 따라서 포트폴리오 경력에는 일과 학습 모두가 포함된다. 끊임없이 변하는 세계와 일터에서 우리는 잠시도 학습을 멈출 수 없을 것이다. 잠시도!

"어떤 일을 합니까?"가 옛 각본의 고전적인 질문이라면, "지금 무엇을 배우고 있습니까?"는 새 각본에서 본질적인 질문이 된다. 사람들이 직업을 구하기 위해 공부하고, 평생 그 직업에 종사하는 시대는 끝났다. 당신이 동일한 산업에 머물더라도 변화의 속도를 고려하면, 그 산업도 한 세대 내에 변할 가능성이 크다. 어떻게든 이런 변화의 파도를 견뎌낼 수 있을 거라고 믿는 사람이 있다면 가혹한 경고에 직면할 것이다.

포트폴리오 경력에서 당신은 노동의 미래도 끊임없이 변한다는 걸 알게 된다. 재능을 어떻게 결합하느냐에 따라, 즉 포트폴리오를 어떻게 구성하느냐에 따라, 당신이 잘하는 직종이 쓸모없어지는 위험이 완화되고, 당신이 능력을 발휘하는 범위가 확대된다. 당신은 다방면에 지식을 지닌 만능인인 동시에 한 분야를 깊이 아는 전문가일 수 있다. 따라서 주어진 상황에 어떤 지식이 적합한지 올바르게 결정할 수 있다.

포트폴리오 경력은 평생 학습을 자연스레 유도하는 촉매가 되고, 반대로 평생 학습은 포트폴리오 경력을 가능하게 해준다. 당신의 포트폴리오에 새로 더해져야 할 것을 알게 되면, 당신의 '이키가이'도 똑같이 상향 조정될 것이다.

당장 시작하라! 무얼 기다리고 있는가?

함께 일하라:
21세기 길드

포트폴리오 경력을 만들어가기 위해서는 무엇을 어떻게 하는지만 중요한 게 아니다. 누구와 함께하는지도 중요하다. 직선적인 경력을 쌓는 사람들이 그렇듯이, 포트폴리오 경력을 만들어가는 사람들에게도 동료와 동업자가 있다. 그러나 새로운 테크놀로지 덕분에 새로운 사람을 만나 함께 작업할 기회가 예전보다 많아졌다. 21세기 길드는 가장 유익한 기회 중 하나다.

길드라는 개념은 새로운 게 아니다. 길드는 멀리 중세까지 거슬러 올라가고, 사람들이 동일한 항목에 함께 집중하며 좋은 품질을 유지하고, 관련된 기능과 관습을 전달하는 데 힘쓰던 동업 조합을 가리킨다. 대장장이, 목수, 구두공, 회계원이 길드로 운영된 대표적인 직업이었다. 길드가 산업화로 인해 뒷자리로 밀려나거나 자발적으로 해체되는 동안, 기업과 자영업이 눈에 띄게 증가했다. 특히 자영업은 결코 사라지지 않고, 오히려 이제는 되살아나는 추세다.

현대판 길드는 직업훈련부터 사업 개발과 네트워킹 및 상호 부조까지 다양한 목적을 띤다.[121] 길드는 회원들이 직업과 관련된 전문 지식을 학습하고 기르는 걸 돕는다. 또 회원들이 네트워크를 구성해 서로 협력하고, 길드를 넘어서는 다른 유형의 지식을 얻도록 지원하기도 한다.

길드는 일종의 집단 성향을 띠기 때문에 회원의 평판과 신뢰를 판단하는 간접적인 기준으로도 기능한다. 예컨대 '인스피럴Enspiral'은 세계 전역에 분포된 150명 이상의 회원으로 구성된 길드로서, 다양한 벤처 사업을 지원한다. 또한 그들의 운영 방법에 대한 편람을 공개하고, 회원들이 참여해 마련한 공동 예산으로 인스피럴 회원을 지원하기도 한다.[122]

포트폴리오 경력과 더 다양한 형태의 노동 방식이 21세기에 단단히 뿌리를 내리는 동안, 길드는 학습과 직업 공동체와 신뢰도 향상을 가속화하는 수단이 될 수 있다. 길드는 끊임없는 변화에 적합하다.

당신의 현재 직업이
당신의 전부는 아니다

'플럭스 세대Generation Flux'라는 용어가 유동적이고 혼란스런 직장에서도 두각을 나타내는 사람을 묘사하는 데 처음 사용된 때가 2012년이다.[123] 오늘날 플럭스 세대로서 번창한다는 것은 포트폴리오 경력을 지녔다는 뜻이기도 하다.

요약해서 말하면, 포트폴리오 경력에는 당신이 자신에 대해서 어떻게 생각하고, 세상에서 어떤 일을 하고 있는지가 쓰여 있다. 달리 말하면, 당신이 쓴 각본이다. 직선적으로 외길을 추구하던 관습적인 경력에서, 유일무이하고 끊임없이 진화하는 포트폴리오 경력으로 전환하면 뿌리가 튼튼해지고 회복 탄력성도 높아진다. 포트폴리오 경력을 쌓는 사람에게 직업훈련은 더 이상 불안을 완화하고 변화를 관리하기 위한 훈련이 아니다.

직선적인 경력을 쌓는 사람은 강의를 듣고 잘못된 부분을 바로 잡고 승진으로 위안받더라도, 방향을 상실하거나 통제할 수 없는 외적인 힘에 밀려나는 위험에 항상 노심초사해야 한다. 한편 포트폴리오 경력을 추구하는 사람에게서는 플럭스 사고방식을 가졌다는 증거가 확인된다.

포트폴리오 경력에 대한 압력은 여전히 거세고, 그 압력의 주된 출처는 옛 각본에 사로잡힌 사람들과 공공 정책이다. 그러나 그 압력도 서서히 조금씩 변하고 있으며, 때로는 큼직한 변화도 눈에 띈다.

"미래에는 포트폴리오 경력이 필요하다."

우리가 인정하든 인정하지 않든 간에 이미 오늘날에도 모든 직업이 일시적이다. 미래, 특히 노동의 미래에는 직업의 경계를 넘어 생각하며, 포트폴리오 경력을 만들고, 끊임없이 변하는 세계에 유연하게 대처하는 법을 아는 사람이 유리할 것이다.

1. 오늘 당신이 직장을 잃는다면 당신의 직업 정체성은 무엇이 될까?

   _____

2. 당신이 직업인으로 꿈꾸던 가장 큰 목표, 즉 경력에 대한 열망을 어떻게 묘사하겠는가? 그림으로 그려볼 수 있겠는가?

   _____

3. 새로운 사람을 만나면 가장 먼저 무엇을 물어보는가?(이름 제외)

   _____

4. 수년을 주기로 직업을 바꿔야 한다고 생각하면 긍정적인 자극을 받는가, 아니면 두려움이 밀려오는가? 그 이유는 무엇인가?

   _____

5. 당신이 무엇이든 될 수 있다면, 그것이 무엇이겠는가?

   _____

CHAPTER 7

더욱더
인간다워져라

당신이 하는 모든 일에서
인간다운 면을 찾아보라.

– 에일리시 캠벨Ailish Campbell

아마존 알렉사Amazon Alexa는 인공지능을 이용한 가상의 도우미이고, 새로운 가족 구성원이기도 하다. 중국에서는 휴대폰 사용자를 위한 특별한 보행로가 설치되었고, 그 현상을 가리키는 '고개 숙인 사회Heads-down Society'라는 새로운 용어도 만들어졌다.[124] 2019년 십대들은 하루 평균 6시간 40분을 휴대폰과 태블릿, 텔레비전 화면 앞에서 보냈다. 수면 시간을 고려하면 그 시간은 깨어 있는 시간의 40% 이상이다.[125] 하지만 이 통계 수치도 재택근무, 원격 수업, 온라인 강의로 화면 앞에서 보내는 시간이 지붕을 뚫고 올라가기 전의 것이다.

하지만 스크린 앞에서 보내는 시간만이 우리에게 인간다운 면을 빼앗는 게 아니다. 자동화도 엄청나게 빠른 속도로 진행되고 있다. 전자 상거래와 무인 자동차부터 텍스트 인식과 질병 진단까지, 과거에는 노동 집약적이거나 많은 단계를 거쳐야 했던 물리적이고 정신적인 행위들이 이제는 자동화된 기술에 의해 신속하고 효율적으로, 그것도 일정표에 정확히 맞추어 행해진다. 자동화 자체가 새로운 것은 아니지만, 최선의 선택과 윤리적 규제에 대한 아무런 합의도 없이 이미 뿌리를 내리고 있는 자동화 속도가 지나치게 빠르다는 게 문제다. 하지만 팬데믹으로 자동화 경쟁이 가속화되고, 그런 근심이 옆으로 밀려나기 전에도 자동화 속도는 불안할 정도로 빨랐다. 그런데 이런 추론도 가능하다. 기계가 병에 걸리지도 않고 저항하지도 않는데, 또 입력된 명령을 거부하지도 않는데 굳이 자동화를 부정적으로 볼 필요가 있는가?

하지만 화면 앞에서 보내는 시간과 자동화만이 우리를 인간다운 면에서 떼어놓는 것은 아니다. 우리가 거의 매일 확인하듯이 테크놀로지는 우리를 연결하기도 하고 갈라놓기도 한다. 여러 연구에서 밝혀졌듯이 성인의 경우에는 화면 앞에서 보내는 시간과 우울증 지수 사이에 상관관계가 있다.[126] 60%의 젊은이가 온라인에서 집단 따돌림을 목격했지만 대부분이 간섭하지 않는다.[127] 우리는 테크놀로지를 학습의 도구이자 탈출구로 이용한다. 단합하거나 갈라놓을 목적에서, 감정을 표출하거나 감추려는 목적에서, 더 나아지거나 세상의 모든 사람과 자신을 비교하려고 테크놀로지를 이용한다. 하지만 비교는 대체로 부정적인 결과를 낳는다.

우리가 테크놀로지와 함께하는 시간은 점점 늘어나는 반면, 다른 사람과 교류하는 시간은 점점 줄어든다. 우리는 상호의존적이다. 기후변화부터 불관용까지 국경을 뛰어넘는 문제들이 우리를 괴롭히지만, 해결책은 기본적으로 부족하다. 인류의 역사에서 어느 때보다 더 많은 사람과 연결되고, 더 많은 것을 배울 수 있는 시대이지만, 어느 때보다 분열되고 단절된 시대이기도 하다. 심지어 우리 자신과 단절되는 경우도 비일비재하다. 결국 우리는 다수이면서도 혼자다.

FLUX POWER
: 더욱더 인간다워져라

로봇이 더 많아지는 세계에서 번창하는 비결은 더욱더 인간다워지는 것이다. 인간애를 발휘하며 다른 사람들을 돕는 것이다. 너무도 확연하지만 거의 눈에 띄지 않게 테크놀로지는 우리 삶의 거의 모든 부분에 점진적으로 스며들었다. 대체로 새로운 테크놀로지는 유익하게 쓰인다. 관련된 일을 더 쉽고 더 빠르게 처리하면서 비용조차 절감한다. 그러나 이런 효율성에는 문제적 메시지가 절묘하게 감춰져 있다. 테크놀로지 자체가 답이라는 메시지다. 또 테크놀로지가 인간의 구원자이고, 알고리즘이 우리보다 더 정확하다는 메시지도 있다.

이런 메시지의 파급효과는 엄청나다. 조금씩 인간은 자신감을 상실하고(테크놀로지가 더 잘한다고 여긴다), 감정이 무뎌지며(테크놀로지가 우리를 멍하게 만든다), 주체성마저 잃는다(클릭하는 게 유일한 일거리가 된다). 게다가 테크놀로지가 옆에 없는 상태에서 "나는 누구인가?"를 상상하는 것조차 성가시다.

이런 메시지는 우리에게 강인한 존재라고 속삭이는 과거의 각본에 더해진다. 옛 각본은 우리에게 깨끗하게 세척된 모습을 세상에 내보이기를 요구한다. 따라서 경쟁자들을 물리치고, 슬퍼도 울지 않아야 하며, 자존심으로 조직을 이끌고, 다른 사람들이 정한 기대치를 충족하려고 애써야 한다. 진정한 당신의 모습이 아니라, 다른 사람들이 당신에게 바라는 모습을 보여야 한다. 따라서 어떤 수를 써서라도 승리해야 한다.

하지만 이런 메시지가 우리 삶에 실제로 어떤 영향을 미칠까? 조금씩 다른 사람의 진실이 우리의 진실로 둔갑한다. 사람을 미워하게 되고, 다른 사람들을 멀리하는 데 그치지 않고 우리 자신과도 단절한다. 인류애라는 커다란 천을 형성하는 실들을 끊어버린다. 이렇게 우리는 불안과 우울과 고독으로 가득한 토끼굴로 치닫고 있는 중이다.

그러나 이렇게 살아야만 하는 것은 아니다. 테크놀로지를 이렇게만 활용하고, 다른 사람들과 이런 식으로만 관계를 맺어야 하는 것은 아니다. 끊임없이 변하는 오늘날의 세계에서 이런 사고방식의 단점이 무수히 드러났다. 우리, 더 나아가 사회 전체가 옛 각본의 덫에 걸려 '인간'을 뒷전에 밀어둔다. 그러나 플럭스 사고방식을 열 때 우리는 이런 현실 너머를 볼 수 있다.

인간다워지는 플럭스 파워를 개발하면 우리와 테크놀로지의 관계가 다시 맞추어진다. 테크놀로지 러다이트Luddite(산업혁명으로 기계가 노동자의 일자리를 빼앗는다고 생각하며, 기계를 파괴하는 운동을 이끈 사람의 이름. 러다이트 운동이란 명칭이 여기에서 나왔다.─ 옮긴이), 즉 과학기술 혐오자가 되라는 것은 아니다. 내가 말하려는 건 그게 아니다. 오히려 '각성한 인간 의식'이란 테크놀로지만큼 강력한 테크놀로지는 없다는 내적 지혜를 무기로, 새로운 테크놀로지의 긍정적인 힘을 활용하라는 것이다.

이 플럭스 파워를 실행할 때 새 각본이 당신의 내면에서 쓰이기 시작한다. 새 각본은 당신에게 자신을 온전히 거짓 없이 드러내고, 완전한 자아를 풀어놓으라고 요구한다. 또 취약성이 외유내강의 증거이지 약점이 아니라면서, 다른 사람을 억누르는 힘을 추구하지 말고, 다른 사람들과 힘을 공유하라고도 말한다. 결국 새 각본에서는 인간의 상호의존성에 놀라운 지혜가 있다는 걸 인정한다.

플럭스 사고방식을 열고 새 각본을 쓰기 시작하면 당신 내면의 목소리와 다시 연결될 수 있다. 또 다른 사람들과도 다시 연결되어 더 현명한 결정을 내리고, 지금 상상하는 것보다 훨씬 많은 곳에서 즐거움과 평안을 찾을 수 있으며, 당신의 잠재력을 완전히 발휘하는 수준에 이를 수 있다.

이런 상태에 이르고 싶지 않은 사람이 있을까?

당신을 다른 존재로 바꾸려고 끊임없이 조작하는 세계에서
자신을 유지한 것만큼 위대한 성취는 없다.

- 랠프 월도 에머슨Ralph Waldo Emerson

인간이 되는 법을 망각하다

플럭스, 즉 끊임없는 변화를 올바로 인지하려면, 인간과 테크놀
로지 사이의 진화하는 관계를 받아들이고, 테크놀로지가 인간에
게 미치는 영향도 인정해야 한다. 또한 인간은 알고리즘이 아니라
는 사실에 기반한 도덕적 나침반도 필요하다. 물론 더욱더 인간다
워지는 플럭스 파워도 필요하다.

앞에서 보았듯이 인간의 반응 메커니즘은 테크놀로지만이 아
니라 감정, 특히 두려움에 영향을 받는다. 전통적인 사고 구조는
물리적인 형태와 확실한 것에 맞추어진다. 대뇌의 변연계는 우리
가 모르는 것을 두려워하도록 프로그램되어 있다. 모르는 것이 사
소한 것이든 우리가 통제할 수 없는 거대한 것이든 큰 차이는 없
다. 하버드대학교에서 공부한 과학자, 예일대학교를 졸업한 그래
픽디자이너, 리더십 전문가이자 멘토, 게다가 접신한 주술사인 마
티 스피걸먼Marti Spiegelman은 "우리가 아는 것에 집착하기 때문에
미지의 것을 무서워하는 두려움이 생긴다. 하지만 인간의 천재성
은 미지의 것을 창조적인 진화에 끊임없이 활용한 데 있다. 오늘

날 우리는 두려움에 극단적으로 반응하며 창조적 진화를 자극하는 가장 큰 힘을 한 귀퉁이에 밀어놓음으로써, 우리가 온전한 인간이 되는 법을 망각한 것처럼 보인다."라고 말한다.[128]

스피걸먼의 설명에 따르면, 두려움은 대뇌에서 에고가 자리한 곳에 위치한다. 우리는 에고가 우리 성격의 자연스러운 고향이라 생각하지 않고, 우리 생존을 책임진다고 믿기 시작한다. 따라서 에고를 위협하는 것은 생존을 위협하는 것이 된다.[129] 여기에서부터 뒤틀린다. 우리가 에고에만 의식을 집중하면, 모든 것이 에고와 관련된 것이고, 에고가 모든 것, 심지어 생물학적 생존까지 책임진다고 믿기 시작한다. 결국 우리는 실시간으로 유입되는 새로운 감각 정보와 담을 쌓고, 과거의 정보에만 의존하는 위험한 상황에 처하게 된다. 달리 말하면, 현재와 단절된다.

비유해서 말하면, 우리가 처한 상황이 미끄러운 비탈로 급격히 변한다. 요컨대 우리가 새로운 감각 정보와 담을 쌓으면, 직접 경험을 통해 주변에서 실제로 일어나는 현상을 파악하는 능력이 약화된다. 그 결과, 두려움 회로를 촉발하는 것이 무엇인지 파악하는 능력도 줄어든다. 우리가 모르는 게 많아질수록 두려움이 커지고, 그 때문에 새로운 것을 알려고 하지 않는 악순환이 반복된다.[130] 그리하여 결국 당신과 나, 우리는 온전히 인간적으로 성장해 가는 길과 담을 쌓는다.

봉사와 고통

오늘날의 사회에서 우리는 고통을 견디는 법을 거의 배우지 않는다. 오히려 고통과 아픔으로부터 해방되는 게 목표라고 배운다. 따라서 고통이나 아픔을 겪으면 어떤 이유로든 실패한 것이라 규정된다. 이런 정의도 옛 각본과 새 각본이 정면으로 충돌하는 많은 경우 중 하나다. 옛 각본은 "강하라!"고 가르친다. "절망의 구렁텅이에 있더라도 그런 기색을 밖으로 드러내지 마라." "네 감정을 감추어라." 그러나 감정을 묻고 감추면 다른 사람이 도움을 줄 수 없다. 반면에 새 각본은 "자신에게 진실하라!"고 가르친다. "감추지 말고 온전히 드러내라. 다른 사람이 당신에게 어떻게 도움을 줄 수 있는지 알게 하라." "당신도 다른 사람들에게 어떻게 도우면 좋겠느냐고 물어라." 이렇게 하는 것이 봉사이고, 상대에게 자신을 완전히 드러내는 첩경이다.

더욱더 인간다워진다는 게 고통으로부터 자유로워진다는 뜻은 아니다. 오감과 인간애를 완전히 자각한다는 뜻도 아니다. 현재에 충실하고 철저히 자신이 된다는 뜻이다. 예컨대 불편한 것도 달갑게 받아들이고, 때로는 불편하다는 걸 대외적으로 공개하며, 더 큰 성장을 위한 발판으로 불편한 것을 활용하라는 것이다.

더욱더 인간다워진다는 것은 다른 사람을 위해 헌신한다는 뜻이다. 또 다른 사람을 돕는다는 것은 인간의 상호의존을 실천하는 것이다. 우리의 의식이 '나에게서 우리로' 전환하면, 개인적인 능력만이 아니라 집단의 잠재력이 폭발하며 변화에 대응하는 것도 더 쉬워진다.

오늘날 우리는 더욱더 인간다워지는 플럭스 파워를 행동에 옮길 수 있는 절호의 기회를 맞았다. 지금까지 이런 기회는 없었다. 이런 주장을 뒷받침하는 사례는 무수히 많지만, 어떤 경우든 슬픔만큼 강력한 증거는 없을 것이다. 코로나 바이러스 팬데믹 때문에 지금 이 땅에 살고 있는 우리는 자신이 알고 있던 세계의 일부를 어떤 식으로든 상실하는 아픔을 겪었다. 그러나 팬데믹의 영향은 그것에만 그치지 않았다. 우리가 미래를 생각하는 관점까지 달라졌고, 많은 경우에 완전히 사라졌다. 과거에 존재하던 것이 이제는 존재하지 않고, 미래에는 어떤 세상이 펼쳐질지 불확실해서 짐작할 뿐이다.

개인적으로나 집단적으로 우리는 과거에 있던 것과 미래에는 없을지 모르는 것의 상실을 슬퍼한다. 직장이나 꿈, 사랑하는 사람이나 매일 반복되던 일상, 평정심이나 기대 등 각자 잃는 게 다르고, 그에 따른 느낌도 다를 수 있지만 팬데믹 이전과 달라지지 않은 사람은 한 명도 없을 것이다.

팬데믹의 영향 때문만은 아니다! 자연 재앙, 실직, 실연에도 영향을 받는다. 결국 문제는 상실에서 나타나는 보편적이고, 세월이 흘러도 변하지 않는 현상을 어떻게 처리해야 하느냐다. 슬픔을 적극적으로 수용해야 할까, 억눌러야 할까? 일반화해서 말하면, 우리 감정에 두려움을 느껴야 할까, 두 팔을 펴고 환영해야 할까? 끝없는 불평으로 주변 사람들의 기분까지 우울하게 만드는 사람도 포용해야 할까? 우리 고통을 짧게 끝내려고 노력해야 할까, 아니면 유일한 탈출구는 고통을 온전히 겪는 것이라 인정해야 할까?

부모님이 급작스레 세상을 떠나기 전까지 나는 장례식에 참석한 적이 없었다. 두 분에게 닥친 사고는 페이스북과 스마트폰이 등장하기 전이었다. 따라서 내가 슬픔을 세상에 공개할 방법은 전혀 없었다. 여하튼 내 슬픔을 공유할 온라인 플랫폼이 없었다. 또 내가 아는 한 어떻게 슬퍼하는 게 옳고 그른지에 대한 진지한 기준도 없었다.

중요한 것은 그저 인간다워지는 것이었다. 두려움과 슬픔, 불확실성과 고통을 그대로 겪는 것이었고, 내 모습을 숨김없이 드러내고 보여주는 것이었다. 주변 사람들은 그렇게 할 의무도 없었고, 내가 그들에게 그런 반응을 기대한 것도 아니었지만, 그들도 자신들의 모습을 숨김없이 드러냈다. 그때를 생각하면 지금도 경이로울 뿐이다. 그들은 그 어느 때보다 인간적인 모습을 보여주었고, 내가 '진실한 나'를 발견하는 데 큰 도움을 주었다. 또 '슬픔의 공유grief support'가 진정으로 무엇을 뜻하는지 깨닫는 기회가 되기도 했다.

요즘에는 슬픔을 온라인에서 공개하는 게 흔하다. 많은 사람에게 이제 온라인 플랫폼은 슬픔을 극복하는 과정에서 필수적인 도구다. (지금이라면 부모님의 죽음을 공개적으로 슬퍼하겠느냐는 질문에 나 자신은 아직까지 선뜻 '그렇다'라고 대답하기 힘들다.) 슬픔을 공유하면 덜 외롭고, 다른 사람들의 도움을 받기가 쉬워지는 게 사실이다. 그러나 디지털 세계가 응당 사람이라면 온라인에서 슬퍼해야 한다는 '기대의 위험'을 확산시켜, 죄책감과 걱정 등 우리 감각을 빼앗는 감정으로 슬픔을 묻어버리는 쪽으로 왜곡될 수 있다. 또 무수한 기계적인 위로에서 진정한 위안을 주는 말을 찾아내기는 정말 힘들 수 있다. 더구나 슬픔의 늪에 깊이 빠져 있을 때는 더더욱 어렵다.

잠시 멈추고 당신이 사람으로서, 또 리더로서 슬픔에 어떻게 접근하는지 생각해 보라. 슬픔에 잠긴 사람에게 도움을 주기가 조심스러운가? 당신의 접근법이 "유감입니다", "힘내십시오"에 더 가까운가, 아니면 슬픔과 아픔을 당사자와 함께 나누는 쪽인가? 개인의 슬픔과 집단의 슬픔에 적절히 대응하는가?

더욱더 인간다워진다는 것은 감정을 속이지 않고 공감하며 윤리적으로 행동한다는 뜻이다. 진실하고 직관적으로 행동하고, 자신의 불완전함을 감추지 않는다는 뜻이다. 나아가 봉사란 무엇인가? 다른 사람의 승리를 축하하고 상실을 애도하는 진실한 모습을 보여준다는 뜻이다. 이런 모습은 심장이 없는 기계에게는 결코 기대할 수 없는 것이다.

'나'가 '우리'로 바뀌면 '질병'조차 '건강'이 된다.

- 맬컴 엑스Malcolm X

양을 음으로

음陰과 양陽은 조화의 보편적인 상징이다. 그 기원은 중국 신화까지 거슬러 올라간다. 음과 양은 우주가 처음 창조되었을 때, 즉 혼돈 상태에서 잉태되었다.[131] 음과 양이 균형을 이루면, 조직과 체계 및 전 세계가 번영할 수 있다. 조화를 가리키는 상징으로는 음과 양 이외에 빛과 어둠, 즐거움과 절망, 평화와 갈등 등 많은 대립쌍이 있다. 음과 양은 상호보완적인 힘이고 에너지다. 따라서 우리를 지탱하고 적절한 방향으로 인도한다. 누구에게나 음과 양, 양면이 있다. 양의 에너지는 밝고 직선적이며, 능동적이고 날카로우며 소수에 집중하기 때문에 남성 에너지라 일컬어진다. 한편 음의 에너지는 부드럽고 전체론적이며 관계를 의식하기 때문에 흔히 여성 에너지라 일컬어진다. 그렇다고 모든 남자가 양이고, 모든 여자가 음이란 뜻은 아니다. 누구에게나 두 에너지가 있고, 비율이 다를 뿐이다.

양은 지배적이고, 음은 협력을 추구한다. 양은 자연을 인간이 통제하는 것이라 생각하고, 음은 자연을 인간이 보살펴야 하는 것으로 생각한다. 번영하기 위해서는 음과 양이 서로 균형을 이루어야 한다. 이 원리는 개인과 조직, 생태계와 사회 전체에 예외 없이 적용된다. 그런데 옛 각본은 양에 중점을 두고, 음을 거의 언급하지 않는다. 따라서 오늘날에는 양의 에너지를 음의 에너지로 전환하며, 둘의 균형을 회복하는 게 화급히 필요하다.

오늘날 우리 사회에 양의 에너지가 지나치게 팽배한 것도 우리가 고통받는 이유 중 하나다.[132] 오랫동안 양의 리더십이 군림하며 음과의 균형을 도외시했다. 기업계에서《포춘》선정 500대 기업의 최고경영자 중 7.4%만이 여성이란 사실을 생각해 보라.(2000년에는 그 수치가 0.4%에 불과했다.)[133] 정치의 경우에는 대부분의 국가가 여성을 국가수반으로 둔 적이 없었고, 여성 정치 지도자의 비율은 가장 높았던 때에도 10% 남짓이다. 전국 의회에서 여성이 50% 이상을 차지하는 국가는 4곳에 불과하다.(2% 미만)[134] 어떤 관점에서 보아도 이런 수치는 지독한 불균형을 보여줄 뿐이다. 양이 세계를 지배한 결과다. 하지만 충분한 음이 없으면 양이 주도하는 세계가 잠재력을 완전히 발휘할 수 없다. 게다가 이런 불균형은 사람에게만이 아니라 관계와 환경, 심지어 미래에도 큰 피해를 입힌다.

새 각본은 더 많은 여성에게 지도자 역할을 맡기고, 임금 격차를 없애고, 육아휴직 정책을 확대하라는 또 하나의 주장이 아니다. 물론 그런 주장들 하나하나가 도움이 되기는 하지만, 새 각본은 더 기본적 차원에서의 행동을 촉구하는 것이다. 예컨대 공동체 지도자부터 최고경영자, 부모와 교사, 관리자까지 음양의 불균형을 해소하려고 노력하지 않는 사람은 자신의 가치를 평가절하하며, 사회의 공평성과 생산성과 역동성을 떨어뜨리는 데 일조하는 셈이다. 이런 불균형은 지속되는 기간이 길어질수록 심해진다.

다행히 우리 인간에게는 재조정하는 능력이 있다. '균형의 회복'은 얼마든지 가능하다. 개인과 집단에서 양의 에너지를 음의 에너지로 전환하면 된다.

내가 주변에서 가장 흔히 듣는 걱정거리 중 하나는 '양'의 지도 자들이 힘을 포기해야 한다는 위협을 느낀다는 것이다. 통제와 지배가 전진을 위한 유일한 길이라 믿는다면, 이런 걱정은 충분히 이해된다. 그러나 거듭 말하지만 옛 각본을 고집하는 경우에만 가능한 걱정일 뿐이다.

가부장제(남성과 양의 에너지가 지배하는 체제)는 모계제(여성과 음의 에너지가 지배하는 체제)의 반대라 생각한다면, 두 체제가 어떻게 작동하는지 제대로 이해하지 못한 것이다. 가부장제에서 여성이 배제되는 전형적인 이유는 여성을 문화적으로 열등한 존재라 생각하기 때문이다. 계급 구조와 배타적인 힘은 양의 체제에 맞아떨어진다. 따라서 모계제가 정반대 편에 있다고 생각하는 남자라면, '균형의 회복'을 당연히 두려워할 것이다. 자신이 배제되고 힘을 빼앗기는 징조, 즉 파멸의 징조라 생각하기 때문이다.

그러나 이런 생각은 완전히 잘못된 것이다. 모계제는 가부장제의 반대가 아니다. 가부장제가 계급적이고 배타적이라면 모계제는 평등주의적이고 포용적이다. 모계제는 음의 에너지에 기반을 둔다. 달리 말하면, 남녀를 불문하고 모두를 감싸는 관계를 중시한다.[135]

여성이 가부장적 체제에 들어가면 배척받지만, 남성이 모계제 조직에 들어가면 구성원이 된다. 모계제는 평등, 힘의 공유, 음의 문화이기 때문이다. 따라서 사회가 모계제로 전환되더라도 남성이 두려워할 이유가 없다. 현실적으로 보면 남녀 모두가 모계제를 환영해야 마땅하다.

새 각본은 모계제를 정확히 이해하고, 성별과 관계없이 플럭스 사고방식은 모계제를 받아들인다. 남녀를 불문하고 모두가 자신의 양을 음으로 전환할 때 더 균형 잡힌 삶을 누리고, 더욱더 인간다워질 수 있을 것이다.

음의 효과와 뷰카

뷰카VUCA는 변동성Volatility, 불확실성Uncertainty, 복잡성Complexity, 모호성Ambiguity의 약어다. 뷰카의 세계는 끊임없이 변하는 세계다. 우리가 양을 음으로 전환하는 방법을 터득하면, 플럭스(끊임없는 변화)와 뷰카에 대응하는 능력이 크게 나아질 수 있을 것이다.

뷰카는 군대에서 처음 사용되었지만 곧바로 기업계에 전해졌다. 이런 신속한 전환은 충분히 이해된다. 군대와 기업의 무대가 경쟁이 치열한 전쟁터이고, 양의 에너지가 과도하게 지배하고, 옛 각본이 확고히 자리 잡은 영역이기 때문이다. 하지만 앞에서 보았듯이, 오늘날 우리를 힘들게 하는 플럭스의 대부분은 내적이고 개인적이며, 인간관계와 관련된 것이다. '경쟁자를 무찌르라'는 전략은 불확실성을 해결하지 못한다. 게다가 '경쟁자를 무찌르라'는 실제로 사람들이 원하는 것이 아니다! 많은 사람이 인간관계를 갈망한다. 또 우리는 내적인 평화만이 아니라, 다른 사람들과의 원

만한 관계를 동경한다. 우리는 품위와 자존감, 인간미의 공유를
바란다.

뷰카에 음양의 균형을 적용하면 어떻게 될까? 복잡한 문제를
해결하기 위해 전통적인 연구에 플럭스에 대비한 새 각본을 적용
하면 어떻게 될까? 다음과 같은 결과를 기대할 수 있을 것이다.

- 상의하달식 계급 구조 대신, 집단적인 공동의 리더십 모형
- 운영 방식으로 처벌과 보상을 이용하는 거래적 리더십 대신, 조
  직원의 사기를 북돋우는 목표를 지향하는 변혁적 리더십
- 포용성이라는 운영 원칙
- '지배하는 힘'의 추구에서 함께 나누고 분배하는 '공유하는 힘'으
  로의 전환. 힘은 비축할 때보다 나눌 때 더 커진다는 것을 배울
  수 있다.(4장 참조)

리더십 전문가로 《샤크티 리더십: 비즈니스에 여성력과 남성력
을 수용하기》를 쓴 닐리마 바트Nilima Bhat는 우리에게 "윈윈만이 유
일한 승리"라는 걸 깨달아야 한다고 말한다.[136]

우리가 인간애를 완전히 발휘하려면, 음과 양이 똑같은 정도로
우리의 디딤돌이 되어야 한다. 끊임없이 변화하는 세계에서 더욱
더 번영하려면 음과 양, 둘 다가 반드시 필요하다.

DQ를 높여라

미국, 캐나다, 중국 등 데어리 퀸Dairy Queen; DQ이 운영되는 27개 국 중 어느 한 국가에 있는 사람이라면, 플럭스가 '터틀 피칸 클러 스터 블리자드Turtle Pecan Cluster Blizzard'와 어떤 관계가 있는지 의문을 품을 수 있다. 여기서 DQ는 '블리자드' 아이스크림과 아무런 관 계가 없다. DQ는 '디지털 지능Digital Intelligence Quotient'을 뜻한다.[137]

오랫동안 지능지수Intelligence Quotient; IQ는 일반적인 성공을 가장 훌륭하게 예측하는 변수라고 폭넓게 추정되었다. 추상적인 추론 과 수학, 어휘와 상식과 관련된 문제를 물어 측정되는 지능지수 는 가공되지 않는 지적 능력이다. 얼마 뒤에는 '정서 지능Emotional Intelligence Quotient; EQ'이라는 개념이 생겨났다. EQ는 다른 사람을 이 해하고 마음을 쓰며 관계를 형성하는 능력을 가리킨다. EQ는 우 리가 어떤 사실이나 방정식을 아느냐를 측정하지 않는다. 다른 사 람들과 관계를 맺는 방법을 아느냐를 측정한다. 따라서 어떤 사람 의 전반적인 성공 여부를 결정할 때 EQ가 IQ보다 중요하지는 않 아도, 그만큼 중요하다는 게 명백해졌다. 예컨대 당신이 유의미한 관계를 맺고 있느냐, 사랑과 지원을 받고 있다고 느끼느냐, 인간 애를 옹호하느냐에 EQ와 IQ가 모두 작용하겠지만, IQ보다 EQ 의 몫이 더 크다.

IQ+EQ로 짜인 각본은 오랫동안 제 역할을 충실히 해냈다. 그 러나 오늘날과 같은 디지털 세계에서는 테크놀로지가 우위를 차지해서 IQ(전에는 힘들게 연구해서 구했던 답을 인터넷에서 쉽게 구할 수 있다.)와 EQ(유의미한 관계가 단절되고 있다.)를 위협할 가능성이 있다는 우려가 점점 커지고 있다. 따라서 이 각본을 즉시 다시 고쳐 써야 한다.

디지털 지능, 즉 DQ는 새 각본의 일부다. 21세기에, 끊임없이 변화하는 세계에서 진정으로 성공하려면 DQ를 높여야 한다. DQ가 높다는 게 애플리케이션을 설계하고 개발하는 방법을 아는 것이라고 성급히 결론짓지 마라. 결코 그런 게 아니므로 걱정할 게 없다. DQ는 디지털 세계와 관련된 다양한 능력을 포괄하는 무척 중요한 개념이다.[138] DQ에는 디지털 안전, 디지털 신원, 디지털 문해력, 디지털 권리, 디지털 커뮤니케이션과 관련된 능력이 포함된다. 예컨대 DQ가 높다는 것은, 언제 어떻게 디지털 기기를 내려놓고 얼굴을 맞댄 채 대화를 해야 하는가를 안다는 걸 뜻한다. 또 화면을 대하는 시간을 책임감 있게 관리하고, 온라인상의 집단 따돌림을 중단하라고 촉구하고, 언제 디지털 신원을 도난당할 위험이 있는가를 안다는 뜻이기도 하다.

테크놀로지가 지배하는 오늘날의 세계에서 테크놀로지가 우리 문제를 해결할 것이라고 너무 쉽게 믿는 경향이 있다. 그러나 DQ가 높다는 것은 테크놀로지가 하나의 도구에 불과하다는 걸 안다는 뜻이다. 테크놀로지 자체는 해결책도 아니고 목적도 아니다. 따라서 디지털 세계에서 DQ는 인간을 중심에 두는 나침반이며, 우리의 새 각본에서 빼놓을 수 없는 기둥이다.

로봇공학과 인공지능의 발전이 언제나 인류에 도움이 되도록 기도합시다. 그래야 그 발전이 부디 '인간답기를' 소망할 수 있을 겁니다.

- 프란치스코 교황

DQ란?

디지털 지능 연구소Digital Intelligence Institute는 사람들의 DQ를 높이는 데 진력하는 조직이다. 연구소는 어린아이들의 DQ 향상에 중점을 두지만, DQ의 향상은 모든 연령층에 필요하다.

당신의 현재 DQ를 평가하는 데 사용되는 기본적인 질문들을 예시하면 다음과 같다.

- 당신이 하루 평균 몇 시간을 온라인에서 보내는지 아는가?
- 어떤 사람과 어떤 조직이 당신의 온라인 정보, 특히 어떤 정보에 접속하는지 아는가?
- 당신의 디지털 발자국을 적극적으로 관리하는가?
- 디지털 시민권이 무엇인지 아는가?
- 온라인상의 집단 따돌림을 찾아낼 수 있는가? 그렇다면 그 따돌림을 척결하기 위한 조치를 취하는가?
- 테크놀로지와 적절한 균형을 유지하며 산다고 생각하는가?
- 만약 테크놀로지와 단절된다면 당신의 정서와 전반적인 행복감에 어떤 일이 닥칠 것 같은가? (마지막으로 하루 이상 온라인과 완전히 단절한 때를 기억할 수 있는가?)

희망과 진정한 의식

브레네 브라운Brené Brown 교수는 우리가 여러 고정관념을 깨고 취약성vulnerability에 씌워진 오명을 벗겨내는 데 큰 역할을 했다. 브라운 교수는 courage(용기)가 라틴어에서 '심장'을 뜻하는 단어 cor에서 파생된 사실을 우리 기억에 되살려 주었다. 용기의 원래 의미는 전쟁터나 시장에 있는 게 아니었다. 정확히 말하면, 용기는 원래 '마음으로부터 진실을 말하다'라는 뜻이었다.[139] 따라서 용기는 내면에서 찾아지는 것이며, 로봇이나 인공지능에는 없는 것이다.

부모님이 세상을 떠나기 전, 나는 취약성을 드러내는 학생, 즉 용기 있는 학생이 아니었다. 또 두 단어를 거의 사용하지 않았다. 솔직히 말하면, 내가 '취약함'을 정의라도 할 수 있었을지 의심스럽다. 그러나 교통사고로 두 분을 한꺼번에 잃자, 나는 인간으로서 견디기 힘든 충격을 받았다. 이때 취약성은 선택이 아니었다.

현실이었다. 용기를 선택할 수밖에 없는 상황이었다. 어떻게든 하루하루를 헤쳐나가야 했다.

나 혼자서는 그 길을 생각해 내지 못했을 것이다. 다른 사람들이 나에게 그 길을 보여주었다. 내가 마음의 벽을 부수고 열자, 내가 좋아하던 교수인 주디 라지 무어Judy Raggi Moore가 나타났다. 그녀는 내 슬픔에 자신의 마음을 열어주었을 뿐만 아니라, 자신의 가족 전체와 집까지 나에게 열어주었다. 주디와 남편 대니, 어린 딸 제시카, 어머니 프란체스카가 나에게 새로운 '선택적 가족'이 되었다. 이제 나에게는 또 한 명의 언니, 또 한 명의 할머니가 있다. 주디와 대니가 내 부모를 대체하지는 않았다. 그들은 내 부모를 보완했고, 어떤 면에서는 부모의 역할을 넘어섰다. 그들은 나에게 기존 가족 관계를 그대로 유지하도록 독려하며, 내가 방향을 되찾고 슬픔을 치유하는 걸 도왔다. 휴일이면 나는 여분의 바퀴가 아니라 온전한 가족의 일원으로 그들과 함께 지냈다. 내 밑에서 떨어져 나간 계단 하나가 다시 더 강하게 붙여지는 동안, 나는 편한 마음으로 슬픔에 잠길 수 있었다. 주디와 그녀의 온 가족은 인간애가 무엇을 뜻하는지 나에게 보여주었다. 그들 모두가 나의 새 각본에서 주인공이 되었다.

주디의 행동은 마음에서 비롯된 진실한 것이었다. 주디는 손익을 계산하지 않았다. 그녀는 나를 도와야겠다고 '느꼈고', 그 느낌을 행동으로 실천했다. 두려움 때문이 아니라 사랑으로 그렇게 행동했다.

그로부터 많은 시간이 지난 뒤, 마티 스피걸먼 덕분에 나는 의식consciousness을 연구하기 시작했다. 내가 과거에 경험했지만 거기에 담긴 뜻을 이해해 보려고 애썼던 것들이 명확해졌다. 스피걸먼은 신경생리학과 순수 미술과 원주민의 지혜를 공부한 까닭에, 우리가 생각하고 느끼며, 보고 행동하는 방법에서 통찰과 단절을 찾아내기에 충분한 자격을 갖춘 전문가다.

스피걸먼의 주장에 따르면, 누구에게나 컴퓨터를 훨씬 능가하는 내적인 지혜가 있다. (스피걸먼이 여기에서 말하는 컴퓨터가 양자 컴퓨터는 아니다. 인류와 사는 법에 대한 지혜, 즉 수천 년의 역사를 거치며 힘들게 얻은 지혜, 알고리즘으로 대체할 수 없는 지혜를 강조하기 위해 언급한 것이다.) 인간이 현시대를 향해 행진하는 동안, 소비자를 현혹하는 매스마케팅과 '관심의 경제학Attention Economy' 때문에 그 힘들게 얻은 지혜가 무시되고 홀대를 받았다.[140] 그런데도 우리는 그런 사실을 잊은 채 비슷한 사람들과 추종자들이 성공을 향해 똑같은 길을 걷고 있다고 설득하는 광고를 얼빠진 듯 바라보았다.

하지만 이런 모습은 진정한 의식이 아니다. 인간의 경우, 진정한 의식은 '인식하는 능력ability to perceive'(오감을 통해 세상을 파악하는 능력)과 인식된 것을 세세하게 파악하는 능력에 좌우된다.[141] 따라서 의식의 힘이 오감을 통해 세상을 파악하는 능력에 비례한다면, 오늘날 우리의 뇌는 오감을 통해 유입되는 정보에 익사할 지경이다. 그 결과로 우리는 이제 아무것도 온전히 의식하지 못하는 상태로 전락했다. 그래서 우리의 인식이라는 여과 장치를 통과

한 단어들과, 다른 사람들의 각본을 인식과 의식으로 삼았다. 스피걸먼의 표현을 빌리면, 우리는 더 이상 세계를 감각적으로 느끼지 않기 때문에 세계에 대해 왈가왈부하는 것이다. 또 느낌을 인식할 능력을 상실한 까닭에, 즉 오감으로 느끼고 그 느낌을 의식하는 능력을 상실한 까닭에 느낌을 언어로 표현하는 것이다.(어떤 경험을 말로 설명하는 것과 직접 경험하는 것의 차이를 생각해 보라. 내가 무슨 말을 하는지 알겠는가?)[142]

진정한 의식은 시간을 초월하는 고대의 각본에 쓰여 있다. 새 각본을 쓰는 것이 그 진정한 의식을 되찾는 길이다. 옛 각본에서 벗어나지 못하면, 감각적 경험을 통해 진정으로 안다는 것의 의미를 쉽게 망각한다.(그럴 수밖에 없다.) 그래서 우리가 아는 것을 언어로 설명하려 애쓴다. 그 때문에 우리의 생각은 끝없이 치닫는 반면, 우리 존재는 꼼짝하지 않는다. 하지만 새 각본에서 진실과 함께한다는 것은 내면의 목소리가 지혜와 다시 교감하고, 그 지혜를 행동에 옮기며, 최고의 자아를 다른 사람에게 보여준다는 뜻이다. 이 과정에서 말은 한 마디도 없을 수도 있다.

인간애에 뿌리를 두고
섬김을 향하라

옛 각본을 떨쳐내지 못하면 더 인간적인 모습의 추구를 순진한 짓이고, 다른 사람을 섬기겠다는 목표를 시간 낭비라 생각할 것이다. 그러나 플럭스 사고방식을 갖추고, 이런 목표의 추구에서 작동하는 힘을 진정으로 이해하면, 더욱더 인간다워지는 플럭스 파워를 향해 달려가게 될 것이다.

더욱더 거세지는 변화의 세계를 헤쳐나갈 때 알고리즘에 쓴 각본에 맞추어 살고 싶은가, 아니면 당신의 머리와 가슴으로 쓴 각본에 따라 살고 싶은가? 다른 사람들을 돕고 그들과 우정을 쌓으며 살고 싶은가, 아니면 모든 걸 혼자 힘으로 해내고 싶은가? 애플리케이션이 만든 유산을 남기고 싶은가, 아니면 신뢰할 수 있는 관계가 빚어낸 유산을 남기고 싶은가?

오늘날 우리 모두가 직면한 격변의 시대는 인간애와 상호의존성을 다시 회복할 절호의 기회다. 끊임없이 변하는 세계에서는 잠시 숨을 돌리며 인간과 테크놀로지의 관계, 또 개인과 타자의 관계를 재점검할 필요가 있다. 변화가 닥칠 때 애플리케이션은 우리에게 아무런 의미를 주지 않을 것이고, 우리를 사랑하지도 않을 것이다. 애플리케이션은 우리에게 앞으로 나아갈 길을 보여주지 못한다. 하지만 인간은 그 길을 보여준다. 그렇다면 끊임없이 변하는 세계를 항해할 때는 더욱더 인간다워지는 게 낫지 않겠는가.

인간은 자신이 완성된 존재라고 잘못 생각하고 있지만,

언제나 진행 중인 작품이다.

- 댄 길버트Dan Gilbert

1. 당신은 '나'와 '우리' 중 어느 쪽에서 주로 생각하는가?

   _____

2. 테크놀로지와 적절한 균형을 유지하고 있는가? 가부간에 그 이유
   는 무엇인가?

   _____

3. 오늘 당신이 보여주는 음양의 균형, 또는 불균형을 어떻게 설명하
   겠는가?

   _____

4. 테크놀로지와 단절된다면 당신의 정서와 전반적인 행복감에 어
   떤 일이 닥칠 것 같은가? (마지막으로 하루 이상 온라인과 완전히 단절한
   때를 기억할 수 있는가?)

   _____

5. '온전히 인간다운 모습'을 보여줄 수 있다고 생각하는가? 가부간
   에 그 이유는 무엇인가?

   _____

CHAPTER 8

미래를
놓아주라

지금의 나를 놓아주면,
내가 될 수 있는 것이 된다.

- 노자

부모님이 급작스레 세상을 떠났을 때 내 미래의 한 조각도 함께 죽었다. 두 분은 나에게 특정한 직업을 택하라고 압력을 가한 적이 없었지만, 나에게 기대하는 큰 꿈과 소망이 있었다. 두 분이 없는데도 그 소망과 꿈은 여전히 유효한 것일까? 그 소망과 꿈이 나에게도 적절한 소망이고 꿈일까? 어떻게 해야 그 답을 알 수 있을까?

처음의 충격이 사라진 뒤에는 걸핏하면 악몽과 공황 발작에 시달리기 시작했다. 내 밤의 심령은 두 분이 여전히 건재하고, 최근에 닥친 사건은 악몽에 불과하다고 확신하는 듯했다. 그러다 잠을 깨면 언니의 전화가 다시 귓가에 맴돌았다. 그렇게 공황과 불안과 불신이 덮치면 씻고 헹구는 과정이 반복되었다. 얼마 후에는 아예 꿈을 꾸지 않기 시작했다. 그 덕분에 고통은 가라앉았지만, 꿈이 없는 미래가 무엇이겠는가?

시간의 수레바퀴를 오늘날까지 빨리 돌려보자. 말하기 거북하지만 오늘날에도 꿈이 없는 미래가 코앞까지 닥쳤다고 많은 사람이 느끼는 듯하다. 예컨대 얼마 전까지 당신은 좋아하던 일을 했지만 그 일자리를 잃었을 수 있다. 그러나 일자리만 잃은 게 아니라 당신을 규정하던 신분의 한 조각, 직장 동료들이란 가족, 당신이 매일 아침 일어나던 결정적인 이유마저 상실한 것이다. 당신의 자녀는 대학에 진학하고 싶어 한다. 하지만 이제 당신과 자녀 모두가 굳이 비용을 들여 미지의 세계인 대학에 진학할 필요가 있는지에 의문을 품거나, 대학 진학 자체가 가능하지 않다고 푸념할 수 있다.

당신은 조만간 출범할 프로젝트에 오랫동안 심혈을 기울였고, 그 프로젝트는 당신 경력에 훈장을 달아줄 것이라 확신했다. 그러나 프로젝트의 출범이 미루어지거나, 폐기되는 운명을 맞으면 어떤 심정이겠는가? 이런 상황이 당신에게는 아니더라도 다른 팀원이나 공동체의 일원에게 닥칠 수 있다.

또 프로젝트가 아니라 삶의 방식이 진창에 빠질 수 있다. 당신은 '모든 걸 다 갖기' 위해 일과 가정에 시간을 최대한 효율적으로 배분하는 실험을 꾸준히 해왔다. 마침내 지속가능한 균형점을 찾았다고 생각했지만, 그 순간 변화가 닥치면 어떻게 되겠는가? 당신이 신중하게 세운 재무 계획이 마침내 성공을 거두었다. 그래서 일을 그만두고 세계 여행을 떠날 계획을 세웠다. 그런데 그 일정이 뒤틀어지면 어떤 기분이겠는가? 한 달 한 달 꾸역꾸역 살아가는 삶이 꿈을 꾸는 당신의 에너지를 조금씩 약화시킬 수도 있다.

이런 상상들은 근본적으로 하나의 질문으로 귀결된다. 우리가 알고 있는 세계가 전혀 예상하지도 못하고 바라지도 않았던 방향으로 갑자기 붕괴되거나 뒤집어지는 경우에도 어떻게 해야 우리 꿈을 계속 살려갈 수 있을까?

FLUX POWER
: 미래를 놓아주라

미래를 놓아주면 더 나은 미래가 나타날 수 있다. 우리는 어렸을 때부터 인간은 미래를 예측하고 통제할 수 있다는 말을 귀가 따갑도록 들었고, 그 말이 사실이라고 믿는다. 이와 관련된 메시지는 계속 이어진다. 열심히 공부하면 좋은 직장을 얻을 수 있다. 시키는 대로 따르면 올바른 문이 열린다. 계획을 잘 세우고, 계획대로 진행해라. 이런 규범이 잘못된 것은 아니다. 그러나 우리가 세상을 예측할 수 있고 통제할 수 있다는 전제하에서 제시된 규범들이다. 그런 전제는 오늘날의 현실과 거리가 무척 멀다.

이 과거의 메시지는 환상이다. 확실한 것은 환상이다. 사실은 누구도 내일 무엇이 있을지 모르고, 누구도 미래를 통제할 수 없다. 옛 각본은 정체되고 변하지 않는 고정된 세계에서 무엇인가가 어떻게 작동할 것이라고 '추측'할 뿐이다. 그러나 그런 세상은 오래전에 없어졌고, 앞으로도 돌아오지 않을 것이다.

끊임없이 변하는 오늘날의 세계에서는 "통제하려는 우리 인식을 내려놓을 때 진정한 통제력을 얻을 수 있다."라고 말하는 새 각본이 필요하다. 외적 환경을 통제할 수 있다는 착각을 내려놓을 때 우리가 정말 통제할 수 있는 것, 즉 어떻게 반응할 것인가에 집중할 수 있다. 우리에게 필요하지 않은 모든 것을 내려놓을 때 시간과 공간에서 자유로워지고, 우리가 원하는 자원을 더 충분히 확보할 수 있다.

물론 내려놓는다는 게 포기한다거나 실패를 인정한다는 뜻은 아니다. 하지만 옛 각본에 사로잡힌 사람은 이 말을 이해하기 쉽지 않을 것이다. 내려놓는 능력은 많은 점에서 궁극적인 플럭스 파워다. 이런 등식이 직관적으로 이해가 되지는 않을 것이다. 내려놓을 때 우리는 진정으로 중요한 것을 통제하며, 앞으로 전진하는 힘을 얻고, 지금 이 순간에 충실히 살게 된다. 플럭스 사고방식을 가질 때 우리는 내일에 대한 두려움과 불만을 목적의식을 고취하고 잠재력을 발휘하며 마음의 평화를 누리는 원동력으로 바꿔갈 수 있다.

과거에 얽매이고
미래를 두려워하는 삶

인간은 이상하게도 과거와 미래에 얽매여 사는 기막힌 재주가 있다. 신경과학자 아미시 자Amishi Jha는 "마음은 시간 여행에 능숙하다."[143]라고 말했다. 실제로 우리는 많은 시간을 이렇게 보낸다. 과거에 대한 추억에 잠기고(향수에 젖거나, 어떤 결정을 후회하고, 과거의 일을 기억에 떠올린다.), 우리가 꿈꾸는 미래를 예측해 보며 두려움을 잊으려 한다.

과거를 추억하고 미래를 예측할 때 우리는 현재를 잠시라도 잊게 된다. 특히 미래가 반드시 어떤 식으로 진행되거나 전개되어야 한다고 역설할 때는 더더욱 현재에서 멀어진다. 어제를 되살리거나 내일을 예측하려 애쓰며 보낸 시간은 삶 자체를 놓친 시간이다. 우리는 오로지 현재에만 온전히 살아 있을 뿐이다. 바로 여기, 바로 지금!

그렇다고 반성과 계획이 중요하지 않다는 뜻은 아니다. 행복하던 때를 기억하면 기운을 북돋을 수 있고, 다음 단계의 준비는 책임감 있는 행동이고 대체로 필수적이기도 하다. 기억과 기대는 우리 삶에 가장 큰 즐거움에 속한다.

내가 말하고 싶은 것은, 과거와 미래에 지나치게 자주 얽매이면 현재로 돌아가기가 힘들다는 것이다. 결국 우리 삶을 엉뚱한 것에 허비하게 된다. 우리에게는 미지의 것에 도전하는 대단한 능력이 있다는 걸 망각한 채 더 나은 것을 구하려는 가능성보다 두려움에 사로잡혀 미래를 향해 살금살금 움직일 뿐이다. 우리 마음의 기본값이 부정적 편향에 맞추어진다. 따라서 긍정적 생각보다 부정적 생각에 더 사로잡혀 과거의 기억에 더 오랫동안 머물고, 현재의 의사결정에도 악영향을 미치게 된다. 이런 악순환이 반복되면 그 결과는 비극적일 수 있다. 따라서 지금 당장 세상을 올바로 인식하고 삶으로부터 배우기 위해서라도 현재에 기반을 두고, 냉철한 머리로 미래를 긍정적으로 움직이려면 더 강한 정신 근육이 필요하다. 끊임없이 변하는 세계는 당신의 시간이고 우리의 시간이며, 현재에 기반을 두고 미래로 나아가는 시간이다.

내려놓기는 두렵다

끊임없는 변화와 함께한 내 여정에서 얻은 가장 흥미로운 통찰 중 하나는, 우리가 내려놓음에 대해 말할 때 그 대상이 항상 과거라는 것이다. 예컨대 해묵은 원한, 회한, 사랑 이야기, 이제 먼 옛날이 된 순간을 내려놓자고 말한다. 그런데 때로는 현재의 어떤 것을 내려놓자고 말하는 경우도 있다. 스트레스의 원인, 바람직하지 않은 우정, 나쁜 습관 등이 대표적인 예다. 그러나 미래를 내려놓자고 말하는 경우는 없다.

물론 미래를 흥미진진하게 생각하는 사람이 적지 않다. 그러나 그들도 미래에는 미지의 것이 무한히 많고, 아무것도 보장되지 않는다는 걸 안다. 많은 사람이 미래를 두려워한다. 그래서 그들은 자신이 통제할 수 없는 상황에 빠져들고, 마비되며, 집착한다. 힘이 미치지 않는 것이나 더는 작동하지 않는 것을 붙잡으려 할수록 우리는 더욱더 좌절하게 된다.

내려놓아야 할 때도 바로 그런 좌절에 빠진다. 그러나 누구도 그에 대해 말하지 않고, 가르쳐주지도 않는다. 당연한 말이겠지만 그런 내려놓음을 칭찬하지도 않는다. 그 이유가 무엇일까?

통제: 인식과 현실

지금까지 옛 각본에 따라 삶의 시간을 보냈다면, 통제력을 얻으려고 투쟁하고 성공을 뒤쫓으며 외부의 인정을 받으려고 안달하는 삶을 살았을 가능성이 무척 크다. 당신이 지금껏 그렇게 살아야 한다고만 배웠다면 다른 형태의 삶을 상상하기가 힘들겠지만, 이런 가르침은 전혀 사실이 아니다. 우리가 세상을 살아가고, 생각하며, 성공하는 데는 한길만이 있는 게 아니다.

적잖은 사람이 특권에 눈이 먼다. 1장과 2장에서 보았듯이 특권은 각본에 쓰인 것을 인식하는 우리의 능력을 제한한다. 특권은 어떤 면에서 우리에게 더 많은 선택권을 주지만, 한편으로는 선택 가능성을 제한하기도 한다. 구체적으로 말하면 우리가 지닌 특권이 많다고 생각할수록, 즉 더 많은 선택권이 있다고 생각할수록 잘못된 선택을 할 수 있다는 두려움도 커지고, 특권을 내려놓기도 더 힘들어진다.

하지만 여기에도 커다란 패러독스가 있다. 내려놓을 수 있는 사람만이 진정한 힘과 자유를 지닌 사람이다. 특권의 장단점을 꿰뚫어 볼 수 있는 사람은 영향력이 상당하다. 특권을 지녔지만 특권을 내려놓지 않는 사람은 그 이유를 결코 이해하지 못할 것이다. 물론 어쩔 수 없이 내려놓는 경우와 자발적으로 내려놓는 경우에는 커다란 차이가 있다. 변화가 닥쳐 당신이 어쩔 수 없이 내려놓아야 할 때는 반발심과 두려움이 있기 마련이다. 그러나 선행적으로 내려놓는 길을 선택하면 당신에게 해방감을 주고 힘을 북돋워 주는 경험이 될 수 있다.

내려놓으면 겸손하고 존중하는 마음으로 다른 문화로부터 배우는 환상적인 기회를 얻을 수 있다. 우리 인간은 아득한 옛날부터 애착과 통제라는 문제로 고심해 왔다. 우리가 서로에게 무엇을 가르쳐야 모두가 내려놓는 능력을 끌어올릴 수 있을까?

'아파리그라하Aparigraha'는 애착과 탐욕을 이겨낸 '무소유'로 번역되는 산스크리트어다. 힌두교와 자이나교를 비롯해 무소유 사상이 지배적인 문화에서 아파리그라하는 가장 고결한 형태의 인간력人間力이다. 다시 말하면, 플럭스 유무와 관계가 없는 강력한 힘이다. 아파리그라하는 최고의 자아가 되는 데 도움이 되지 않는 모든 것을 내려놓은 능력이다. 여기에는 미래에 대한 기대와 두려움을 내려놓는 능력도 포함된다. 현재에 충실하려는 능력이 두려움에 흔들린다. 따라서 제어되지 않은 두려움은 더 큰 두려움으로 이어질 뿐이다. 분노와 불안은 이런 두려움이 표출된 결과다. 이런 끝없는 악순환은 자기 파괴로 치닫고, 결국에는 두려움을 이겨내려는 정신 에너지를 갉아먹으며, 우리가 시간을 생산적으로 보내는 걸 방해한다. 이른바 '정신의 역설적 처리 과정Ironic mental processing'이라 일컬어지는 현상이다. 우리가 뭔가에 대한 생각을 멀리하려고 애쓰면, 뇌가 우리를 돕고 나선다. 그래서 우리가 그에 대해 생각하는지를 끊임없이 점검하고 그 생각을 하지 않도록 지원하지만, 실제로는 역효과를 낳는다.[144]

개인적으로 나는 오랫동안 두려움과 정신의 역설적 처리 과정을 함께 겪었다. 그래서 나 자신이 미쳐간다고 생각할 정도였다. 부모님이 세상을 떠나기 전에도 나는 걱정을 달고 살았다. 어머니는 성인이 된 뒤에 거의 평생을 우울증과 싸웠다. 그 때문에 집안 분위기는 언제나 무거웠고, 그런 분위기는 내 어린 시절의 기억에서 큰 자리를 차지했다. 부모님이 세상을 떠나자, 자기 파괴적인 내 성향이 드러나기 시작했다. 이 장에서 다룬 여러 개념들을 연구하기 시작한 뒤에야 더 다정하고 현명하게 살아가는 방법이 있다는 걸 깨달았고, 나에게도 내려놓을 게 많다는 걸 알았다.

요즘 내가 마음속에 그리는 사회는, 내려놓을 줄 아는 사람이 성공의 역할 모델인 사회다. 미래에 대한 두려움과 불안과 기대를 내려놓을 줄 아는 사람이 역할 모델인 사회를 꿈꾼다. 당신도 그렇게 할 수 있다. 그뿐만 아니라 그런 삶을 선택할 수도 있다. 내려놓으면 자유로워진다는 걸 알기 때문에 그렇게 할 수 있다. 다른 사람이 결정한 세계관에 근거한 삶으로부터 자유로워지고, 당신이 다음에 일어날 사건을 통제할 수 있다는 환상으로부터, 변화가 닥치면 혼란에 빠질지 모른다는 두려움으로부터 자유로워진다. 전에는 불가능해 보이던 자유가 이제 손이 닿는 곳에 있다.

> 모든 것이 변한다는 걸 깨달으면, 굳이 지키려고 애쓸 것이 없다.
>
> - 노자

새 각본을 쓰는 데
필요한 세 가지 이동

미래를 내려놓는다는 게 미래를 뜨거운 감자인 양 던져버린다는 뜻이 아니다. 정확히 말하면, 당신과 미래의 관계, 또 어떤 변화가 닥치더라도 그 변화와 당신의 관계를 '재구성'한다는 뜻이다. 새 각본은 크게 세 방향으로 쓰일 수 있다.

사고방식의 이동: 예측에서 대비로
사고방식의 이동은 미래를 예측하는 게 불가능하고, 어떤 하나의 미래가 전개되지도 않으리라는 걸 인정하는 것이다. 오히려 여러 형태의 미래가 가능하므로, 당신에게 닥칠 가능성에 대비하는 게 최선의 방책이다. 장래에 있을 것을 예측하고 싶은 욕구를 억제하고, 닥칠 가능성이 있는 것에 대응할 방법을 다듬는 데 에너지를 투자하는 게 더 낫다.

부모님이 세상을 떠난 직후, 나는 책상에 앉아 과거와는 완전히 다른 방향으로 전개되는 미래의 모습을 써 내려갔다. 때로는 교사가 되었고, 때로는 개인사업자가 되었다. 때로는 결혼했고, 때로는 독신녀가 되었다. 아이들도 때로는 있었고, 때로는 없었다. 어떤 미래에서는 말리의 팀북투나 태국에서 살았고, 어떤 미래에서는 고향 가까이에서 살았다. 그렇게 그려낸 미래의 시나리오를 보고는 "내가 다시 마음의 평화와 기쁨을 되찾을 수 있을까?"라고 물었다.

이렇게 확연히 달랐지만 모든 시나리오에서 나는 마음의 평화와 기쁨을 다시 찾을 수 있을 거라고 결론지었다. 각 시나리오가 변화와 불확실성과 미지의 것으로 가득했지만, 예외 없이 성공을 향한 길을 제시해 주었다. 장래에 어떤 일이 있을 거라고 예측하려고 애쓰지 않자, 즉 미래를 내려놓을 수 있게 되자, 각각 다르지만 한결같이 충만한 많은 미래가 열리기 시작했다.

기대의 이동: '계획대로 진행될 것'에서 '계획도 변한다'로

우리가 예측하고 싶은 욕구를 내려놓을 수 있더라도 우리 뇌는 기본값으로 "모든 게 계획대로 진행될 것"이라 추정한다. 계획대로 풀리지 않으면 실패한 것이다. 이런 기대를 잘못 관리하면 격심한 고통과 사후 비판이 뒤따른다.

일이 계획대로 진행되지 않았던 최근의 경험을 생각해 보라. 그때 당신은 어떻게 대응했는가? 화가 났던가? 불안에 떨었던가? 아니면 침착하게 대처했던가? 충분히 검토된 계획이었지만 그래도 변경이 될 수 있다는 걸 알았다면, 더 낫게 대응할 수 있었을 것이라 생각하는가?

오늘날처럼 불확실한 세계를 항해할 때 변화를 예외적 현상이 아니라 당연한 것으로 받아들이면, 균형을 잡는 능력, 미래를 추론하는 예지력, 다른 사람을 향한 연민 등 모든 면이 향상된다.

계획 자체는 중요하지 않지만 계획을 입안하는 과정은 반드시 필요하다.

- 윈스턴 처칠Winston Churchil

초점의 이동: 아는 것에서 모르는 것으로

문제를 해결할 때나 끊임없이 변화하는 세계를 항해할 때 동일한 사건이 다시 일어나면, 우리는 더 잘 대비한 것처럼 보인다. 하지만 아직 일어난 적이 없는 사건이 벌어지면 어떻게 될까?

미래는 하나의 개념에 불과하다. 따라서 장래에 어떤 일이 일어날지 누구도 정확히 알 수 없다. "역사가 경이로운 교사"라는 말은 사실이지만, 오늘날의 변화에는 인간이 아직 경험하지 못한 변수들이 포함된다. 대부분의 경우, 예상하지 못한 것과 알려지지 않은 것은 오늘날 흔히 사용되는 예측 모형에서 고려되지 않는다. 하지만 오늘 여기에서 우리를 성공의 길로 이끈 것이 미래에도 반드시 번영을 보장하지는 않는다.

과거가 반복되기를 기도하는 진부한 삶에서 벗어나 삶의 신비로움을 경외하는 쪽으로 초점을 옮길 때 우리 시야는 문자 그대로, 또 상징적인 뜻에서도 크게 확대된다.

당신의 삶을 시나리오 매핑하라

시나리오 매핑scenario mapping은 미래학자가 즐겨 사용하는 도구다. 이것은 미래에 대한 현실적이고 근거 있는 의견들을 제시하려는 목적에서, 특정한 상황에서 가능한 시나리오들을 다양한 관점으로 구상하는 일종의 예측이다. 실제로 시나리오 매핑은 예측에서 대비로의 이동을 유도하는 강력한 메커니즘이다.

시나리오 매핑은 주로 기업과 조직에서 사용되지만, 다양한 환경에서, 예컨대 특정한 분야(교육)와 특정한 개념(자본주의), 근무 방식(재택근무)의 미래를 평가할 때는 물론이고, 우리 현실이 장래에 어떻게 변하는지(우리 직업의 미래, 자식 세대의 교육) 파악하고, 그런 변화에 대응하는 방법을 분석할 때도 유용하게 쓰일 수 있다. 시나리오 매핑이 끊임없이 변하는 세계에서 삶을 살아가는 비밀 무기이자, 마법의 지팡이라 생각하라.

어떤 형태든 미래에 대한 시나리오에는 찬반 의견이 있다. 최상의 시나리오는 우리에게 실현 가능하다고 느껴지는 시나리오다. 시나리오는 기본적으로 '사고실험'이다. 만약 당신의 육감이 "부분적으로 약간 거칠지만 이것이 가장 그럴듯하게 들린다."라고 하면 그 시나리오를 선택하라.

시나리오 매핑에서 주로 사용되는 두 축은 두 개의 핵심 주제를 가리킨다. X축과 Y축으로 만들어지는 네 개의 사분면을 생각해 보라. 어떤 유형의 쟁점도 선택될 수 있다. 예컨대 앞으로 10년 뒤에 4년제 대학 졸업장은 흔한 자격증에 불과한 것이 될까, 아니면 오늘날의 세계에 적합하도록 맞추어진 새로운 선택권이 될까? 기업의 성장을 끌어올리는 것은 인력일까, 자동화일까? 개인적으로 당신의 삶에서는 어떤 변화가 있을까? 내친김에 당신은 무엇을 변화시키고 싶은가? 머릿속에 떠오르는 다양한 가능성들을 생각해 보라.

두 주제를 찾아내고 두 축을 그렸으면 마음이 가는 대로 가능한 것들을 상상해 보라. 각 사분면에 가능한 결과들, 거기에서 파급되는 것들, 장애물과 대응법을 나열하라. 시나리오의 구도를 결정할 정도로 호기심을 마음껏 펼쳐라. 가장 효과적으로 보이는 것을 찾아내고, 직관이 "바로 이것에 관심을 가져야 해!"라고 말하는 때를 주목하라. 마땅히 진지해야 하지만 창의력을 위축시킬 정도로 진지해서는 안 된다. 어떻게 해야 시나리오 매핑이, 미지의 것이 어디에서 오더라도 우리가 그것에 대한 대응을 다시 생각하는 데 도움을 줄 수 있을까?

당신의 주체성을
다시 깨우라

우리가 미래를 통제할 수 있다는 환상을 내려놓으면 실제로 통제할 수 있는 것에 집중하게 된다. 구체적으로 말하면, 변화에 어떻게 대응해야 하는지에 집중하게 된다. 다른 식으로 표현하면, 미래를 내려놓기 위해서는 당신의 주체 의식, 즉 자신의 삶을 스스로 책임진다는 의식을 다시 깨워야 한다. 주체 의식을 되살리는 게 새 각본을 떠받치는 주된 기둥이다.

주체성에는 우리가 얼핏 생각하는 것보다 훨씬 많은 게 포함된다. 우리가 배우고 창조하고, 결정하고 성장하겠다는 의지도 일종의 주체성이다. 투표 여부를 결정하고, 화면을 보는 시간을 책임감 있게 관리하느냐, 관리하지 않느냐, '2피트의 법칙law of two feet'(아무것도 배울 게 없고 어떤 기여도 할 수 없는 상황에 처할 때, 두 발 정도 움직이면 당신 존재가 유의미해지는 곳을 찾을 수 있다는 법칙)을 적용하느냐, 적용하지 않느냐, 성취감을 주지 못하는 일을 그만두거나 불만족스런 관계를 끝내느냐, 그렇지 않느냐도 주체성의 영역이다. 물론 어떤 자극에 친절히 대응하느냐, 적대적으로 반발하느냐도 주체성의 영역이다. 주체성은 보이지 않는 것을 보는 능력과도 밀접한 관계가 있다. 보이지 않는 것을 보는 법을 터득하면 훨씬 다양한 영역에서 주체성을 적용할 수 있다.

주체성을 표현한다고 당신이 제멋대로 할 수 있다는 뜻은 아니다. 주체성은 "당신이 결과를 좌지우지할 수는 없다. 그러나 당신이 결과에 기여하느냐, 어떻게 기여하느냐는 통제할 수 있다."라고 당신에게 속삭이는 목소리다.

지금만큼 주체성이 중요한 때는 없었다. 하지만 집단적으로 우리는 지금까지 사회 전반에서 주체성을 무지막지하게 짓밟았다. 교육제도는 학생들에게 진정으로 알고 싶은 것을 탐구하기보다 "시험을 통과하기 위해 공부하라"고 가르친다. 매스마케팅은 우리에게 맡겨진 진짜 역할이 무엇인지 생각하지 말고 무조건 사들이라며 소비를 부추긴다. 테크놀로지는 스크롤하거나 스와이프하는 행동만을 강요하며 우리 감각을 마비시킨다. 주체성이 미묘하게, 무의식적으로 우리 의식의 뒤쪽으로 이동할 수 있다는 걸 적나라하게 보여주는 사례들이다.

그러나 주체성은 여전히 우리 의식 어딘가에 있다. 주체성은 결코 사라지지 않는다. 우리가 숨을 쉬고 살아 있는 한 주체성을 상실하지는 않는다. 지금은 어느 때보다 주체성을 되찾아 유용하게 사용해야 할 시간이다.

변화에서
비롯되는 문제

문제는 기본적으로 달갑지 않는 변화다. 당신이 제발 일어나지 않기를 바라던 사건이 터졌고, 학수고대하던 사건은 일어나지 않았다. 그 사건은 5분 전 혹은 50년 전에 일어났을 수 있다.

그 어느 때보다 오늘날의 우리는 끝없이 문제를 해결해야 하는 상황에 있다. 해묵은 문제, 새롭게 제기된 문제, 복잡한 문제, 사회가 우리에게 떠안긴 문제, 목표를 잘못 세우거나 다른 사람을 자극해서 혹은 우리 자신의 맹점을 보지 못해 자초한 문제 등 온갖 문제가 우리 앞에 어른거린다. 게다가 이런 문제들을 해결해야 행복해진다는 잘못된 통념이 우리를 괴롭힌다. (7장에서 보았듯이 이런 통념은 허튼소리에 불과하다.)

우리는 혼자 해결할 수 없는 문제에 곧잘 부딪친다. 바로잡고 싶은 문제여서 언젠가는 해결될 것이라 기대한다. 그러나 지금 당장에는 해결하기 힘들고 불가항력적인 문제다. 예컨대 당신이 지금 해결하려고 고심하는 특정한 문제를 머릿속에 떠올려 보라. 직장에서 새롭게 대두된 역학 관계이거나 가족 간의 갈등일 수 있다. 공급망에 새로 영입한 협력사가 문제일 수 있고, 새로 작성된 일과표가 문제일 수 있다. 줄어드는 매출, 추락하는 신뢰도, 수년 전부터 흔들리는 인간관계가 문제일 수 있다.

사회는 우리에게 그런 상황에 맞서 싸우라고 가르친다. 싸우지 않으면 실패한 것이라 가르친다. 하지만 이런 통념이 항상 맞는 것은 아니다. 물론 맞서 싸우는 게 옳은 때가 있다. 살기에 적합한 지구, 사회정의, 근본적인 공정성은 '좋은 분란good trouble'이다. 반면 사회는 우리에게 싸우라고 강요하지만, '수용acceptance'이라는 다른 자세를 취하면 더 큰 이익을 얻을 수 있는 유형의 문제들도 있다. 수용이 실패를 뜻하거나 소극적이 되라는 뜻은 아니다. (거듭 말하지만, 옛 각본은 이렇게 해석하지 않는다. 그러나 이런 근시안적 해석 때문에 옛 각본을 구닥다리라고 말하는 것이다.) 수용은 현재에 충실하라는 뜻이다. 한 가지 조건이 있다. 변화 자체를 불안해하는 데 당신의 강점을 낭비하지 말고, 그 강점을 활용해 변화를 받아들이는 방향으로 반응하는 것이다.

당신이 변화를 통제할 수 있는 환상을 내려놓으며 변화를 수용할 수 있다면 놀라운 결과를 기대할 수 있다. 마음의 평화를 얻고, 사고력이 한층 명료해지며, 전에는 이해할 수 없던 사건까지 이해된다. 게다가 상상력도 활활 타오른다.

전에는 통제하려고 애쓰던 것을 이렇게 자발적으로 내려놓으면, 완전히 새로운 가능성의 세계가 열린다. 제대로 작동하지도 않는 것으로 우리 상상력을 억누르는 걸 멈추면 가능한 것들이 펼쳐지는 공간이 생긴다. 새로운 것을 만들어내고, 일상의 삶이나 조직에서, 더 나아가 사회에서 어떤 형태로든 변화를 유도하려면 다른 세상이 얼마든지 가능하다고 '상상하는' 능력이 무엇보다 필요하다. 상상력이 있을 때는 특정한 결과가 있어야 한다는 경직된 해결책에서 벗어나 의도적으로 다르게 보는 게 가능하다.

당신의 삶이 최근에 어떻게 변했는지 돌이켜 생각해 보라. 무엇을 새롭게 받아들였는가? 아직도 무엇에 저항하는가? 무엇을 내려놓고, 무엇을 위한 공간을 새롭게 만들었는가?

걱정하는 당신에 대해
덜 걱정하라

나는 거의 언제나 걱정의 안개에 뒤덮인 채 살았다. 내가 극심한 음식 알레르기로 죽지 않을까 걱정하던 어머니의 모습이 내 어린 시절의 기억이다. 어머니의 두려움이 전적으로 잘못된 것은 아니다. 나는 음식 알레르기 때문에 자주 아팠고, 그 덕분에 소아과 의사가 바빴다. 다섯 살쯤에는 돈에 대해 걱정해야 한다는 걸 알게 되었다. 우리 집은 항상 돈에 쪼들렸으니까. 초등학교에 입학한 뒤에는 다른 아이들이 나를 좋아하지 않을까 봐 습관적으로 걱정했다. 방과 후에는 꼭 집에 가야 하는지, 집에 간다면 언제 가야 하는지를 걱정했다. 점점 심해지는 가족 간의 다툼을 피하고 싶었으니까.

그러다 부모님이 세상을 떠났고, 내 걱정은 더 심해졌다. 일반화된 걱정은 악몽과 공황 발작으로 발전했다. 때로는 슬픔에 젖어 뿌리가 통째로 뽑히고, 온몸이 발기발기 찢어진 기분이었다. 나는 그 이유를 필사적으로 이해해 보려 애썼다. 물론 부모님의 죽음은 악몽만이 아니었다. 나에게 닥친 새로운 현실이었다. 이제 어떻게 해야 하나? 내 안의 이성적인 뇌와 비이성적인 뇌가 걱정의 '가치'를 두고 끊임없이 싸웠고, 그 대답은 대체로 '괜찮다'였다.

40대가 되어서야 나는 만성적이고 습관적인 걱정은 정상이 아니라는 걸 알게 되었다. 예기치 못한 깨달음이었다. 어린 시절 걱정을 느끼지 않았던 때를 떠올려 보라는 요구를 받았을 때였다. 단 한 순간도 기억해 낼 수 없었다. 나는 안전지대 너머까지 여행하고 강연할 수 있었다. 그러나 내 어깨 위에서 모든 것에 대해, 결국에는 아무것도 아닌 것에 대해 끝없이 재잘대는 불안의 목소리를 잠재우는 것에 비교하면, 그런 시도는 무척 쉬웠다. 최상의 날에도 걱정할 것이 없다는 이유로 걱정할 정도였다.

그날 나는 걱정에서 해방된다는 게 어떤 기분인지 전혀 모른다는 걸 깨달았다. 그 깨달음은 일종의 경고였다. 당시에도 나는 걱정과 불안이 스스로 증식되며 끝없는 악순환을 초래한다는 걸 알 만큼은 알았다. 그러나 습관적인 걱정이 개인적으로 나에게 얼마나 깊은 상처를 남겼는지는 몰랐고, 그 상처를 어떻게 치유해야 하는지도 몰랐다.

만성적인 불안의 극복은 많은 점에서 평생의 과제다. 우리 뇌를 천천히 재조정해야 한다. "걱정에 대해 덜 걱정하라!"고 말하는 것과, 실제로 그렇게 행동하는 것은 완전히 별개다. 내 경험에 따르면, 만성적인 걱정에서 벗어나는 훈련으로 가장 유용한 방법 중하나는 "만약 최악의 결과가 닥친다면 어떤 것이겠는가?"라고 자신에게 물은 뒤에 그 질문을 뒤집는 것이다. 무슨 말인지 자세히 설명해 주겠다.

변화에 관한 한 우리 인간은 최악의 상황을 상상하는 경향을 띤다. 따라서 당신은 위의 질문에 "최악의 결과가 닥치면 당연히 몹시 안 좋지."라고 대답할 것이다. 내 귀에 그런 대답이 들리는 것 같다. 변화가 있으면 어떻게 될까? 당신은 무엇을 잃을까? 무엇이 더는 당신 옆에 없을까? 무엇이 비워질까? 이런 질문에도 부정적인 대답이 계속 이어진다. 대답 자체가 '최악'을 가정하며 질문을 구성한 틀 안에 함축되어 있다. 맞다. 변화는 정말 두렵다. 변화는 우리 시야를 가리고, 용기를 마비시킨다. 변화를 허용하면 변화가 우리를 잔혹하게 휘두를 뿐이다.

그러나 질문을 뒤집어 "변화에 저항하지 않고 변화를 따르면 어떤 최상의 결과를 기대할 수 있을까? 미래에 대한 내 기대를 내려놓는다면 어떤 최상의 결과를 희망할 수 있을까?"라고 물으면 어떻게 될까? 그러면 우리가 가능하다고 꿈꾸던 수준보다 더 유능하다는 걸 깨달을 수 있을까? 당장이라도 열리기를 기다리던 문들을 찾아낼 수 있을까? 결국 어떤 변화라도 일어날 수 있다는 걸 모르는 게 최악이지 않을까?

부모님이 돌아가셨을 때 '최악의 결과'는 이미 겪었던 사건들보다 나쁘지는 않았던 듯하다. '최상의 결과'를 묻는 관점이 내 안에 스며드는 데는 시간이 걸렸다. 하지만 그 관점을 받아들이자 처음에는 내 발밑에서 지축이 이동하는 기분이었다. 차츰 내 땅은 견고하지만 부드러워졌다. 따라서 부모님에 대한 기억을 그대로 간직하며, 미래를 진심으로 기다릴 수 있게 되었다.

조금씩 나는 불안을 해소하는 습관들을 키워갔다. 미래에 대한 두려움이 여전히 때때로 고개를 내밀었지만, 두려움이 하소연하는 것을 듣는 방법을 배웠다. 세 단계로 이루어지는 단순하지만 강력한 방법인데, 나는 지금도 이 방법을 사용해 두려움을 해소하고 있다.

… 두려움이 말하는 것에 주목하라

불안과 두려움이 슬그머니 밀려오면 즉시 모든 것을 중단하라. 방금 어떤 일이 있었는가? 몸의 어느 부위에서 느꼈는가? 최악의 시나리오를 머릿속에 다시 그리고 있는가? 가능하면 그 느낌에 이름을 붙여보라. 특정한 사람의 이름이어도 괜찮다. 단, 판단하지 말고 그냥 지켜만 보라.

… 두려움이 말하는 것을 반겨라

왜 내가 그렇게 느끼지 못하는가를 자책하지 말고, 이 순간의 느낌을 인정하라. 그 느낌이 배려하는 마음에서 비롯된다는 걸 깨달아라. 그 느낌에 대해 감사하는 마음을 조금이라도 내 안에서 찾을 수 있겠는가?

… 두려움이 말하는 것을 이용하라

관심의 초점을 뒤집어라. 두려움이나 불안이 나에게 무엇을 내려놓기를 바라는가? 어떻게 해야 정말 중요한 것에 마음을 열 수 있을까? 내 반응이 내 가치관과 일치하는가? 나와 두려움 중 어느 쪽이 진짜로 통제하고 있는가?

이 접근법은 어려운 것을 하찮게 보이게 한다거나, 상실감에 대해 잊자는 게 아니다. 고통과 도전은 당신과 나의 이야기, 아니 인류 전체의 이야기에서 빠지지 않는 부분이다. 중요한 것은 미래에 대한 두려움에 삶의 각본을 빼앗기지 않는 것이고, 오늘을 충실히 사는 걸 방해받지 않은 것이다. 결론적으로, 사고방식(마음가짐)이 우리의 행복을 결정한다. 플럭스 사고방식은 걱정을 내려놓고 가능성의 경이로움을 받아들이는 방법을 아는 것이다.

다시 시작하라

우리의 뇌는 미래를 계획하도록 프로그램되어 있다. 하지만 솔직해져 보자. 미래가 어떻게 전개될지는 누구도 모른다! 내가 꽤나 이름이 알려진 미래학자이지만, 솔직히 이렇게 말한다. 우리가 많은 것을 예측하고 통제하려고 할수록, 또 '확실히' 안다고 자랑할수록 미래는 우리 손가락 사이로 더 열심히 빠져나간다.

지금까지의 삶에 비추어보면 분명히 그랬다. 내일이 어찌 될지 누구도 정확히 알 수 없다. 하물며 일주일, 1년, 10년, 한 세대 이후를 어떻게 알 수 있겠는가! 그러나 거기에 진정한 아름다움과 경이로움이 있다. 하루하루가 새롭고 불가지不可知이지만, 하루하루가 다시 시작할 기회이기도 하다. 오늘날에만 해당하는 말이 아니다. 끊임없이 변하는 세계와 더 빨라진 변화 속도 때문에 그 사실이 더 뚜렷이 부각되는 것일 뿐이다.

하루하루가 변화로 채워지고, 하루하루가 다시 시작할 새로운 기회를 제공한다면, 계획을 세우고 싶은 욕망과 불가지한 미래 사이의 긴장을 해결하는 방법은 미래를 생각하지 않고 현재에 집중하는 것이다. 브라운대학교 마음챙김 센터의 연구혁신부 책임자 저드슨 브루어Judson Brewer 교수는 이렇게 조언한다.

"오늘 끝내야 하는 것을 하라. 그리고 내일 일은 내일 신경 쓰라. 정보에 대해서는 시기적으로 가까워질수록 더 명확히 생각할 수 있는 법이다."[145]

오늘조차 저 멀리 떨어진 수평선처럼 여겨지면 지금 이 시간, 더 나아가 일분일초에 집중하라. 중요한 것은 현재의 순간에 집중하며 다시 시작하는 모든 기회를 알아보는 것이다.

부모님이 세상을 떠났을 때 나는 끝없이 계속되는 미지의 땅에 파묻힌 듯했다. 나는 필사적으로 계획을 세우고 싶었지만, 앞날이 어떻게 전개될지 짐작조차 할 수 없었다. 매일 아침 눈을 뜨면 "도대체 내가 무얼 해야 하지?"라는 똑같은 질문을 반복했다. 그 모든 것이 지금 이 순간으로 귀결된다는 걸 서서히 깨달았다. 아침에 눈을 뜨면 나에게는 두 가지 선택 방향이 있었다. 하나는 침대에서 일어나 어떤 일이 벌어지는지 지켜보는 것이었고, 다른 하나는 이불을 돌돌 말고 침대에 누워 세상을 외면하는 것이었다. 구석에 처박히고 사라지는 게 좋은 것 같았다. 그래서 많은 날을 그렇게 보냈다. 하지만 작은 목소리가 속삭였다.

'오늘은 무슨 일이 일어나는지 알고 싶지 않니?'

시간이 지나면서 아침에 일어나 다른 사람을 향해 한 발을 내딛는 단순한 행동에 점차 익숙해졌고, 그 행동조차 일상의 작은 승리로 여겨졌다. 그리고 내 만트라는 "나는 알고 싶다. 그러자면 배워야 한다."가 되었다. 세상에는 내가 전혀 알지 못하는 것들이 있다는 걸 깨달았다. 그런 현실이 부당하고 심지어 잔인하다고도 느꼈지만, 내가 어찌할 수 없는 것을 통제하려 한다면 나 자신을 파괴할 수 있다는 걸 깨달았다. 이런 깨달음은 "미지의 것에 아름다움이 있다."라는 가장 유익한 깨달음으로 이어졌다. 알지 못하는 것은 호기심과 궁금증을 자극하고 경외심을 불러일으키지 않는가? 안타깝게도 이 모든 것이 오늘날에 지극히 부족하다. 아는 것이 불가능할 때는 내려놓고 다시 시작할 때다.

미래를 부드럽게
맞이하라

변화가 닥치면 내려놓는 능력, 즉 기대를 내려놓고, 불확실한 미래에서 무엇인가를 하려는 판단, 심지어 알아야 할 것까지 내려놓는 능력이 큰 차이를 만들어낸다. '과거의 것'을 고수하며, 다음에 일어날 사건을 통제할 수 있다고 믿는 사람들은 쉽게 탈선한다. 그러나 '과거에는 존재했지만 더는 존재하지 않는 것'을 내려놓고, 미래에 필요한 공간과 산소를 제공하는 사람은 번창한다.

미래를 내려놓는다는 것은 고정되지 않고 계속 흐른다는 뜻이다. 삶을 거스르지 않고, 삶과 함께한다는 뜻이다. 꽉 막힌 느낌을 버리고, 유체처럼 유연해지겠다는 뜻이다. 미래를 불확실한 것으로 가득한 싱크홀이나 결코 넘을 수 없는 벽돌담이 아니라, 물처럼 용기의 형태를 띠고, 인간의 손으로 오랫동안 쥐고 있을 수 없는 유연하고 탄력적인 것으로 보겠다는 뜻이다. 미래는 부드러우면서도 탄력적이지만, 선사 시대의 바위에도 흔적을 남길 수 있는 것이다. 물은 용기의 형태를 띠며, 강력하지만 일시적인 형태에도 만족한다. 따라서 미래를 유연하게 맞이하는 사고방식은 끊임없는 변화를 받아들이는 자세이자, 그런 변화에서 번창하는 비결이다.

당신은 당신이 손대는 모든 것을 변화시킨다.
당신이 변화시키는 모든 것이 당신을 변화시킨다.
유일하게 지속되는 진실은 변화다.

– 옥타비아 버틀러Octavia Butler

1. 계획을 세울 때 당신은 대체로 그 계획이 제대로 진행될 것이라 생각하는가?

   _____

2. 정신적으로 당신은 시간의 대부분을 과거와 현재와 미래 중 어디에 쓰는가?

   _____

3. 당신이 최근에 내려놓은 것에 대해 설명해 보라. 어떤 느낌이었는가? 결과가 어땠는가?

   _____

4. '알지 못하는 것'은 당신에게 어떤 느낌을 주는가?

   _____

5. 당신의 삶을 시나리오 매핑해 본 적이 있는가? 그랬다면 어땠는가? 지금까지 해본 적이 없다면 지금이라도 해보고 싶은가? 가부간에 그 이유는 무엇인가?

   _____

변화는
앞으로도
계속된다

삶은 지속적으로 변한다.

- 헤라클레이토스

FLUX

마침내 여기까지 왔다. 당신은 이 책을 자신에게 적합하다고 생각하는 순서로 당신의 마음에 와닿는 부분들을 읽었다. 이제 당신은 플럭스 사고방식을 갖추고, 플럭스 파워들을 개발하며, 오늘날의 세계에 적합한 새 각본을 쓰려고 최선을 다하고 있다. 이런 시도로 당신의 정신과 몸, 더 나아가 영혼이 크게 달라질 거라는 걸 감지한다. 또 당신이 리더, 직업인, 기업가, 부모, 공동체의 일원, 무엇보다도 인간으로 살아가는 데도 도움이 된다는 걸 알고 있다. 그러나 여전히 꺼림칙하다. 다른 것은 없나? 다음에는 또 뭐가 있을까? 지금 내가 무엇을 하고 있는 걸까?

당신이 적합한 책을 선택한 것은 분명하다. 그러나 당신 위치를 냉정히 파악하고, 당신이 지금까지 배운 것을 점검하며 더 깊이 이해하는 시간을 가져보자. 이 과정을 끝내면 유의미한 비전을 제시하기가 한결 쉬워질 것이다.

쉽게 망각하지만 반드시 기억해야 할 하나가 있다면, 당신이 연습하는 모든 것이 변화의 바다를 항해하는 데 영향을 미친다는 사실이다. 연습을 반복하면 무엇에든 능숙해지기 마련이다. 예컨 대 두려움에 대응하는 방법을 연습하면 두려움에 점점 익숙해진 다. 융통성 있게 처신하는 방법을 연습하면 정신적으로 조금씩 유연해진다. 물론 희망을 연습하면 희망을 품는 가슴이 커진다.

'다음에는 뭐지?'는 플럭스를 일종의 연습으로 보는 것이다. 플럭스 사고방식을 갖추고, 플럭스 파워를 개발하는 게 하루아침에 가능하지는 않다. 진정으로 플럭스가 된다는 것, 즉 끊임없는 변화의 일부가 되기 위해서는 평생의 노력이 필요하다. 따라서 연습하고 또 연습해야 한다. 목표는 더 나아지는 것이지, 완벽함이 아니다. 최종적인 결과는 무엇이냐고? 하루하루(특히 오늘!) 당신이 더 나아지는 많은 기회를 얻는 것이다.

이미 앞에서 보았듯이 플럭스 파워들은 서로 증폭시키는 효과가 있다. 각 플럭스 파워는 단독으로도 충분히 기능하지만, 결합되면 훨씬 더 강력한 효과가 발휘된다.

예를 들면 이렇다.

· 신뢰로 시작하면 내려놓기가 더 쉽다.
· 보이지 않는 것을 볼 때 신뢰로 시작하기가 더 쉽다.

- 더 천천히 달릴 때 보이지 않는 것을 보기가 더 쉽다.
- 더욱더 인간다워질 때 더 천천히 달리기가 쉽다.

플럭스를 연습하고 싶다면, 가장 가까이 있다고 느껴지는 플럭스 파워로 시작하라. 시간이 지나면서 나머지 플럭스 파워들이 그 플럭스 파워를 더욱 강력하게 해줄 것이다.

변화의 경우도 마찬가지다. 어떤 변화든 가장 가까이 다가온 변화부터 시작하라. 플럭스의 진정한 장점이라면 규모에 구애받지 않는다는 것이다. 플럭스는 어떤 단위의 크기나 규모 및 범위에도 적용될 수 있다. 개인적으로는 플럭스 상태, 즉 끊임없이 변하는 상태에 있는 당신의 일과표, 가족, 경력, 꿈과 기대 등을 이야기 나눌 수 있다. 조직에서는 플럭스 상태에 있는 사무실, 인력 관리, 전략 계획에 대해 이야기를 나눌 수 있다. 한편 사회적 규모에서는 플럭스 상태에 있는 정치, 도시, 기후 등을 논의할 수 있을 것이다. 전 세계가 플럭스, 즉 끊임없이 변화하는 상황에 있을 때 플럭스 사고방식은 거의 무한대로 유용하게 쓰인다.

이런 관점에서 볼 때, 이 책은 출발점에 불과하다. 각각의 플럭스 파워를 설명하는 데도 한 권의 책이 필요할지도 모른다. 또 시리즈의 출범을 기획할 수도 있다. 플럭스 상태의 리더십, 플럭스 상태의 일자리, 플럭스 상태의 관계, 플럭스 상태의 신뢰, 플럭스 상태의 경력, 플럭스 상태의 학습, 플럭스 상태의 위험관리, 플럭스 상태의 도시들, 플럭스 상태의 정치, 플럭스 상태의 공공 정책,

플럭스 상태의 기대…. 이 책을 읽으며 시작한 것이 하나의 변화, 한 사람, 한 시기를 넘어 끝없이 확장될 수 있다.

그러나 지금 당장은 현실과 당신에게로 돌아오자. 이 책의 기본적인 전제는 끊임없이 변화하는 세계에서 우리는 불확실성과의 관계를 근본적으로 재정립하고, 건강하고 생산적인 관점을 유지하기 위해 각본을 뒤집어야 한다는 것이다. 이는 세 단계로 이루어진다.

Step 1: 플럭스 사고방식을 열어라

Step 2: 여덟 가지 플럭스 파워를 개발하라

Step 3: 플럭스 파워를 적용해 새로운 각본을 쓰라

'각본을 뒤집는 능력'이 열쇠다. 새 각본은 오늘날의 세계에 적합해서 끊임없는 변화에서도 당신이 번창할 수 있도록 힘을 북돋워 준다. 그러나 각본이 저절로 쓰이지는 않는다. 과거의 각본에 어떤 문제가 있고, 당신과 변화의 현재 관계에 어떤 악영향을 미치는지에 대한 정확한 이해가 필요하다.

변화의 관계는 기본적으로 삶의 경험에 뿌리를 두고 있기 때문에 모두가 제각각이다. 이론적으로 동일한 관계는 존재하지 않는다. 따라서 이 책에서 중요한 부분은 이렇게 정리된다. 무엇이 당신의 디딤돌이고 뿌리이며, 변화가 닥칠 때 무엇이 당신에게 나아갈 방향을 인도하는가? 어떤 가치가 명료성과 안정성을 당신에게

제공하며, 변화를 위협이 아니라 기회로 볼 수 있게 해주는가? 그 가치들을 지키기 위해 얼마나 노력하는가? 직업, 동반자, 일과표, 가족 구성원, 신상품 출시, 신입 직원 고용, 선거 주기 등 어떤 변화가 닥칠 때 그 가치들이 당신의 대응에 어떻게 영향을 주는가? (프롤로그에서 다룬 '플럭스 사고방식의 기준선'을 다시 읽고, 당신의 대답이 달라졌는지, 달라졌다면 어떻게 달라졌는지 점검하기에는 지금이 좋은 때다.)

이 책을 읽는 독자는 저마다 다른 경험과 다른 개성을 지녔지만, 내가 찾아낸 네 가지 비법은 누구나 플럭스 사고방식을 강화하고 플럭스 파워들을 적용하는 데 촉매제로 사용할 수 있다. 아래의 비법을 하나씩 직접 시도해 보라.

… 플럭스를 당신의 삶과 일에 도입하라

집이나 사무실에서, 심지어 길에서도 많은 방식으로 시도할 수 있다. 하지만 처음 시작하기에 적합한 곳으로 내가 찾아낸 최적의 장소는 야외다. 자연으로 나가라. 자연은 플럭스, 즉 끊임없는 변화의 완벽한 전형이며, 플럭스를 가르쳐주는 최고의 교사다.

기원전 500년경, 헤라클레이토스가 이미 "자연은 끝없이 변하는 공간이지만, 변화의 바다에서도 변하지 않는 게 있다."라고 말했다. 자연은 우리 세계를 뒤흔드는 변화에 무관심한 듯하다. 계절이 변하고, 나무가 열매를 맺고, 꽃이 피고, 동물들이 동면한다…. 이 과정은 끝없이 반복된다. 게다가 자연은 끊임없이 변하며, 과거와는 다른 것이 된다. 움직이는 원자는 계속 변하고, 세포는 끝없이 분열하며, 공기와 에너지는 지금 이 순간에도 계속 움직인다.

"강처럼 삶은 계속 앞으로 흐른다. 강둑에서 강으로 내려가는 동안 우리 발등을 적시며 흘러간 강물은 조금 전에 흘렀던 그 강물이 아니다."[146]

자연에서 발견하는 플럭스의 무한한 사례들을 살펴보자.

- 애벌레가 번데기를 거쳐 나비가 된다. 애벌레가 번데기로 변한 뒤에 날개를 펼치며 날아간다.
- 대나무는 땅 밑으로 뿌리와 뿌리줄기를 내리는 데 1년 이상을 보낸다. 그 뒤에는 믿기지 않는 속도로 성장한다. 하루에 약 1미터를 성장하며 강철보다 강한 물질, 어쩌면 지상에서 가장 강한 물질이 된다.[147]
- 파도는 밀물과 썰물을 만들고 목가적인 휴가지뿐만 아니라 파괴적인 허리케인도 만들어낸다. 그야말로 변화의 쓰나미다!

자연은 전통적인 고대의 지혜와도 깊은 관계가 있다. 지속가능성부터 공동체 구축과 생태계 관리까지 우리가 당면한 최악의 문제들을 들여다볼 때마다 나는 고대의 지혜를 받아들여 자연과 변화와의 관계를 이해한다면 플럭스를 더 깊이 이해하게 될 것이라 확신한다. 그랬다면 더 나은 결정을 내렸을 것이고, 그랬더라면 우리는 아래와 같은 세계에서 살 수 있었을 것이다.

- 성공이 우리와 대지의 관계를 비롯해 관계와 지속가능성을 기준으로 평가되는 세계.
- 계획을 세울 때 미래 세대를 포함하고, 그들을 우선시하는 세계. 예컨대 "심의를 할 때마다 우리는 현재의 결정이 향후 일곱 세대에 미칠 영향을 고려해야 한다."라고 말하는 '7세대 원칙Seventh Generation Principle'을 강조하는 세계.*148*
- 두려움은 부드럽게 맞아야 할 감정이지, 피해서 도망쳐야 할 괴물이 아니라고 인식하는 세계.*149*
- 외부의 평가에 매달리지 않고, 내면의 지혜를 모색하고 신뢰하는 세계.
- 미래를 섣불리 예측하지 않고, 내적인 지혜와 접촉하여 앞으로 전개될 상황을 감지하는 세계.

잠깐 모든 것을 멈추고, 당신과 자연의 현재 관계를 생각해 보라. 이 책을 읽기 전에 당신이 전통적인 지혜에 대해 알았던 것과 몰랐던 것을 정리해 보라. 자연의 미묘한 변화에 정말 집중할 수 있는가? 힘바족의 남다른 집중력에 대해 들어본 적이 있는가? 어떻게 하면 '긴츠키'를 당신의 삶에 적용할 수 있을지 생각해 본 적이 있는가? 포틀래치가 무엇인지 알았는가? '충분함'과 '만족'이란 단어가 실제로 무엇을 뜻하는지 알았는가?

자연에서 시간을 보내면 끊임없는 변화를 근원에서 직접 배울 수 있다. 고대의 지혜도 인류에게 남겨진 가장 소중한 보물 중 하나다. 자연과 고대의 지혜는 우리의 플럭스 파워에 활력을 불어넣는다. 따라서 전에는 보이지 않던 것을 보고, 자연의 목소리를 신뢰하는 방법을 배우는 데 도움이 된다. 보고 듣고 배워서 얻은 통찰을 당신의 삶과 일에 적용해 보라. 플럭스 사고방식을 다음 단계로 옮겨가고, 새 각본의 다음 장을 쓰라.

다른 사람들에게 어떤 일이 있었다는 이야기를 듣고 읽는 데 만족하지 마라.
그대만의 신화를 펼쳐라.
복잡하게 설명하지 말고 누구나 그 여정을 이해할 수 있도록 하라.
그대에게 모든 길이 열려 있으니.

- 루미Rumi

… 플럭스를 당신 조직에 도입하라

이 책은 주로 개인의 역량에 초점을 맞추었지만 이 정도는 시작에 불과하다. 플럭스 파워를 조직 문화에 도입해 적용해도 비즈니스 모델의 구조부터 전략적 계획, 성과의 평가 기준까지 모든 것에서 긍정적인 관련성이 확인된다. 물론 표면적인 대화를 넘어 실질적인 변화를 끌어내기 위한 '다양성, 형평성, 포용성'에 초점을 맞추는 경우도 마찬가지다.

예컨대 당신이 몸담고 있는 기업이나 조직에 대해 다음과 같은 질문을 생각해 보라. (현재 당신이 일하고 있지 않다면, 머릿속에 가장 먼저 떠오르는 기업이나 조직을 평가해 보라.)

- 기업 전략을 '일부에게 더 많이'보다 '모두에게 충분히'로 바꾸면 어떻게 될까? 더 천천히 달리며, 사분기 수익에 연연하지 않는 장기적 이익을 도모하는 전략을 세우면 어떻게 될까?
- 기업이 고객을 소비자가 아니라 시민, 또는 인간으로 대하면 어떻게 될까?
- 현실적으로 말할 때, 신뢰와 충분함에 뿌리를 둔 사회계약에는 무엇이 포함될까? 기업 차원의 보상과 소유 구조는 어떻게 될까?
- 끊임없는 변화에 대응하는 능력이 위험과 책임을 판별하는 조직의 기준에 어떤 영향을 미칠까?

많은 조직이 끊임없는 변화에 대응하기에 적합하지 않다는 말을 나는 귀가 따갑도록 들었다. 이른바 '기민한' 조직도 시대에 뒤처진 정책을 시행하고, 시장을 잘못 읽고, 조직 내의 마찰을 야기한다. 또 리더들은 혁신을 원한다고 말하지만, 혁신을 방해하는 선택을 하는 경우가 비일비재하다.[150]

조직의 플럭스, 작업장의 플럭스, 진단법 등을 집중적으로 다루려면 또 한 권의 책이 필요하다. 그러나 이 책을 출발점으로 삼아 많은 것이 가능할 수 있다. 특히 플럭스가 조직에 반드시 필요한 선언이 되고, 팀의 긴밀한 협력을 위한 도구가 되는 불씨가 될 수 있다.

민간 분야, 공공 분야, 사회 분야 등 어떤 분야에서 일하든, 혹은 영리조직, 비영리조직, 영리와 공익을 동시에 추구하는 조직에서 일하든, 아니면 정규직과 임시직, 고용원과 하청업자로 일하든, 또 자영업이든 포트폴리오 경력을 추구하든 간에 조직이 여덟 가지 플럭스 파워 모두를 갖추면 어떤 일들이 벌어질지 상상해 보라.

당신이 몸담은 조직과 함께하는 동료들이 '더 천천히 달리는 법', '보이지 않는 것을 보는 법', '신뢰로 시작하는 법'을 안다고 상상해 보라. 팀원 전체가 '더욱더 인간다워져서', 당신에게도 더욱더 인간다워지라고 독려한다고 상상해 보라. 조직이 새로 쓰는 각본이 끊임없이 변하는 세계에 완벽하게 들어맞는다고 상상해 보라. 이 모든 게 솔깃하게 들리는가? 이 책을 공유하고, 동료들과 플럭스 대화를 시작하면 된다. 간단하지 않은가?

당신이 조직의 리더라면 팀원 전체를 소집해서 각자의 옛 각본을 함께 분석해 보길 바란다. 각자의 '플럭스 사고방식의 기준선'을 평가하고, 서로 의견을 주고받아라. 팀원 이외에도 새로운 각본을 쓰는 데 관심 있는 사람이 있는지 둘러보라. (내 경험에 따르면 여기까지 생각하는 사람은 상대적으로 소수에 불과하지만, 일단 시작하면 거의 모두가 자신의 각본을 직접 쓰고 싶어 한다.) 다 함께 플럭스에 잘 대응할 수 있을 때까지 동반자가 되어라. 한 걸음 더 나아가자. 조직을 위해 모두의 목소리가 똑같은 정도로 반영되는 새 각본을 작성해 보자.

결론적으로 말하면, 어떤 조직이든 성공과 좌절이 있다. 변화도 예외가 아니다. 구성원들이 각자의 플럭스 파워를 활용하는 조직이라면, 여전히 옛 각본에 집착하는 조직보다 변화로 가득한 미래에 훨씬 더 잘 대비할 것이다.

우리가 변화를 만들어낼 수 있다. 거꾸로 변화가 우리를 만들 수 있다.

- 조지 머추너스George Maciunas, 플럭서스 예술운동 창립자

··· 플럭스를 당신 가정에 도입하라

앞에서 보았듯이, 변화와의 관계는 내부에서 시작된다. 플럭스 파워들은 어느 시대에나 유용하다. 따라서 하루라도 빨리 익힐수록 더 좋다. 이상적인 세계라면 아이들이 변화와 건강한 관계를 맺으며 성장할 것이다. 어린 나이에 플럭스 사고방식을 새기고, 플럭스 파워들을 평생 갖게 될 것이다. 이제는 연락이 끊겼지만, 실제로 그런 바람을 나에게 털어놓은 많은 부모가 있었다.

게다가 많은 젊은이, 특히 청소년이 이제는 다른 식으로 살아가고 공부하며 존재하기를 바란다. 그들은 옛 각본의 수명이 끝났다고 생각하며, 새 각본을 원한다. 요즘의 세계에 적합한 삶을 살아가도록 그들을 인도하며, 올바른 방향을 제시하는 새로운 로드맵을 바란다. 많은 청소년이 에스컬레이터에 올라타고 싶어 하지 않고, 다른 가능성이 있는지 알고 싶어 한다. 이 책이 그들에게 작

은 도움을 줄 수 있다. 물론 당신도 그들에게 도움을 줄 수 있다.

이번에도 간단히 시작할 수 있다. 아이들에게 '플럭스'에 대해 말하면 된다. 그들에게 삶의 과정에서 힘겨운 변화에 부딪칠 거라고 정직하게 말해주어야 한다. 어떤 종류의 변화가 가장 힘들고, 어떤 플럭스 파워가 가장 유익할 것인지에 대해 허심탄회하게 대화해 보라. 아이의 연령에 따라 새 각본의 전체적인 뼈대가 달라질 수 있다.

플럭스를 가정에 도입하면 공감과 상호의존과 특권에 대한 대화의 문이 열린다. 당신과 다른 사람에 닥친 플럭스의 실체는 무엇이고 어떻게 다른가? 이런 문제를 두고 솔직히 대화할 때, 인간이 개인적인 차원에서나 사회적인 차원에서 서로 긴밀히 연결되어 있다는 걸 아이들에게 이해시킬 수 있을 것이다.

특권의 유무는 플럭스에 대한 당신의 의견 형성에 긍정적인 영향만이 아니라 부정적인 영향도 미친다. 당신이 어떤 유형의 변화를 무사히 항해하도록 해주는 특권이 있는 반면에, 옛 각본이란 에스컬레이터에 올라타라고 당신을 구속하며 변화를 받아들이는 걸 더 힘들게 하는 특권도 있다.

특권은 다양한 형태를 띤다. 정서적 안정, 재력과 피부색, 사랑이 돈독한 가족, 안정된 가족도 특권의 한 형태이며, 그 특권들은 각각 변화에 다른 반응을 야기할 수 있다. 폭력적이거나 역기능적인 가정에서 성장하면 신뢰하는 게 더 힘들 수 있다. 또 충분히 갖지 못한 까닭에 더 많은 것을 갈망하지 않는 게 어려워질 수 있다.

역설적으로 들리겠지만, 특권에 둘러싸이면 내려놓기가 더 힘들어진다. 내려놓는 게 당신과 세계 모두에게 최선인 경우에도 마찬가지다.

당신 자신과 다른 사람들의 특권을 의식하게 되고, 특권이 없는 충만한 삶을 상상할 수 있을 때에야 플럭스를 완전히 수용할 수 있다. 플럭스 사고방식은 당신에게 내면을 들여다보고, 당신만의 특권이 없는지 살펴보고, 그 특권이 변화를 수용하는 걸 어떻게 방해하는지 따져보라고 요구한다. 이런 게 무리한 요구로 들릴 수 있겠지만, 특권은 모든 사람이 갈망하는 것이 아닌가. 특히 부모와 건강과 안정된 일자리처럼 당연한 것으로 여겨지는 특권조차 예고도 없이 변할 수 있다.

계속 변하는 자아는 살아 있는 자아다.

- 버지니아 울프Virginia Woolf

… 플럭스를 세계에 도입하라

가장 광범위한 차원에서 당신은 플럭스를 대변하는 대사가 될 수 있다. 또 플럭스 공동체를 설립하는 데 도움을 주고, 그 공동체의 일원이 되어 공동 각본을 다시 쓸 수 있다. 또 '플럭스의 한살이'에 대해 새로운 생각을 유도하는 촉매가 될 수 있다. 또 당신은 우리가 변화에 대해 말하는 방법에서도 변화를 유도하는 촉매가 될 수 있다. 변화에 대해 말하는 방법에 변화를 시도할 때 진정한 변화라 말할 수 있을 것이다.

　이 책을 쓰는 과정에서 우리의 현재 언어가 플럭스를 항해하는데 무척 부족하다는 게 드러났다. 끊임없는 변화와 싸우는 것도 어렵지만 우리는 그 변화를 표현하는 데도 고심했다. '회복 탄력성resilience'과 '적응성adaptability'이란 단어는 있다. 그러나 '플럭스의 소용돌이에 있음'을 표현하는 단어는 있을까? 없다.

　'무엇'이 무엇인지 가리키는 적절한 단어가 없을 때 '그것'에 대해 다른 사람들과 진정으로 대화하는 건 더욱 어렵기 마련이다. 이 복잡하고 까다로운 문제가 플럭스에 국한된 것만은 아니다. 거북한 주제, 오명이 씌워진 주제, 우리가 어떻게든 피하려는 주제에서 공통으로 나타나는 현실이다. 공부해야 할 것이 많지만 적절한 정보를 얻지 못하는 주제에서 이런 현상은 큰 좌절감을 준다. 예컨대 요가 철학이 기업계에서 유사 과학으로 여겨지고, 원주민의 지혜가 금융 분석가들에 의해 하찮게 여겨질 때 더욱더 그렇다.

　이번이 이런 장벽을 허물고, 진정으로 중요한 것에 목소리를 줄 기회, 또 우리가 서로에게 배워야 할 것이 무척 많다는 걸 인정할 기회다. 플럭스와 관련된 어휘가 지금처럼 필요한 때가 없었다. 거꾸로 생각하면, 지금이 플럭스와 관련된 어휘를 확대할 수 있는 절호의 시간이다. 플럭스, 즉 끊임없는 변화에 대한 의식을 높이고 사람들을 화합하도록 유도하는 데 필요한 렉시콘(어휘), 즉 플럭시콘Fluxicon을 만든다면, 플럭시콘의 촉매작용에 힘입어 플럭스 파워들이 더 빨리 뿌리를 내릴 수 있을 것이다.

플럭시콘이 완성되면 플럭스에 대해 더 편하게 말하는 수준을 넘어, 각자의 '플럭스 대응 능력'을 향상함으로써 모두를 위해 더 밝은 미래를 만드는 데도 도움이 될 것이다. 예컨대 플럭스 이론은 우리가 사회의 건강과 행복을 평가하는 기준을 만들 때 어떤 영향을 줄 수 있을까? 플럭스를 고려한 새로운 GDP(국내총생산) 계산이 가능할까?(내 생각에는 가능하다.) 진정한 변화의 완전한 결과를 우리 생전에는 느끼지 못하겠지만, 그런 변화를 시도한다는 건 어떤 것일까? 이런 의문들도 궁극적으로는 고대의 지혜를 가리킨다. 그 지혜에 우리가 찾는 많은 답이 있고, 우리는 이미 그 지혜를 많이 알고 있다. 그 해답을 찾는 과정은 범세계적인 규모로 진행되는 재발견의 과정이기도 하다.

본질적으로 순간적이고 유동적인 우주에서
완벽하게 안전하고 싶다는 생각 자체가 모순이다.

- 앨런 와츠Alan Watts

인간애를 지키려는 투사들에게 지금은 일생일대의 기회다. 옛 각본이 찢어지고, 우리의 플럭스 사고방식이 열리며 플럭스 파워들이 나타난다. 그리하여 더 천천히 달릴 수 있고, 보이지 않는 것을 보거나 보이게 만들고, 목적에 더는 합당하지 않은 미래를 내려놓고, 현재에 집중하며 다음을 만들어갈 수 있다.

지금은 플럭스, 즉 지속적인 변화에 유연하게 대응하는 방법을 배워야 할 때다. 지금처럼 플럭스를 연습하기에 좋은 때는 없다. 당신의 새 각본이 눈앞에 있다.

준비되었는가? 바로 시작해 보자!

토론 길잡이

이 책은 건강하고 생산적인 관점을 유지하려고 불확실성과 변화와의 관계를 재정립하려는 개인과 조직을 도와줄 목적에서 쓰였다. 책 곳곳에 자기반성, 호기심, 대화를 유도하기 위한 '호출 상자'를 마련해 두었다. 다수의 상자에 제시된 질문과 연습법은 플럭스 사고방식을 열고 플럭스 파워를 개발하는 것을 지원할 목적에서 설계된 것이다. 당신의 '플럭스 대응 능력Fluxiness'을 평가하고, 토론을 유효하게 끌어갈 수 있도록 다음 페이지부터 주제에 맞게 질문들을 선별해 정리해 두었다. 친구와 가족, 동료와 팀원, 리더십 동호회, 심지어 낯선 사람과 사용해도 괜찮다. 일대일 관계와 소규모 집단에서는 물론이고 혼자만의 숙고에도 활용할 수 있다. 마음껏 즐겨라!

더 많은 질문과 아이디어와 영감을 얻고 싶으면, fluxmindset. com을 참조하기 바란다.

플럭스 사고방식의 기준선

1. 당신은 어떤 종류의 변화를 좋아하는가? 당신은 어떤 종류의 변화를 싫어하는가?
2. 당신에게 의미와 목표를 주는 것이 무엇인가?
3. 불확실한 때는 누구에게, 또는 무엇에 기대는가?
4. 지금 누구에게, 또는 무엇에 전념하고 있는가?
5. 성장 과정에서 당신은 변화를 두려워하라고 배웠는가, 아니면 기꺼이 받아들이라고 배웠는가?
6. 지금 무엇이 '당신을 당신으로' 만들고 있는가? 출생의 우연으로 얻는 특권은 무엇인가?
7. 현재 당신과 변화의 관계를 가장 적절히 표현하는 한 단어가 있다면 무엇인가?

더 천천히 달려라

1. 뭔가가 예상보다 오랜 시간이 걸린다면 불안해지는가, 아니면 지체되는 걸 고맙게 생각하는가?
2. 당신의 삶에서 어떤 부분이 지나치게 빨리 달리고 있는 기분인가?
3. 더 빨리 달려야 한다는 압박감은 언제 시작되었는가? 그때 그 압박감을 분명히 느꼈는가?

4. '빨리 달리고 싶은 욕망'은 어디에서, 혹은 누구로부터 오는 것인가? 더 빨리 달리라고 부추기는 사람이 당신 자신인가, 아니면 다른 사람인가?

5. 당신의 전형적인 대응 메커니즘은 무엇인가? 어떤 메커니즘이 가장 유용했는가? 어떤 메커니즘에 도움이 필요한가?

6. 속도를 늦추면 무엇을 발견할 수 있을 것이라 생각하는가?

보이지 않는 것을 보라

1. 당신은 머리와 가슴 중 어느 쪽을 더 신뢰하는가?

2. 동료들이 오른쪽으로 돌아가라고 말할 때 왼쪽으로 돌아가고 싶은 적이 있는가?

3. 당신은 보이지 않는 패턴을 찾아낼 수 있는가?

4. 당신은 삶을 지배하는 규칙들을 얼마나 의식하며 살아가는가? 그 규칙들이 명확한가?

5. 특권(혹은 특권의 부재)이 당신의 각본에 어떻게 영향을 미쳤는가? 어떤 종류의 특권이었는가?

길을 잃어라

1. 의도치 않게 길을 잘못 들어 전에 한 번도 온 적이 없는 곳에 있게 될 때 좌절감에 빠지는가, 아니면 새로운 공간에 호기심을 갖는가?

2. 둘러가는 길을 귀찮게 생각하는가, 모험의 기회라 생각하는가?

3. 어렸을 때 당신과 비슷한 사람들과 어울리라고 배웠는가, 당신과 다른

사람들과 어울리라고 배웠는가? 그들은 어떤 사람들이었는가? 그들과 어울리며 무엇을 배웠는가?

4. 불확실한 것에 부딪칠 때 누가 혹은 무엇이 당신의 디딤돌이 되고, 당신만의 길을 찾는 데 도움을 주는가?

5. 다른 문화나 전통이 당신의 세계관에 어느 정도까지 영향을 미쳤는가? 다른 문화의 각본은 당신의 각본과 어떻게 다른가? 다른 문화로부터 무엇을 배웠는가?

신뢰로 시작하라

1. 보통 사람이 신뢰받을 수 있을까? 그렇다면 그 이유가 무엇이고, 그렇지 않다면 그 이유가 무엇인가? 무엇이 당신의 대답에 영향을 주었는가?

2. 일반적으로 당신은 누군가를 신뢰할 수 있는지를 신속하게 판단하는 편인가?

3. 당신은 자신을 신뢰하는가? 언제 자신에 대한 신뢰가 가장 흔들리는 편인가?

4. 측정될 수 없는 것도 당신 세계에는 존재하는 것인가?

5. 누군가에게 "나를 신뢰하십시오."라고 말할 때 어떤 기분인가?

당신의 충분함을 알라

1. 더 많은 것이 정말 더 좋은 것인가? 그렇다면, 혹은 그렇지 않다면 그 이유는 무엇인가?

2. 누군가에게 선물을 줄 때 당신에게 손해라고 생각하는가, 이익이라 생각하는가?

3. 당신은 지금 '충분함'을 어떻게 정의하는가? 당신에게 해당하는 경우와 다른 사람에게 해당하는 경우를 구분해서 다르게 정의하는가? 그렇다면, 혹은 그렇지 않다면 그 이유가 무엇인가?

4. 당신의 자존감을 어떻게 규정하고 있는가? 이때 사용하는 기준이 무엇인가?

5. '충분함'의 전형적인 예가 되는 누군가를 생각해 보라. 그를 머릿속에 떠올린 이유가 무엇인가?

포트폴리오 경력을 만들라

1. 오늘 당신이 직장을 잃는다면 당신의 직업 정체성은 무엇이 될까?

2. 당신이 직업인으로 꿈꾸던 가장 큰 목표, 즉 경력 열망을 어떻게 묘사하겠는가? 그림으로 그려볼 수 있는가?

3. 새로운 사람을 만나면 가장 먼저 무엇을 물어보는가?(이름 제외)

4. 수년을 주기로 직업을 바꿔야 한다고 생각하면 긍정적인 자극을 받는가, 아니면 두려움이 밀려오는가? 그 이유는 무엇인가?

5. 당신이 무엇이든 될 수 있다면, 그것이 무엇이겠는가?

더욱더 인간다워져라

1. 당신은 '나'와 '우리' 중 어느 쪽에서 주로 생각하는가?

2. 테크놀로지와 적절한 균형을 유지하고 있는가? 가부간에 그 이유는

무엇인가?

3. 오늘 당신이 보여주는 음양의 (불)균형을 어떻게 설명하겠는가?

4. 테크놀로지와 단절된다면 당신의 정서와 전반적인 행복감에 어떤 일이 닥칠 것 같은가? 마지막으로 하루 이상 온라인과 완전히 단절한 때를 기억할 수 있는가?

5. '더욱더 인간다운 모습'을 보여줄 수 있다고 생각하는가? 가부간에 그 이유는 무엇인가? 이 점에서 오프라인 경험과 온라인 경험에 차이가 있는가?

미래를 놓아주라

1. 계획을 세울 때 당신은 대체로 그 계획이 제대로 진행될 것이라 생각하는가?

2. 정신적으로 당신은 시간의 대부분을 과거와 현재와 미래 중 어디에 쓰는가?

3. 당신이 최근에 내려놓은 것에 대해 설명해 보라. 어떤 느낌이었는가? 결과가 어땠는가?

4. '알지 못하는 것'은 당신에게 어떤 느낌을 주는가?

5. 당신의 삶을 시나리오 매핑해 본 적이 있는가? 그랬다면 어땠는가? 지금까지 해본 적이 없다면 지금이라도 해보고 싶은가? 가부간에 그 이유는 무엇인가?

조직에서의 플럭스와 리더십

1. 플럭스, 유체처럼 유연하게 대처하는 능력에서 당신 조직에 몇 점을 주겠는가? 선발된 사람이나 팀 혹은 부서가 변화무쌍한 상황에 상대적으로 더 유연하게 대처하는가? 그렇게 생각하는 이유가 무엇인가?

2. 예기치 못한 지연이나 혼란이 있을 때 당신 조직에서는 일반적으로 어떤 현상이 벌어지는가?

3. 당신의 리더십 유형에 대해 생각해 보라. 동료들과 동업자들이 신속하게 행동하고, 힘들더라도 끝까지 버티며 당신의 결정에 동의할 거라고 예상하는가? 그렇게 예상하는 이유가 무엇인가? 그렇지 않다면 그 이유는 무엇인가?

4. 다른 사람이 설정한 기대에 맞추려고 노력할 때 어떤 기분인가? 반면에 다른 사람이 맞추어야 할 기대치를 설정할 때는 어떤 기분인가?

5. 다른 사람들과 권력을 공유하는 것에 대해 어떻게 생각하는가?

그리고 끝으로 이 책이 당신에게 어떤 다른 의문을 제기하고 있는가?

주석

1 예컨대 제1차 산업혁명의 영향을 충분히 느끼는 데는 100년 이상, 즉 서너 세대가 걸렸다. 현재 진행되는 제4차 산업혁명의 영향을 느끼는 데는 훨씬 짧은 시간이면 충분할 것이다.

2 Cambridge Dictionary, s.v. "Flux", https://dictionary.cambridge.org/us/dictionary/english/flux(2020년 12월 26일 접속).

3 Merriam-Webster, s.v. "Flux", https://www.merriam-webster.com/dictionary/flux(2020년 12월 26일 접속).

4 Steven Smith, The Satir Change Model, 1997년 10월 4일, https://stevenmsmith.com/ar-satir-change-model(2020년 12월 27일 접속).

5 Adrian F. Ward, Kristen Duke, Ayelet Gneezy, and Maarten W. Bos, "Brain Drain: The Mere Presence of One's Own Smartphone Reduces Available Cognitive Capacity", *Journal of the Association for Consumer Research* 2, no. 2 (2017), https://doi.org/10.1086/691462(2020년 9월 26일 접속).

6 Dan Chisholm, Kim Sweeny, Peter Sheehan, Bruce Rasmussen, Filip Smit, and Pim Cuijpers, "Scaling-Up Treatment of Depression and Anxiety: A Global Return on Investment Analysis", *Lancet Psychiatry*, 2016년 4월 12일, https://doi.org/10.1016/S2215-0366(16)30024-4 (2020년 9월 25일 접속).

7 American College Health Association, "Fall 2018 National College Health Assessment", https://www.acha.org/documents/ncha/NCHA-II_Fall_2018_Undergraduate_Reference_Group_Data_Report.pdf(2020년 9월 25일 접속).; Nicole J. LeBlanc and Luana Marques, "Anxiety in College: What We Know and How to Cope", *Harvard Medical School Health Publishing*, 2019년 5월 28일, https://www.health.harvard.edu/blog/anxiety-in-college-what-we-know-and-how-to-cope-2019052816729(2020년 9월 25일 접속).

8 Carol Dweck, *Mindset: The New Psychology of Success*(Ballantine, 2007).

9 Leaders on Purpose, "The CEO Study: A Longitudinal Study of the Leadership of Today and Tomorrow", 2019, https://www.leadersonpurpose.com/ceo-research(2020년 9월 25일 접속).

10 Jeremy Heimans and Henry Timms, *New Power: How Power Works in Our Hyperconnected World—and How to Make It Work for You*(Doubleday, 2018).

11 James Guthrie and Deepak Datta, "Dumb and Dumber: The Impact of Downsizing on Firm Performance as Moderated by Industry Conditions", *Organization Science* 19, no. 1(2008), https://econpapers.repec.org/article/inmororsc/v_3a19_3ay_3a200 8_3ai_3a1_3ap_3a108-123.html(2020년 9월 23일 접속).

12 Jennifer Senior, "More People Will Be Fired in the Pandemic. Let's Talk about It", *New York Times*, 2020년 6월 14일, https://www.nytimes.com/2020/06/14/opinion/layoffs-coronavirus-economy.html(2020년 9월 23일 접속).

13 Steve Bradt, "Wandering Mind Is Not a Happy Mind", *Harvard Gazette*, 2010년 11월 11일, https://news.harvard.edu/gazette/story/2010/11/wandering-mind-not-a-happy-mind(2020년 9월 20일 접속).

14 Anne Helen Petersen, "How Millennials Became the Burnout Generation", BuzzFeed, 2019년 1월 5일, https://www.buzzfeednews.com/article/annehelenpetersen/millennials-burnout-generation-debt-work(2020년 9월 27일 접속).

15 Josh Cohen, "Millennial Burnout Is Real, but It Touches a Serious Nerve with Critics. Here's Why", NBC News, 2019년 2월 23일, https://www.nbcnews.com/think/opinion/millennial-burnout-real-it-touches-serious-nerve-critics-here-s-ncna974506(2020년 9월 27일 접속).

16 Olga Mecking, "The Case for Doing Nothing", *New York Times*, 2019년 4월 29일, https://www.nytimes.com/2019/04/29/smarter-living/the-case-for-doing-nothing.html(2020년 12월 29일 접속).

17 Sophia Gottfried, "Niksen Is the Dutch Lifestyle Concept of Doing Nothing—and You're About to See It Everywhere", *Time*, 2019년 7월 12일, https://time.

com/5622094/what-is-niksen(2020년 9월 27일 접속).

18 Benjamin Baird, Jonathan Smallwood, Michael D. Mrazek, Julia W. Y. Kam, Michael S. Franklin, and Jonathan W. Schooler, "Inspired by Distraction: Mind Wandering Facilitates Creative Incubation", *Psychological Science* 23, no. 10(October 2012), https://doi.org/10.1177/0956797612446024(2020년 9월 29일 접속).

19 The School of Life, "Wu Wei: Doing Nothing", https://www.theschooloflife.com/thebookoflife/wu-wei-doing-nothing(2020년 9월 26일 접속).

20 Tim Kasser, *The High Price of Materialism*(Bradford, 2002); Tim Kasser, interview for The True Cost, https://truecostmovie.com/tim-kasser-interview(2020년 9월 29일 접속).

21 Merriam-Webster, s.v. "Consume", https://www.merriam-webster.com/dictionary/consume(2020년 12월 26일 접속).

22 Qing Li, "'Forest Bathing' Is Great for Your Health. Here's How to Do It", *Time*, 2018년 5월 1일, https://time.com/5259602/japanese-forest-bathing(2020년 12월 29일 접속).

23 Tiffany Shlain, "Tech Shabbats", Let It Ripple, https://www.letitripple.org/about/tiffany-shlain/technology-shabbats(2020년 12월 30일 접속).

24 Bessel van der Kolk, *The Body Keeps the Score: Brain, Mind, and Body in the Healing of Trauma*(Penguin, 2015).

25 Patrizia Collard and James Walsh, "Sensory Awareness Mindfulness Training in Coaching: Accepting Life's Challenges", *Journal of Rational-Emotive & Cognitive-Behavior Therapy* 26(2008), https://doi.org/10.1007/s10942-007-0071-4(2020년 9월 26일 접속).

26 Jason Crandell, "How Speed Gets Trapped in the Body with Tias Little", Yogaland podcast, 2019년 1월 21일, https://www.jasonyoga.com/podcast/episode137(2020년 9월 27일 접속).

27 Frank Partnoy, *Wait: The Art and Science of Delay*(PublicAffairs, 2012).

28 Daniel Kahneman, *Thinking Fast and Slow*(Farrar, Straus and Giroux, 2013).

29 Kahneman, 앞의 책.

30   Frank Partnoy, *Wait*(PublicAffairs, 2012).

31   Frank Partnoy, "Waiting Game", *Financial Times*, June 22, 2012년 6월 22일, https://1icz9g2sdfe31jz0lglwdu48-wpengine.netdna-ssl.com/wp-content/uploads/2012/08/Novak-Djokovic-Waiting-Game.pdf(2020년 9월 20일 접속).

32   Frank Partnoy, "Act Fast, but Not Necessarily First", *Harvard Business Review*, July 13, 2012, https://hbr.org/2012/07/act-fast-not-first(2020년 12월 29일 접속).

33   Woody Tasch, "Inquiries into the Nature of Slow Money", Slow Money Institute, May 2010, https://slowmoney.org/publications/inquiries-into-the-nature-of-slow-money(2020년 9월 27일 접속).

34   Patrick McGinnis, "Social Theory at HBS: McGinnis' Two FOs", *Harbus*, 2004년 5월 10일, https://harbus.org/2004/social-theory-at-hbs-2749(2020년 9월 20일 접속).

35   Rosie Bell, "JOMO", BBC, 2019년 7월 21일, https://www.bbc.com/worklife/article/20190718-jomo(2020년 9월 26일 접속).

36   Patrick McGinnis and Greg McKeown, "Less Is More: The Power of Essentialism", FOMO Sapiens podcast, season 4, episode 17, July 2020, https://hbr.org/podcast/2020/07/less-is-more-the-power-of-essentialism(2020년 9월 26일 접속).

37   George Butterfield, interview by author, 2020년 7월 22일.

38   Exploring Your Mind, "Sawubona: An African Tribe's Beautiful Greeting", 2018년 10월 17일, https://exploringyourmind.com/sawubona-african-tribe-greeting(2020년 9월 19일 접속).

39   David Robson, "The Astonishing Vision and Focus of Namibia's Nomads", BBC, 2020년 6월 26일, https://www.bbc.com/future/article/20170306-the-astonishing-focus-of-namibias-nomads(2020년 9월 26일 접속); Jan W. de Fockert, Serge Caparos, Karina J. Linnell and Jules Davidoff, "Reduced Distractibility in a Remote Culture", PLoS ONE 6(October 2011), https://doi.org/10.1371/journal.pone.0026337(2020년 9월 26일 접속).

40   Merriam-Webster, s.v. "Orenda", https://www.merriam-webster.com/dictionary/

orenda(2020년 12월 26일 접속).

41   David Robson, "How East and West Think in Profoundly Different Ways", BBC, 2017년 1월 19일, https://www.bbc.com/future/article/20170118-how-east-and-west-think-in-profoundly-different-ways(2020년 12월 26일 접속).

42   Esther Hsieh, "Rice Farming Linked to Holistic Thinking", *Scientific American*, 2014년 11월 1일, https://www.scientificamerican.com/article/rice-farming-linked-to-holistic-thinking(2020년 9월 26일 접속).

43   Shane Parrish, "Preserving Optionality: Preparing for the Unknown", Farnam Street, March 2020, https://fs.blog/2020/03/preserving-optionality(2020년 9월 26일 접속).

44   Frank Trentmann, "How Humans Became 'Consumers': A History", *Atlantic*, 2016년 11월 28일, https://www.theatlantic.com/business/archive/2016/11/how-humans-became-consumers/508700(2020년 9월 26일 접속).

45   Dave Donnan, "The Kearney Global Future Consumer Study", A.T. Kearney, 2017, https://www.kearney.com/web/consumers-250/article/?/a/influence-vs-affluence-the-changing-menu-of-food-choices-article(2020년 9월 26일 접속).

46   Rick Levine, Christopher Locke, Doc Searls, and David Weinberger, *The Cluetrain Manifesto*, 10th anniversary edition(Basic Books, 2009).

47   Diane Coyle, "Rethinking GDP", *Finance & Development* 54, no. 1(2017), https://www.imf.org/external/pubs/ft/fandd/2017/03/coyle.htm(2020년 9월 26일 접속).

48   The New Citizenship Project, "This Is The #CitizenShift", https://www.citizenshift.info(2021년 1월 2일 접속).

49   Todd Sattersten, "I've Been Thinking...(#13)", 2020년 6월 18일, https://toddsattersten.com/2020/06/18/ive-been-thinking-13(2020년 11월 6일 접속).

50   Laura Huang, "The Well-Balanced Meal MBA Reading List", 2020년 6월 26일, https://laurahuang.net/the-well-balanced-meal-mba-reading-list(2020년 9월 26일 접속).

51   Bernhard A. Sabel, Jiaqi Wang, Lizbeth Cardenas-Morales, Muneeb Faiq, and Christine Heim, "Mental Stress as Consequence and Cause of Vision Loss", *EPMA*

Journal 9(2018), https://doi.org/10.1007/s13167-018-0136-8(2020년 9월 26일 접속).

52 April Rinne, "Handstands", https://aprilrinne.com/handstands(2020년 10월 31일 접속).

53 Judi Ketteler, "If Life Has You Down, Do a Handstand", *New York Times*, 2017년 5월 4일, https://www.nytimes.com/2017/05/04/well/move/if-life-has-you-down-do-a-handstand.html(2020년 10월 31일 접속).

54 Jane Goodall, "Make A Difference", Jane Goodall Institute, 2015년 11월 16일, https://news.janegoodall.org/2015/11/16/make-a-difference(2021년 2월 25일 접속).

55 Paul Gompers and Silpa Kovvali, "The Other Diversity Dividend", *Harvard Business Review*, https://hbr.org/2018/07/the-other-diversity-dividend(2020년 9월 16일 접속); McKinsey, "Diversity Wins", https://www.mckinsey.com/featured-insights/diversity-and-inclusion/diversity-wins-how-inclusion-matters(2020년 9월 16일 접속).

56 Joanna Macy, "Entering the Bardo", *Emergence Magazine*, https://emergencemagazine.org/story/entering-the-bardo(2020년 9월 16일 접속).

57 The School of Life, "The History of Ideas: Wabi-sabi", https://www.youtube.com/watch?v=QmHLYhxYVjA(2020년 9월 14일 접속).

58 The School of Life, "Eastern Philosophy: Kintsugi", https://www.youtube.com/watch?v=EBUTQkaSSTY(2020년 12월 26일 접속).

59 David Brooks, "This Is How Scandinavia Got Great", *New York Times*, 2020년 2월 13일, www.nytimes.com/2020/02/13/opinion/scandinavia-education.html(2020년 9월 14일 접속).

60 Manisha Aggarwal-Schifellite and Juan Siliezar, "Three Takes on Dealing with Uncertainty", *Harvard Gazette*, 2020년 7월 10일, https://news.harvard.edu/gazette/story/2020/07/3-takes-on-dealing-with-uncertainty(2020년 9월 14일 접속).

61 Amitav Ghosh, "What the West Doesn't Get about the Climate Crisis", Deutsche Welle(DW), https://www.dw.com/en/amitav-ghosh-what-the-west-doesnt-get-

about-the-climate-crisis/a-50823088(2020년 9월 14일 접속).

62 The Adventure Diary, "Coddiwomple", https://adventurediary.co/coddiwomple-definition(2020년 9월 14일 접속).

63 Nancy Osborn, "The Theory of Coddiwomple", TEDxOrillia, 2019년 5월 16일, https://www.youtube.com/watch?v=h4ReT52nJA8(2020년 9월 14일 접속).

64 Edelman, "2020 Edelman Trust Barometer", https://www.edelman.com/trustbarometer(2020년 9월 19일 접속).

65 Rutger Bregman, *Humankind: A Hopeful History*(Little, Brown, 2020).

66 Rachel Botsman, "Trust-Thinkers", Medium, 2018년 7월 26일, https://medium.com/@rachelbotsman/trust-thinkers-72ec78ec3b59(2020년 9월 14일 접속).

67 Botsman.

68 Jerry Michalski, "Trust Unlocks Creativity (and Genius)", Jerry's Brain, https://bra.in/9v2mVe(2020년 9월 14일 접속).

69 Jerry Michalski, "Design from Trust", 2018년 9월 21일, https://www.youtube.com/watch?v=6di2OBPKmkc(2020년 9월 19일 접속).

70 Shoshana Zuboff, *The Age of Surveillance Capitalism*(Public Affairs, 2019).

71 게다가 1978년과 2019년 사이에 최고경영자의 연봉은 1,167% 상승한 반면, 일반 노동자의 임금은 같은 기간에 13.7% 증가하는 데 그쳤다. Lawrence Mishel and Jori Kandra, "CEO Compensation Surged 14% in 2019 to $21.3 Million", Economic Policy Institute, 2020년 8월 18일, https://files.epi.org/pdf/204513.pdf(2021년 1월 2일 접속).

72 Nicholas Bloom, Scott Ohlmacher, Cristina Tello-Trillo, and Melanie Wallskog, "Better-Managed Companies Pay Employees More Equally", *Harvard Business Review*, 2019년 3월 6일, https://hbr.org/2019/03/research-better-managed-companies-pay-employees-more-equally(2020년 12월 30일 접속).

73 Oxfam International, "Time to Care", 2020년 1월 20일, https://www.oxfam.org/en/press-releases/worlds-billionaires-have-more-wealth-46-billion-people(2020년 9월 16일 접속).

74 ExO World, "Jerry Michalski on Trust", 2020년 4월 15일, https://youtu.be/

rlo8d7F5hdo?t=256(2020년 9월 19일 접속).

75　Shoshana Zuboff, *The Age of Surveillance Capitalism: The Fight for a Human Future at the New Frontier of Power*(PublicAffairs, 2019).

76　David Gordon White, *The Yoga Sutra of Patanjali: A Biography*(Princeton University Press, 2014).

77　Frits Staal, *Discovering the Vedas: Origins, Mantras, Rituals, Insights*(Penguin Global, 2009).

78　Don Miguel Ruiz, *The Four Agreements: A Practical Guide to Personal Freedom*(A Toltec Wisdom Book)(Amber-Allen, 1997).

79　Matthew Wall, "Wikipedia Editing Rules in a Nutshell", BBC News, 2015년 4월 22일, https://www.bbc.com/news/technology-32412121(2020년 12월 30일 접속).

80　Patty McCord, "How Netflix Reinvented HR", *Harvard Business Review*, January 2014, https://hbr.org/2014/01/how-netflix-reinvented-hr(2020년 9월 16일 접속).

81　CNN Staff, "The Philosophy of Doma India", CNN, 2014년 10월 9일, https://www.cnn.com/2014/10/09/sport/horse-yoga-argentina/index.html(2020년 12월 30일 접속).

82　Jerry Michalski, "Why You Love Design from Trust", 2019년 7월 24일, https://medium.com/@jerrymichalski/why-you-love-design-from-trust-f9afdfc08e2e(2020년 9월 19일 접속).

83　Jerry Michalski, "Not Naïve Trust", 2016년 8월 22일, https://www.youtube.com/watch?v=e-2NaSxJPJk(2020년 9월 19일 접속).

84　Jerry Michalski, "Design from Trust", https://www.designfromtrust.com(2020년 9월 19일 접속).

85　Juliet Schor, *Plenitude: The New Economics of True Wealth*(Penguin, 2010).

86　Peter Goodman, "The Robots Are Coming, and Sweden Is Fine", *New York Times*, 2017년 12월 27일, https://www.nytimes.com/2017/12/27/business/the-robots-are-coming-and-sweden-is-fine.html(2020년 9월 16일 접속).

87　Kevin Cavenaugh, "How Much Is Enough?", TEDx Talks, April 2018, https://

www.ted.com/talks/kevin_cavenaugh_how_much_is_enough(2020년 9월 16일 접속).

88 Kevin Cavenaugh, interview by author, 2020년 7월 14일.

89 Dotan Leshem, "Retrospectives: What Did the Ancient Greeks Mean by Oikonomia?", *Journal of Economic Perspectives* 30(2016): 225 – 31, https://pubs. aeaweb.org/doi/pdf/10.1257%2Fjep.30.1.225(2020년 9월 16일 접속).

90 Robert Reich, "When Bosses Shared Their Profits", *New York Times*, 2020년 6월 25일, https://www.nytimes.com/2020/06/25/opinion/sunday/corporate-profit-sharing-inequality.html(2020년 9월 16일 접속).

91 Oxfam International, "Time to Care", 2020년 1월 20일, https://www.oxfam.org/en/press-releases/worlds-billionaires-have-more-wealth-46-billion-people(2020년 9월 16일 접속).

92 Kate Raworth, *Doughnut Economics: Seven Ways to Think Like a Twenty-First-Century Economist*(Chelsea Green, 2017).

93 Daniel Pink, "Drive: The Surprising Truth about What Motivates Us", RSA, 2010년 4월 1일, https://youtu.be/u6XAPnuFjJc(2020년 9월 16일 접속).

94 Thomas Oppong, "The Hedonic Treadmill: Why People Are Never Happy and How You Can Change That", Mind Cafe, 2020년 4월 23일, https://medium.com/mind-cafe/the-hedonic-treadmill-why-people-are-never-truly-happy-and-how-you-can-change-that-c1743ee9f7e5(2020년 12월 26일 접속).

95 Morgan Housel, "Fat, Happy, and in over Your Head", Collaborative Fund, 2019년 9월 17일, https://www.collaborativefund.com/blog/fat-happy-and-in-over-your-head(2020년 11월 6일 접속).

96 Joe Pinsker, "The Reason Many Ultrarich People Aren't Satisfied with Their Wealth", *Atlantic*, 2018년 12월 4일, https://www.theatlantic.com/family/archive/2018/12/rich-people-happy-money/577231(2020년 9월 16일 접속).

97 Adam Grant, *Give and Take*(Viking, 2013).

98 Rolf Sovik, "Brahmacharya: The Middle Path of Restraint", Yoga International, https://yogainternational.com/article/view/brahmacharya-the-middle-path-ofrestraint(2020년 9월 16일 접속).

99   U'Mista Cultural Society, "Potlatch", https://umistapotlatch.ca/potlatch-eng.
     php(2020년 9월 16일 접속).

100 Steven Kurutz, "How to Retire in Your 30s with $1 Million in the Bank", *New
     York Times*, 2018년 9월 1일, https://www.nytimes.com/2018/09/01/style/fire-
     financial-independence-retire-early.html(2020년 9월 16일 접속).

101 Anne Tergesen and Veronica Dagher, "The New Retirement Plan: Save Almost
     Everything, Spend Virtually Nothing", *Wall Street Journal*, 2018년 11월 3일,
     https://www.wsj.com/articles/the-new-retirement-plan-save-almost-everything-
     spend-virtually-nothing-1541217688(2020년 9월 16일 접속).

102 Charlotte Cowles, "A FIRE That Burns Too Male and Too White", *New York Times*,
     2019년 6월 7일, https://www.nytimes.com/2019/06/07/business/fire-women-
     retire-early.html(2020년 9월 16일 접속); Vicki Robin, "My Life with FIRE",
     https://vickirobin.com/my-life-with-fire(2020년 9월 16일 접속); Vicki Robin,
     Your Money or Your Life(Penguin, 2008).

103 Daniel Cordaro, "What If You Pursued Contentment Rather Than Happiness?",
     Greater Good Magazine, 2020년 5월 27일, https://greatergood.berkeley.edu/article/
     item/what_if_you_pursued_contentment_rather_than_happiness(2020년 11월 1일
     접속).

104 Cordaro.

105 Glennon Doyle, "Lessons from the Mental Hospital", TEDx Talks, 2013년 5월 31
     일, https://www.youtube.com/watch?v=NHHPNMIK-fY&vl=en(2020년 9월 16
     일 접속).

106 April Rinne, "The Career of the Future Looks More Like a Portfolio Than a Path",
     Quartz at Work, 2018년 2월 27일, https://qz.com/work/1217108/the-career-of-
     the-future-looks-more-like-a-portfolio-than-a-path(2020년 9월 18일 접속).

107 Bruce Henderson, "The Product Portfolio", Boston Consulting Group, 1970년 1월
     1일, https://www.youtube.com/watch?v=EezmRPE3fpQ(2020년 9월 18일 접속).

108 April Rinne, "Handstands", https://aprilrinne.com/handstands(2020년 10월 4일

접속).

109 Lawrence Katz and Alan Krueger, "The Rise and Nature of Alternative Work Arrangements in the United States, 1995 – 2015", National Bureau of Economic Research Working Paper No. 22667, September 2016, https://www.nber.org/ papers/w22667(2020년 9월 18일 접속).

110 Melissa Korn, "Some 43% of College Grads Are Underemployed in First Job", *Wall Street Journal*, 2018년 10월 26일, https://www.wsj.com/articles/study-offers-new-hope-for-english-majors-1540546200(2020년 9월 19일 접속).

111 Upwork and Freelancers Union, "Freelancing in America 2017", 2017년 10월 17일, https://www.upwork.com/press/2017/10/17/freelancing-in-america-2017(2020 년 9월 19일 접속).

112 Upwork and Freelancers Union, "Freelancing in America 2019", 2019년 10월 3일, https://www.upwork.com/press/2019/10/03/freelancing-in-america-2019(2020 년 9월 19일 접속).

113 Upwork and Freelancers Union, "Freelancing in America 2018", 2018년 10월 31일, https://www.upwork.com/press/2018/10/31/freelancing-in-america-2018(2020 년 9월 19일 접속).

114 Upwork, "Freelance Forward 2020", September 2020, https://www.upwork.com/ documents/freelance-forward-2020(2020년 12월 29일 접속).

115 David Graeber, *Bullshit Jobs: A Theory*(Simon & Schuster, 2018).

116 Uri Berliner, "Jobs in the Pandemic: More Are Freelance and May Stay That Way Forever", National Public Radio, 2020년 9월 16일, https://www.npr. org/2020/09/16/912744566/jobs-in-the-pandemic-more-are-freelance-and-may-stay-that-way-forever(2020년 9월 19일 접속).

117 David Clifford, "Forget about T-shaped people. We need X-shaped people.", TEDx Talks, 2019년 9월 24일, https://www.youtube.com/watch?v=EezmRPE3fpQ(2020 년 9월 18일 접속).

118 Yukari Mitsuhashi, "Ikigai: A Japanese Concept to Improve Work and Life", British Broadcasting Corporation, 2017년 8월 7일, https://www.bbc.com/worklife/

article/20170807-ikigai-a-japanese-concept-to-improve-work-and-life(2020년 9월 19일 접속).

119 April Rinne, "One of Estonia's First 'E-Residents' Explains What It Means to Have Digital Citizenship", Quartz at Work, 2018년 4월 1일, https://qz.com/work/1241833/one-of-estonias-first-e-residents-explains-what-it-means-to-have-digital-citizenship(2020년 12월 30일 접속).

120 Thomas L. Friedman, "After the Pandemic, a Revolution in Education and Work Awaits", *New York Times*, 2020년 10월 20일, https://www.nytimes.com/2020/10/20/opinion/covid-education-work.html(2020년 10월 30일 접속).

121 John Hagel, "From the Gig Economy to the Guild Economy", 2020년 7월 21일, https://www.johnhagel.com/from-the-gig-economy-to-the-guild-economy(2020년 9월 19일 접속).

122 Enspiral Network, "What's Your 'Meaningful Work' to Do in the World?", https://www.enspiral.com(2020년 12월 30일 접속).

123 Robert Safian, "This Is Generation Flux: Meet the Pioneers of the New (and Chaotic) Frontier of Business", Fast Company, 2012년 1월 9일, https://www.fastcompany.com/1802732/generation-flux-meet-pioneers-new-and-chaotic-frontier-business(2020년 12월 26일 접속).

124 Tiffany May, "For Chinese Pedestrians Glued to Their Phones, a Middle Path Emerges", CNBC & *New York Times*, 2018년 6월 8일, https://www.cnbc.com/2018/06/08/for-chinese-pedestrians-glued-to-their-phones-a-middle-path-emerges.html(2020년 9월 17일 접속).

125 Common Sense Media, "Media Use by Tweens and Teens, 2019", https://www.commonsensemedia.org/research/the-common-sense-census-media-use-by-tweens-and-teens-2019(2020년 9월 17일 접속); Kristen Rogers, "US Teens Use Screens More Than Seven Hours a Day on Average—and That's Not Including School Work", CNN Health, 2019년 10월 20일, https://www.cnn.com/2019/10/29/health/common-sense-kids-media-use-report-wellness/index.html(2020년 9월 17일 접속).

126 K. C. Madhav, Shardulendra Prasad Sherchand, and Samendra Sherchan, "Association between Screen Time and Depression among U.S. Adults", National Institutes of Health, 2017년 8월 16일, https://www.ncbi.nlm.nih.gov/pmc/articles/PMC5574844(2020년 9월 17일 접속).

127 Children's Society, "Safety Net: Cyberbullying's Impact on Young People's Mental Health Inquiry Report", https://www.childrenssociety.org.uk/sites/default/files/social-media-cyberbullying-inquiry-full-report_0.pdf(2020년 9월 17일 접속); DoSomething.Org, "11 Facts about Cyberbullying", https://www.dosomething.org/us/facts/11-facts-about-cyber-bullying(2020년 9월 17일 접속).

128 Marti Spiegelman, interview by author, 2020년 10월 9일.

129 Spiegelman.

130 Spiegelman.

131 John Bellaimey, "The Hidden Meanings of Yin and Yang", TED-Ed, https://ed.ted.com/lessons/the-hidden-meanings-of-yin-and-yang-john-bellaimey(2020년 12월 26일 접속).

132 Jerry Michalski, "Why I Do What I Do", 2011년 6월 2일, https://www.youtube.com/watch?v=2dx-6I9Sc6A(2021년 1월 2일 접속).

133 Emma Hinchliffe, "The Number of Female CEOs in the Fortune 500 Hits an All-Time Record", *Fortune*, 2020년 5월 18일, https://fortune.com/2020/05/18/women-ceos-fortune-500-2020(2020년 9월 17일 접속).

134 Rachel Vogelstein and Alexandra Bro, "Women's Power Index", Council on Foreign Relations, 2020년 5월 22일, https://www.cfr.org/article/womens-power-index(2020년 9월 17일 접속).

135 Heide Goettner-Abendroth, "Matriarchies Are Not Just a Reversal of Patriarchies: A Structural Analysis", Feminism and Religion, 2020년 2월 16일, https://feminismandreligion.com/2020/02/16/matriarchies-are-not-just-a-reversal-of-patriarchies-a-structural-analysis-by-heide-goettner-abendroth(2020년 9월 17일 접속).

136 Nilima Bhat, "Shakti Leadership: Why Lead with Only Half Your Power?", EVE

talk, 2019년 7월 26일, https://www.youtube.com/watch?v=BSCgYrC2jO8(2020
년 9월 17일 접속).

137　DQ Institute, "Digital Intelligence (DQ)", https://www.dqinstitute.org(2020년 9
월 16일 접속).

138　DQ Institute, "Digital Intelligence (DQ) framework", https://www.dqinstitute.org/
dq-framework(2020년 9월 16일 접속).

139　Brené Brown, "Courage: To Speak One's Mind by Telling All One's Heart", 2019
년 2월 14일, https://brenebrown.com/blog/2019/02/14/courage-to-speak-ones-
mind-by-telling-all-ones-heart(2020년 9월 17일 접속).

140　Marti Spiegelman, interview by author(집단 대화의 일부), 2020년 8월 19일.

141　Marti Spiegelman, interview by author, 2020년 10월 9일.

142　Marti Spiegelman, "For Our Well-Being", Leading from Being, 2020년 5월 3일,
https://www.linkedin.com/pulse/our-well-being-marti-spiegelman-mfa(2020년
12월 29일 접속).

143　Amishi Jha, "How to Tame Your Wandering Mind", TEDx Talks, March 2017,
https://www.ted.com/talks/amishi_jha_how_to_tame_your_wandering_mind(2020
년 9월 26일 접속).

144　D. M. Wegner, "Ironic Processes of Mental Control", Psychology Review 101, no. 1
(1994년 1월), https://doi.org/10.1037/0033-295X.101.1.34(2020년 9월 26일 접
속).

145　Judson Brewer, "Anxiety is Contagious. Here's How to Contain It", *Harvard Business
Review*, 2020년 3월 18일, https://hbr.org/2020/03/anxiety-is-contagious-heres-
how-to-contain-it(2020년 9월 25일 접속).

146　Lindsay Baker, "Why Embracing Change is the Key to a Good Life", BBC, 2020
년 10월 8일, https://www.bbc.com/culture/article/20200930-why-embracing-
change-is-the-key-to-a-good-life(2020년 11월 7일 접속).

147　Newsweek Staff, "Stronger Than Steel", *Newsweek*, 2008년 4월 12일, https://www.
newsweek.com/stronger-steel-85533(2020년 9월 17일 접속).

148　Indigenous Corporate Training, "What Is the Seventh Generation Principle?", https://www.ictinc.ca/blog/seventh-generation-principle(2020년 12월 26일 접속); Ken Homer, "The Seven Generations vs. the Seventh Generation", Collaborative Conversations, https://www.kenhomer.com/single-post/2018/09/17/The-Seven-Generations-vs-the-Seventh-Generation(2020년 12월 30일 접속).

149 First People, "Two Wolves: A Cherokee Legend", https://www.firstpeople.us/FP-Html-Legends/TwoWolves-Cherokee.html(2020년 12월 29일 접속).

150 Jennifer Mueller, *Creative Change: Why We Resist It... How We Can Embrace It* (Houghton Mifflin Harcourt, 2017).

감사의 글

 이 책이 탄생하는 데는 25년 이상의 시간이 걸렸다. 이 책을 쓰는 과정은 나에게 즐거움이었고 영광이었으며 모험이었다. 이 책을 쓰는 데 도움을 주었던 사람과 관점과 문화에 대해 감사하자면 한도 끝도 없을 것이다. 그래서 여기에서 허락하는 범위 내에서 감사의 뜻을 전하는 데 최선을 다해보려 한다. 또 기억해야 할 많은 플럭스가 있다!

 아버지와 어머니, 롤런드 유진 리니와 페니 조 (로플러) 리니가 없었다면 이 책은 결코 빛을 보지 못했을 것이다. 생전에는 물론이고 사후에도 두 분은 플럭스의 신호였고 이정표였다. 정말 중요한 게 무엇인가? 아버지였다면 뭐라고 말했을까? 아버지가 보고 싶다. 이 책을 통해 부모님의 영혼을 계속 살려둘 수 있어 정말 기쁘다.

부모님의 죽음에 뒤이은 깊은 어둠에 빠진 나를 지켜보았던 사람들에게는 어떻게 감사해도 충분하지 않을 것이다. 누구보다 내 언니 앨리슨 (리니) 더글러스는 지금 내가 있도록 도움을 주었고, 지금도 변함없이 영감을 주는 사람이다. 어머니의 쌍둥이 자매인 폴라 잉스트, 여동생 도나 플린더스 등 이모의 가족들은 내가 전화를 받은 그날부터 지금까지 사랑으로 나를 감싸주었다. 조카딸 엘라와 어밀리아, 로저와 바버라 리니, 스테펀과 로저와 캐롤린 더글러스에게 고맙다는 말을 전하고 싶다.

내 확대된 선택적 가족은 내가 상상할 수 있는 가장 아름다운 사랑을 보여주었다. 특히 라지 무어 가족인 조디, 대니, 제시카, 프란체스카(노나), 프랜시스(미마)는 나에게 가족과 사랑과 소속감을 완전히 되찾게 해주었다. 그들은 내가 마음을 편히 내려놓을 안전한 공간이었다. 린다 넬슨, 스티브와 테리 케이시, '노 모어 크루'는 사랑과 환희가 어디에서나 가능하다는 걸 나에게 입증해 주었다. 베인과 샐리 커는 다른 사람에게 기운을 북돋워 준다는 게 무슨 뜻인지 나에게 가르쳐주었고, 내면의 목소리에 귀를 기울여야 한다는 걸 알려주었다. 부모님의 절친한 친구들은 나를 지켜보며, 두 분에 대한 기억을 계속 간직했다.

아버지는 교사이자, 내게 최고의 친구였다. 운 좋게도 나에게는 여러 명의 선생이 있었다. 나 스스로 잠재력을 제대로 파악하지 못했을 때였지만 그들은 일찍부터 내 잠재력을 보았다. 그들은 내 삶이 하향세일 때도 내가 우러러보며 존경했던 사람들이었다. 초등학교 때부터 로스쿨 시절까지 교실의 안팎에서 카렌 크로슨, 패티 위드, 토머스 랭커스터, 프리실라 에콜스, 조디 우셔, 은게르 우즈, 엘리자베스 워런, 조너선 지트레인, 존 핸슨, 로앙 자크는 내 호기심을 칭찬하며, 나에게 시험 범위나 강의 제목 너머의 것을 보라고 격려했고, 나름의 방식대로 내가 새 각본을 쓰는 토대를 놓도록 도와주었다.

이제 나는 많은 저자가 책의 '탄생'에 대해 말하는 이유를 이해하겠다. 아이디어가 잉태되고, 글을 쓰는 과정은 노동이자 커다란 즐거움이다. 최종적인 결과물은 당신을 영원히 바꿔놓는 사랑의 행위다. 책을 쓰는 데 베렛 쾰러 출판사 팀만큼 훌륭한 협력자가 있을지 모르겠다. 베렛 쾰러는 출판이 어떻게 이루어져야 하는지를 보여주었다. 스티브 피어산티는 어떤 저자에게나 꿈의 편집자다. 내 어림짐작이지만, 그는 내 원고를 더 탄탄하게 만들어주려고 수백 시간을 보냈을 것이다. 그가 보낸 수정을 볼 때마다 내 시야가 크게 트였고, 이 책의 잠재력을 확인할 수 있었다. 지반 시바 수브라마니암, 캐시 시한, 크리스틴 프란츠, 발레리 콜드웰은 베렛 쾰러의 드림팀이다! 그들 모두에게 감사하고 싶다. 마크 포티어와 제시카 펠리언의 도움으로 이 책을 자상하면서도 재밌게 세계에 소개할 수 있었다. 플럭스 개념을 시각화해서 세계에 알리는 창의력을 발휘한 엘런 모건, 데비 번, 호아킨 콘잘레스 도라오에게도 감사의 뜻을 전하고 싶다. 애리언 콘래드, 에드 프라우언하

임, 존 케이더, 스튜어트 러빈, 팀 브랜드호스트, 칼라 방크, 테드 프랑크푸르트 팀, 그리고 베렛 쾰러의 저자 커뮤니티는 이 책을 쓰는 여정에서 촉매 역할을 해주었다.

정신 건강은 이 책에서 특히 내가 사회와 플럭스의 관계를 감지하는 데 크고 작은 역할을 해주었다. 로스 코헨, 브리나 리빙스턴, 말리스 크브세이저에게 진심으로 감사한다. 요가 철학과 끊임없이 변하는 오늘날의 세계를 연결하는 문을 열어준 요요요기 커뮤니티에게도 감사한다. 알렉스와 테리와 크리스 콜, 토리 그리싱어, 아시젤 앨런, 게일런 페어뱅크스, 레이철 메이어 등 모두에게 고맙다는 말을 전하고 싶다.

나는 친구이기도 한 동료를 예부터 갖고 싶었다. 업무의 한계를 넘어 서로 배려하고, 상대가 살아가는 삶의 여정을 있는 그대로 축하해 주는 사람들을 동료로 갖고 싶었다. 해리 워커 에이전시의 동료들이 그런 사랑을 실천해 보였다. 돈과 앨런 워커, 에이미 워너, 메간 시한, 리리 윈터, 티퍼니 비스카라, 맥킨지 로런스, 플라이슈너, 엘리자베스 허낸데즈, 캐롤린 보일랜, 몰리 코터, 에밀리 트리블, 베스 가르가노, 수전 맨지, 존 크사르, 로벤 포라스 산체스, 거스 멘지스, 머자나 조코빅, 데이나 퀸, 미란다 마틴, 그리고 내가 놓쳤을 수도 있는 사람들, 모두에게 감사하고 싶다.

포트폴리오 경력 덕분에 나는 다양한 직업인들과 커뮤니티를 형성할 수 있었다. 따라서 내가 혼자였다면 꿈도 꾸지 못했을 정도로 많은 분야와 조직의 한가운데에서 플럭스를 관찰하고, 시야를 지속적으로 확대하며 내 가정을 실험대에 올려놓고 실행해 볼 수 있었다. 시간이 지나면서 에어비앤비, 앨런 앤 오버리, 에니로드, 버터필드 앤 로빈슨, 미래연구소, 자바티컬, 넥스웍스, 셰어링시티스 얼라이언스, 트로브, 언세틀드, 워터닷오알지의 많은 동료도 소중한 친구가 되었다. 변화? 무서워할 이유가 없다.

세계경제포럼의 '차세대 글로벌 리더Young Global Leaders; YGL'만큼, 플럭스와 함께한 내 삶의 여정에 중대한 영향을 미친 공동체는 없었다. YGL은 영감을 주는 마르지 않는 샘이며, 중요한 것과 그렇지 않은 것을 알려주는 페트리 접시이기도 하다. 실수로 언급하지 못할 사람도 있겠지만, 이 책에 직간접적으로 생명을 불어넣어 준 차세대 글로벌 리더들을 최선을 다해 언급해 보려 한다. 흐룬트 군슈타인도티르, 제럴딘과 제인스 친-무디, 리자 위터, 니코 캐너, 라주 나리세티, 에이미 커디, 일레인 스미스, 브렛 하우스, 발레리 켈러, 닐미니 루빈, 빈타 브라운, 에런 매니엄, 닐리 길버트, 로빈 스콧, 크리스틴 레흐버거, 엔릭 살라, 데이브 헤인리, 제프 데이비스, 줄리아 노비 힐데슬리, 에일리시 캠벨, 피터 레이시, 데이비드 로젠버그, 코리 레이션, 애덤 워바크, 애덤 그랜드, 드루어 가타오카, 루시언 타노브스키, 해나 존스, 이언 솔로몬, 존 맥아더, 워너 부트셔, 에두아르도 크루스… 모두가 플럭스의 밝은 빛이다. 그리고 어제와 오늘의 YGL 팀원, 존 더튼과 마리아 러빈, 데이비드 에이크먼, 에릭 롤런드, 케슬리 굿맨, 메리트 버, 샤리나 하타에게도 감사한다.

그 밖에도 많은 사람이 직접적으로 의식하지는 못했겠지만 아이디어와 피드백, 관점과 영감을 주며 이 책을 실현하는 데 도움을 주었다. 마티 스피걸먼, 케빈 캐버노프, 헤더 맥고완, 마라 제피다, 바네사 티머, 줄리엣 쇼어, 게리와 하이디 볼스, 줄리 벤스 더 보스, 피토 힌센, 조지 버터필드, 데이비드 케슬러, 데이비드 네빈스키, 알레그라 콜더, 마이크 마차그, 에스티 솔로몬 그레이, 아스트리드 숄츠, 마니샤 타코르, 조너선 칼란, 마이클 영블러드, 카롤리 힌드릭스, 제리의 은퇴자들, 관계 경제 엑스페디션REX, 오픈 글로벌 마인드는 오래전부터, 그리고 이 책을 쓰는 동안에도 통찰과 영감을 주었다. 조이 바트라, 사스키아 아킬, 앤 잰저, 크리스 시플리, 로라 프로키비츠, 앤 르메르, 클라크 퀸, 롤리 콜, 스티피 갤러웨이는 내 원고에 소중한 피드백을 주었다. 소중한 친구들, 마르타 조페티, 대니엘라 간게일, 제이 터너, 샤론 존스, 제니 엘릭슨, 제인 스토버, 애나 테이버, 젠 해리슨, 트리샤 앤더슨, 리 존스턴, 고라브 미스라, 노아 메싱, 스털링 스펜서, 1993~1994년 유니버시티 칼리지의 휴게실 회원들은 내가 이 책을 쓰겠다는 꿈을 꾸기 전부터 나를 응원해 주었다. 누군가를 빠뜨렸을까 불안하지만 용서를 바란다.

나는 변화를 공동으로 연구하기 위한 수단으로 플럭스 마인드셋 익스플로러 클럽Flux Mindset eXplorers Club; FMXC을 출범시켰다. FMXC는 회원들에게 즐거움과 다양성, 학습과 공유의 기회를 끝없이 제공하는 원천이다. 회원들 모두에게 크게 감사하고 싶다.

당신도 우리와 함께하고 싶다면 fluxmindset.com을 방문해 가입하기 바란다.

끝으로, 일일이 언급할 수 없는 많은 이유에서 제리 미찰스키에게 감사하고 싶다. 나를 믿고, 확고한 지원과 사랑을 아끼지 않으며 내 별난 성격을 이해해 주고, 기발한 아이디어와 남다른 능력으로 내가 생각을 정리할 수 있도록 도와주며, 삶과 사랑과 여행, 물론 플럭스에서도 별처럼 빛나는 동반자가 되어준 것에 특별히 감사함을 전한다.

당신은 세계에서 유일무이한 존재다

변화를 어떻게 정의하느냐에 따르겠지만, 점심에 어제와 다른 것을 먹은 경우도 변화라면 우리 삶은 하루하루가 변화의 연속이라 할 수 있다. 게다가 누구나 칸트일 수는 없지 않은가. 물론 개인적으로 담배를 끊거나, 전직하는 것도 변화이고, 국가수반의 교체도 변화다. 사회적 변화가 개인적인 변화보다 개인의 삶에 더 큰 영향을 미친다고 단정할 수 없고, 그 반대의 경우도 마찬가지다. 여하튼 현대사회는 역사상 어느 때보다 변화의 속도가 빠르고 규모도 대체로 큰 편이다. 이런 변화의 파도에서 살아남는 것에 만족하지 않고 '번창'하려면 어떻게 해야 할까?

이 책에서 제시하는 답은 '플럭스'다. 플럭스에는 두 가지 뜻이 있다. 하나는 '끊임없는 변화'이고, 다른 하나는 '유체가 되다'라는 뜻이다. 종합하면, "끊임없이 변화하는 세계에, 흐르는 물처럼 유연하게 대처하는 능력"이 플럭스가 된다. 이런 단계에 이르려면 플럭스 사고방식으로 여덟 가지 플럭스 파워를 개발해야 한다. 또 다른 사람이 써놓은 삶의 각본을 찢어버리고, 각자 자기만의 새로운 각본을 써야 한다. 본문에서는 물론이고 옮긴이의 글에서도 '성공'이란 단어보다 '번창thrive'이란 단어를 의식적으로 사용한 이유가 여기에 있다. '성공'이란 단어는 부와 명예를 떠올리지만, 새로운 세계에서 말하는 성공은 그런 것이 아니기 때문이다.

더 천천히 달려라. 보이지 않는 것을 보라. 길을 잃어라. 신뢰로 시작하라. 당신의 충분함을 알라. 포트폴리오 경력을 만들라. 더욱더 인간다워져라. 미래를 놓아주라.

저자가 이렇게 제시하는 여덟 가지 플럭스 파워에 공감하느냐, 공감하지 않느냐는 각자의 몫이겠지만, 번역하는 과정에서 정말 공감한 플럭스 파워 하나가 있다. '포트폴리오 경력을 만들라'는 플럭스 파워다. 나에게는 서른 중반쯤 된 결혼한 아들이 있다. 해양대학교를 졸업한 뒤에 유조선과 자동차 운반선을 탔고, 그 과정에서 통신과 컴퓨터와 관련된 자격증을 획득했다. 영어와 일본어에 능통하고 중국어도 조금 한다. 요리하는 게 취미이고, 그림도 썩 잘 그린다.

그런 아들이 어느 날 갑자기 항해사를 그만두고, 종이접기를 하겠다고 선언했다. 이른바 '오리가미'라고 일컬어지는 고난도 종이접기를 직업으로 삼겠다는 선언이었다. 다른 식으로 말하면, (조형) 예술가가 되겠다는 선언이었다. 완전히 다른 세계로의 전환이었다. 결혼해서 어린 자식을 둔 아들이 전직을 선언하며 그야말로 생소한 세계인 종이접기의 길에 들어섰을 때 아버지로서 내가 얼마나 불안했겠는가. 여하튼 그 선언 이후로 1년 반이 지났고, 그사이에 아들은 두 번의 전시회를 가졌고, 문화원의 지원을 받아 공방까지 마련했으며, 세 명의 제자를 둔 스승이 되었다. 게다가 가장이라는 이유로 임시직으로 일하기도 한다.

이 책에서 '포트폴리오 경력' 부분을 번역하며 그 아들을 떠올린 것은 당연했을 수 있다. 요즘 시대에는 평생직장이란 게 없다는 말을 귀에 딱지가 앉도록 들었지만, 그 대안이 '포트폴리오 경력'이란 것을 명확히 깨달았기 때문이다. 그 덕분에 아들을 향한 불안감도 씻었다. 포트폴리오 경력을 추구하더라도, 포트폴리오를 구성하는 경험 하나하나는 특별할 게 없다. 통신, 컴퓨터, 항해 경험, 영어 능통자는 어디에나 있다. 심지어 오리가미에 능통한 사람도 많은 것이다. 하지만 이 모든 것을 겸비한 사람이 대한민국에 또 있을까? 어쩌면 내 아들이 우리나라에서 유일무이할 수 있다.

저자가 '포트폴리오 경력'에서 말하고자 하는 것도 그것이다. 당신의 포트폴리오 경력을 구성하는 경력들을 당신만의 고유한 방식으로 결합할 때 당신은 세계에서 유일무이한 존재가 된다.

"부분의 합은 전체보다 크다."

포트폴리오 경력을 구성하는 경험들을 결합할 때 만들어질 수 있는 결과는 누구도 모른다. 도전하고 싶지 않은가? 이런 이유에서도 끊임없이 변하는 세계는 두렵기보다는 흥미진진할 듯하다.

충주에서
강주헌

저자 에이프럴 리니에 대하여

에이프럴 리니April Rinne는 변화 항해사, 강연자, 투자자다. 100개 이상의 국가를 여행하고 일하며, 끊임없이 변하는 세계를 현장에서 관찰한 모험가다. 포브스가 선정한 여성 미래학자 50인 중 한 명이자, 세계경제포럼World Economic Forum의 차세대 글로벌 리더다.

에이프럴은 유명한 신생 기업, 주식회사와 금융기관, 비영리 기관, 정부 기관으로부터 신뢰받는 조언자다. 젊은 시절에는 국제개발기업을 경영했고, 국제 소액금융 전문 변호사로 일했으며, 하이킹 안내자이기도 했다. 자격증을 지닌 요가 전문가여서 세계 곳곳에서 물구나무를 선 모습이 눈에 띄기도 한다.

에이프럴은 개인과 조직의 차원에서 변화의 바다를 항해하는 법에 대한 이야기를 오래전부터 엮어왔다. 이 책에는 그 이야기뿐만 아니라, 인간에 대한 폭넓은 이해도 담겨 있다. 변화에 대한 그녀의 관점은 크게 세 가지 렌즈를 통해 이해된다. 첫째는 미래학자이자 신뢰받는 조언자, 둘째는 글로벌 시민이자 모험가이자 문화 연결자, 셋째는 고아이자 평생 불안을 연구한 학자다.

에이프럴은 사회생활의 전반부를 국제개발 및 포용적 금융과 관련된 분야에서 일했고, 후반부는 디지털 경제와 노동의 미래를 연구하며 보냈다. 20년 이상 동안, 에이프럴은 새로운 트렌드를 남보다 일찍 보았고, 트렌드에 담긴 잠재력을 파악해 세상에 알려왔다. 예컨대 소액금융, 임팩트 투자, 공유 경제, 재택근무, 포트폴리오 경력의 선봉대였다. 그 개념들은 세계에 충격을 주며 우리의 생활 방식을 영원히 바꿔놓을 때까지 거의 '보이지 않던 것'이었다.

오늘날 에이프럴은 미래학자로 호평을 받아, 많은 곳에서 초빙을 받는 강연자다. 또한 신뢰받은 조언자로, 신생기업과 정부, 경영자와 소비자, 금융계와 사회 환원, 영리조직과 영리 및 공익을 동시에 추구하는 조직, 선진국과 개발도상국, 변화를 환영하는 사람과 변화에 저항하는 사람을 잇는 가교 역할로 특히 유명하다. 에이프럴은 주장으로 그치지 않고 주장대로 실천하는 사람이다. 관습을 떨쳐내고 다른 시각으로 보려고 애쓰며, 다른 사람이 변화와 관계를 재정립하는 걸 돕기 위해 자신의 능력을 끊임없이 향상하려 노력한다.

그녀는 일과 여행으로 100개국 이상을 방문하며, 지역과 세계가 변하는 모습을 현장에서 보았다. 심지어 다른 지역 사람들은 어떻게 사는지 더 알고 싶다는 끝없는 욕심에 거의 4년을 일정한 거처가 없이 혼자 여행하기도 했다. 변화는 보편적이지만, 변화를 다루는 방법은 그렇지 않다.

인도네시아를 여행할 때는 밤을 어디에서 보내야 할지 몰랐던 경우가 많았고, 볼리비아에서는 총구의 위협을 받은 적도 있었다. 이렇게 상대적으로 작은 플럭스부터, 국경을 초월하는 큰 쟁점(기후변화가 아프리카의 메가 시티에 어떤 영향을 미치는가, 모바일 뱅킹이 라틴아메리카에서 불평등을 해소하는 데 도움이 되는가 등등)까지 그녀는 많은 지역과 많은 문화권이 변화와 어떻게 싸우고 있는가를 직접 보았다. 에이프럴은 다보스에서 편하게 말하듯이, 도심 빈민가의 소액금융 대출자들과도 편하게 대화를 나눈다. 의도적이든 의도적이지 않든지 간에 그녀는 끊임없이 '길을 잃고', 거의 언제나 '신뢰로 시작하며', 다른 문화권들이 더 지속가능하게 살고 있다는 걸 직접 목격한 덕분에 자신의 '충분함'을 잘 알고 있다.

하지만 에이프럴의 이력서에 쓰이지 않는 경험들이 변화의 풍경을 이해하려는 그녀의 여정에 가장 큰 영향을 미쳤다. 스무 살이었을 때 에이프럴은 부모를 자동차 사고로 잃었다. 그 여파로 플럭스의 세계에 내던져졌다. 그 후유증에서 벗어나기 위해 그녀는 주변의 기대와, 최종적으로는 자신의 미래에 대해 생각하는 것까지 내려놓았다. 그녀는 전에도 우울증에 시달린 적이 있었지만, 부모님이 돌아가셨을 때는 불안증이 걷잡을 수 없이 심해졌다. 가족을 다시 세우려는 욕망에 의미 있는 삶을 살고 싶은 바람과 삶의 의미를 이해하고 싶은 갈망이 더해지며, 에이프릴은 정신 건강과 인간애의 전도사가 되었다. 이 책에서는 그녀 자신의 이야기가 곳곳에서 언급된다. 또한 변화에 본질적으로 인간적인 속성이 있다는 것과, 우리가 변화를 헤쳐나가는 최선의 방법은 '함께하는 것'이란 통찰도 이 책에는 담겨 있다.

에이프릴은 하버드 로스쿨에서 법학 박사, 터프츠대학교의 플레처 스쿨에서 국제 경영과 국제금융으로 석사, 에모리대학교에서 국제 지역학을 전공해 학사 학위를 받았다. 풀브라이트 장학생으로, 옥스퍼드대학교와 하버드 케네디 공공정책 대학원과 유럽 대학원에서 연구했다. 포브스가 선정한 여성 미래학자 50인 중 한 명이며, 가장 먼저 에스토니아 전자 시민권을 획득한 사람 중 한 명이고, 자격증을 지닌 요가 전문가이기도 하다. 2011년 세계경제포럼에서는 '차세대 글로벌 리더'로 선정되기도 했다. 그녀에 대해 더 자세한 내용을 알고 싶고, 또 그녀가 세계 전역에서 물구나무를 선 모습을 보고 싶으면, aprilrinne.com과 fluxmindset.com을 참조하기 바란다.

플럭스

초판 1쇄 인쇄 2022년 10월 17일
초판 1쇄 발행 2022년 10월 24일

지은이 | 에이프릴 리니
옮긴이 | 강주헌
펴낸이 | 한순 이희섭
펴낸곳 | (주)도서출판 나무생각
편집 | 양미애 백모란
디자인 | 박민선
마케팅 | 이재석
출판등록 | 1999년 8월 19일 제1999-000112호
주소 | 서울특별시 마포구 월드컵로 70-4(서교동) 1F
전화 | 02)334-3339, 3308, 3361
팩스 | 02)334-3318
이메일 | namubook39@naver.com
홈페이지 | www.namubook.co.kr
블로그 | blog.naver.com/tree3339

ISBN 979-11-6218-221-5 03190